# हिन्दी भक्ति-काव्य :
## अनुसन्धान एवं मूल्यांकन

# हिन्दी भक्ति-काव्य :
# अनुसन्धान एवं मूल्यांकन

कृष्णचन्द्र लाल

नमन प्रकाशन
नई दिल्ली-110002

पहला संस्करण : 2016
ISBN : 978-81-8129-622-1

ISBN 81-8129-622-2
9788181296221

**नमन प्रकाशन**
4231/1, अंसारी रोड, दरियागंज,
नई दिल्ली-110002
फोनः 23247003, 23254306

**सहयोगी प्रकाशन**
रवीन्द्र मोहन त्रिपाठी
**सुधा संस्मृति संस्थान**
**527, कृष्णानगर प्राइवेट कॉलोनी**
**बशारतपुर, गोरखपुर**
स्वर-दूतः 9935926946

---

श्री नितिन गर्ग द्वारा नमन प्रकाशन के लिए प्रकाशित तथा
एशियन ऑफसेट प्रिंटर्स, मौजपुर, शाहदरा, दिल्ली में मुद्रित।

# दो शब्द

इस पुस्तक में मेरे हिन्दी भक्ति-साहित्य सम्बन्धी शोधपरक एवं समीक्षात्मक लेख संकलित हैं। ये लेख विभिन्न शोध-पत्रिकाओं और विद्वानों द्वारा सम्पादित पुस्तकों में प्रकाशित हो चुके हैं। इन्हें एक स्थान पर उपलब्ध कराने की दृष्टि से प्रस्तुत पुस्तक में संकलित कर दिया गया गया है।

भक्ति साहित्य के अध्ययन-अध्यापन में मेरी गहरी रुचि रही है। मैंने पी-एच.डी. उपाधि हेतु 'अयोध्या का हिन्दी भक्ति-साहित्य' विषय पर शोध-कार्य किया था। उस समय मैंने अयोध्या के लगभग बीस रामभक्त कवियों के काव्यों का अनुशीलन करते हुए रेखांकित किया था कि हिन्दी रामभक्ति धारा में उनका विशिष्ट एवं महत्त्वपूर्ण स्थान है। उनमें उल्लेखनीय रामभक्त कवि हैं- महात्मा बनादास, युगलानन्य शरण, जानकी प्रसाद, जानकी रसिक शरण 'रसमाला', श्याम सखे, सीताराम शरण 'रसरंग मणि', जनकराज किशोरी शरण 'रसिक अली', उमापति कोविद, शीलमणि, सियालाल शरण 'प्रेमलता', राधाबल्लभ शरण 'युगल विहारिणी', रसमोदलता आदि। इन भक्तों का साहित्य रसिक रामभक्ति की भावधारा और चिन्तन-दर्शन से अनुप्राणित है, जो गोस्वामी तुलसीदास की मर्यादावादी रामभक्ति-धारा से पृथक् अस्तित्व रखता है। इस साहित्य में राम की रसोपासना को केन्द्र में रखते हुए उनके लीलारस रसिक-स्वरूप को अधिक महत्त्व दिया गया है और युगलोपासना को महत्त्वपूर्ण माना गया है। इसमें राम का अष्टयाम चरित्र और उनकी रसमयी लीलाओं का सरस एवं भावपूर्ण निरूपण हुआ है। यह साहित्य भक्ति, दर्शन के साथ-साथ सामाजिक एवं सांस्कृतिक अध्ययन की दृष्टि से भी महत्त्वपूर्ण है। अयोध्या, मिथिला, चित्रकूट रैवासा आदि रामतीर्थों में बेष्ठनों में

सुरक्षित इस साहित्य का यदि विस्तृत अध्ययन-मूल्यांकन किया जाय तो इस काव्य-परम्परा को रामभक्ति में **'रसिक काव्य-परम्परा'** के रूप में अलग से रेखांकित करने की आवश्यकता होगी। प्रस्तुत पुस्तक में अयोध्या के कुछ महत्त्वपूर्ण रामभक्तों के साहित्य का अनुसन्धानपूर्ण अनुशीलन प्रस्तुत किया गया है। उम्मीद है कि इन लेखों से अनुसन्धित्सुओं को रामभक्ति-साहित्य के इस उपेक्षित अंश पर शोध-कार्य करने की प्रेरणा मिलेगी।

यह भी उल्लेखनीय है कि आचार्य रामचन्द्र शुक्ल ने अपने **'हिन्दी साहित्य का इतिहास'** नामक ग्रन्थ में रामभक्ति में विकसित रसिकधारा का विरोध करते हुए शोधकर्ताओं को इससे सावधान रहने की चेतावनी दी थी लेकिन बाद में डॉ. भुवनेश्वर नाथ मिश्र 'माधव' ने **'राम भक्ति साहित्य में मधुरोपासना'** और डॉ. भगवती प्रसाद सिंह ने **'रामभक्ति में रसिक-सम्प्रदाय'** जैसे शोधपूर्ण ग्रन्थों के माध्यम से इस परम्परा के साहित्य और दर्शन को लोगों के समक्ष सकारात्मक ढंग से प्रस्तुत करके उसके अध्ययन के प्रति उत्सुक किया। वास्तव में यह साहित्य राम के लोकरंजक रूप को सामने लाता है और लोक-संस्कृति को आत्मसात् करके लोकजीवन की सरसता को प्रत्यक्ष करता है। इस साहित्य का अध्ययन तत्कालीन जीवन, समाज और संस्कृति को भी समझने में सहायक है। प्रस्तुत पुस्तक के अधिकांश लेखों में इस साहित्य की कतिपय विशेषताओं और उपलब्धियों को रेखांकित किया गया है।

इस पुस्तक के कुछ लेखों में रसिक रामभक्ति साहित्य के अलावा जायसी, सूर, रसखान आदि कवियों के पक्षों पर प्रकाश डाला गया है। भारत में कृष्णभक्ति : उदय और विकास तथा 'रसखान की कविता' जैसे लेख इन्दिरा गान्धी राष्ट्रीय मुक्त विश्वविद्यालय के लिए लिखे गए पाठों से अनुप्राणित हैं। लेखक इस विश्वविद्यालय के प्रति आभारी है कि उसकी प्रेरणा से ये लेख लिखे जा सके।

इन दिनों सामान्यतया भक्ति-साहित्य के अध्ययन, अध्यापन और मूल्यांकन को प्रगतिशीलता-विरोधी माना जाता है। आजादी के बीस-पचीस वर्षों के बाद देश में ऐसी हवा बही कि भक्ति साहित्य उपेक्षणीय हो गया, यहाँ तक कि भक्ति साहित्य के शोधकर्ताओं को

पुरातनपंथी और गैरप्रगतिशील कह कर दरकिनार किया जाने लगा। यह दूसरी बात है कि कबीर, जायसी, सूर, तुलसी की जयन्तियों और उनसे सम्बन्धित समारोहों का आयोजन होता रहा लेकिन भक्ति-साहित्य शोध एवं अध्ययन का केन्द्र नहीं रह गया। आधुनिकता और प्रगतिशीलता ने छात्रों-अध्यापकों को इस तरह आच्छादित कर लिया कि लोग कहने लगे कि अब मध्यकालीन साहित्य के अध्ययन-अध्यापन की आवश्यकता नहीं रह गयी है। इसका परिणाम यह हुआ कि अब विश्वविद्यालयों और महाविद्यालयों में भक्ति-साहित्य के अध्येताओं और विशेषज्ञों का नितान्त अभाव हो गया है। यह चिन्ताजनक स्थिति है। लोगों को समझना होगा कि भक्ति साहित्य ही नहीं, अपितु अपनी परम्परा के समूचे साहित्य को रुचिपूर्वक पढ़ना और पढ़ाना हमारा धर्म है, क्योंकि वही हमारे विकास की आधारशिला है। परम्परा विच्छिन्न होकर हम प्रगतिशीलता की ऊँचाई को नहीं छू पाएँगे अथवा उसके शीर्ष पर पहुँच कर जब हम आधार की ओर निहारेंगे तो पता चलेगा कि यह तो गायब है। ऐसी स्थिति में यह जरूरी है कि अपनी साहित्यिक परम्परा की श्रेष्ठ उपलब्धियों को हम आत्मसात् करते रहें और सद्विवेक का परिचय देते हुए परम्परा और प्रगतिशीलता के बीच एक सेतु बनाकर चलें ताकि हम सुदृढ़ भविष्य का स्वप्न साकार करने में सफल हो सकें। डॉ. रामविलास शर्मा ने **'परम्परा का मूल्यांकन'** करके इस दृष्टि को अच्छी तरह चरितार्थ कर दिया है।

प्रस्तुत पुस्तक यदि लोगों में भक्ति साहित्य के प्रति किंचिदपि रुचि पैदा कर सकी, इससे कुछ भी साहित्यिक-सांस्कृतिक प्रेरणा मिल सकी, तो मैं अपने श्रम को सार्थक समझूँगा।

मैं **नमन प्रकाशन, नई दिल्ली** के स्वामी **श्री नितिन गर्ग** का आभारी हूँ कि उन्होंने इस पुस्तक को बड़ी तत्परता एवं सुरुचि के साथ प्रकाशित किया। पुस्तक की पाण्डुलिपि को सुघर रूप में टंकित करके श्री **रवीन्द्र मोहन त्रिपाठी**, सम्पादक **संस्मृति सुधा**, गोरखपुर ने मेरे कार्य को जिस तन्मयता के साथ सुगम बनाया, उसके लिए मैं उन्हें हृदय से धन्यवाद देता हूँ।

दिनांक 19.08.2015 **कृष्णचन्द्र लाल**

❑

# अनुक्रम

# दिव्य साकेत धाम का स्वरूप

भूलोक की अयोध्यापुरी ही गोलोक में साकेतपुरी या दिव्य साकेत के नाम से जानी जाती है किन्तु इस साकेत का रहस्य परम गुप्त है। इसको वही व्यक्ति जान सकता है जिसको राम की कृपा प्राप्त हो जाती है-

अवध प्रभाव जान तब प्रानी। जब उर बसहिं राम धनु पानी।। [1]

यह साकेत लोक सभी बैकुण्ठों (धामों) के सदृश समान गुण एवं प्रभाव वाला होता हुआ भी भगवान रामचन्द्र जी को अत्यन्त प्रिय है जिसका रहस्य सभी नहीं जानते हैं-

जद्‌यपि सब बैकुण्ठ समाना । वेद पुरान विदित जग जाना।।
अवधपुरी सम प्रिय नहिं सोऊ। यह प्रसंग जानै कोउ कोऊ।। [2]

गोस्वामी तुलसीदास ने उस रहस्य को अनावृत नहीं किया परन्तु कालान्तर में रसिक रामभक्तों ने उसकी महानता, दिव्यता एवं गोपनीयता को व्यक्त करके साकेत लोक का परम आराध्य स्वरूप प्रस्तुत किया। वैसे अयोध्या का सर्वप्रथम एवं स्पष्ट वर्णन अथर्ववेद के उत्तरार्द्ध में प्राप्त होता है, जहाँ इसे सभी बैकुण्ठों की मूल धारा, मूल प्रकृति और तत्सद् ब्रह्ममयी पुरी स्वीकार किया गया है-**या अयोध्या पूः सा सर्वबैकुण्ठानामेव मूलधारा, मूल प्रकृतेः परा तत्सद् ब्रह्ममयी विरजोत्तरा दिव्य रत्नकोषा तस्यां नित्यमेव सीतारामयोः विहारस्थमस्तीति।** [3]

साथ ही इसे अष्टचक्रयुक्ता, नवद्वारों वाली देवताओं की पुरी भी कहा गया है-

अष्टचक्रा नवद्वारा देवानां पूरयोध्या।
तस्यां हिरण्यमयः कोश : स्वर्गोज्योतिषा वृता।। [4]

इसी हिरण्यमय कोश वाली अयोध्या को **वशिष्ठ संहिता** में साकेतपुरी कहा गया है जो गोलोक के अन्तःपुर में स्थित है-

वरेण्या सर्वलोकानां हिरण्य चिन्मया।
अयोध्या नंदिनी सत्या राजिता अपराजिता।।

कल्याणी, राजधानी या त्रिपादस्य निराभ्रया।
गोलोक हृदयस्थ च संस्था सा साकेतपुरी।।[5]

इससे स्पष्ट हो जाता है कि अथर्व वेद में वर्णित अयोध्या का ही विस्तारपूर्वक वर्णन उपनिषदों एवं संहिताओं में हुआ है। प्राचीन ग्रंथों के अयोध्या संबंधी वर्णनों का सारतत्व लेकर यह कहा जा सकता है कि अयोध्या राम की प्रमुख क्रीड़ास्थली है। वह नित्य एवं समस्त लोकों में श्रेष्ठ है।

## गोलोक की स्थिति

मुधुरोपासक रामभक्तों ने गोलोक में साकेतलोक की कल्पना की है। यह गोलोक सभी लोकों से ऊपर है। पृथ्वी से ऊपर महर्लोक, जनलोक, तपलोक, सत्यलोक, कुमार लोक, उमा लोक और शिव लोक जैसे सात लोक हैं। सदाशिव संहिता में इनका विवेचन करते हुए लक्ष्मण जी कहते हैं-

'महर्लोक क्षितेरूर्ध्वमेक कोटि प्रमाणतः।
कोटि द्वये न विख्यातो जनलोको व्यवस्थितः।।
चतुष्कोटि प्रमाणस्तु तपो लोको विराजते।
उपरिष्ठात्ततः सत्यष्ठ कोटि प्रमाणतः।
अतः प्रख्यातो कौमारः कोटि षोड्श संभवः।
तदूर्ध्वोपरि संख्यात उमालोकः सुनिष्ठितः।
शिव लोकस्तदूर्ध्वतु प्रकृत्या च समागतः।
विश्वस्य पुरतोवृत्तिः शिवस्य पुरतोवहिः।[6]

शिव लोक और उमालोक के मध्य पृथ्वी, जल, तेज, वायु, आकाश, अहंकार और महत्तत्व के सप्तावरण हैं। इनके बाद कार्यकारण स्वरूप महाबैकुण्ठ लोक है जहाँ शुभ्रकांतियुक्त मायारहित, स्वतेज प्रकाशित भगवान महाविष्णु विराजमान हैं। इसमें सहस्त्रों मणिखचित खंभों से निर्मित उत्कृष्ट कोटि के भव्य भवन बने हुए हैं। यहीं पर सर्वलोक पावनी पुष्प सलिला गंगा जी प्रवाहित हो रही हैं। यहीं पर सहस्त्रों शिर, नेत्र, हाथ, पैर वाले भगवान महाविष्णु शेष-शैया पर निद्रामग्न रहते हैं। यह वह लोक है जहाँ से जगत् प्रादुर्भूत होता है और फिर उसी में लय हो जाता है।

यत्र शेते महाविष्णुर्भगवान जगदीश्वरः।
सहस्त्रमूर्द्धा विश्वात्मा सहस्त्राक्षः सहस्रपात्।।
यन्निमेषाज्जगत्सर्व लयीभूतं व्यवस्थितम्।।7

इस विष्णुलोक के ऊपर परम ज्योतिस्वरूप दूसरा सत्यलोक है जो योगियों, सन्यासियों और भक्तों का निवास स्थान है। यहीं पर महाशंभु अपनी सर्वशक्तियों

के साथ निवास करते हैं। इसके ऊपर दूसरा महावैकुण्ठ लोक है जिसमें वासुदेवादि चतुर्व्यूह अपनी माया के साथ विहारत रहते हैं।[8] महाविष्णु, महाशंभु और वासुदेव भगवान राम के गुण, ऐश्वर्य और तेज स्वरूप हैं-

राघवस्य गुणो दिव्यो महाविष्णु स्वरूपवान्।
वासुदेवो घनी भूतस्तनु तेजो महाशिवः।।[9]

इन सब लोकों से ऊपर और प्रकृति से परे, मन-वाणी को अगम, ज्योतिस्वरूप सनातन गोलोक है।[10]

## साकेतलोक और उसके सप्तावरण

इसी गोलोक के मध्य में विरजा नदी के उत्तरी दिशा में प्रकृति मण्डल से परे साकेत लोक है। गोलोक के हृदयस्थ होने के कारण यह उसका अन्तःकरण या अन्तःपुर कहलाता है। यह परम दिव्य, विकाररहित और जन्म-मरण, रोग-वियोग तथा पाप-पुण्य से रहित है-

जनम मरण नहिं रोग-वियोगा। नहिं तहँ पाप पुण्य कर भोगा।।
अहंकार कामादि विकारा। नहिं तहँ प्राकृत विषय विकारा।।[11]

यह साकेतलोक सप्तावरणों से युक्त है इनके अन्तर्गत ही मुख्य अवतारों की स्थिति है। इसके प्रथमावरण में महाशिव, महाब्रह्म, महावरूण, महाइन्द्र, महासूर्य, महाचन्द्र आदि देवताओं का निवास है। इन्हीं देवताओं के अंश से उद्‌भूत 33 कोटि देवता असंख्य ब्रह्माण्डों का कार्य करते हैं और सीताराम की उपासना में तल्लीन रहते हैं। द्वितीयावरण में चतुर्लोक षट्‌शास्त्र लोक, अष्टादश पुराणलोक आदि हैं जो सीताराम की उपासना करते रहते हैं। तृतीयावरण में निरीह, निरंजन, निर्विकल्प, निर्गुण ब्रह्मलोक है जिसका ध्यान ज्ञानी-योगी करते हैं और जिसके आगे उनकी भी गति नहीं है। चतुर्थावरण के पूर्व में महाविष्णु लोक, दक्षिण में रमावैकुण्ठलोक, महाशंभु लोक, पश्चिम में अष्टभुजा पुरुषलोक और उत्तर में महाब्रह्म लोक है। यहीं से कल्प-कल्प पर भूमण्डल पर अनेकानेक अवतार होते रहते हैं। इसी आवरण में मथुरा, द्वारिका, काशी, उज्जैनी, हरिद्वार आदि पुरियाँ निवास करती हैं। पंचमावरण में पूर्व दिशा में नानारत्नों से मंडित स्वर्णमयी, विचित्र पताकाओं से सुशोभित मिथिलापुरी है जो अयोध्या के समान ही ऐश्वर्य सम्पन्न है और दोनों में कोई अन्तर नहीं है-

'अयोध्या यथा नित्या सर्वमंगल रूपिणः।
तथैव मिथिला नित्या सर्वमंगल विग्रहा।।[12]

इसी आवरण में दक्षिणी दिशा में चित्रकूट, पश्चिम में वृन्दावन और उत्तर में महाबैकुण्ठ लोक है जो महाविष्णु का परम धाम है। इस साकेत के पंचमावरण

में पूर्व दिशा की ओर मिथिलापुरी है जो स्वर्ण रत्नरचित एवं ऊँचे-ऊँचे ध्वज-पताकाओं से मंडित है-

साकेत पूर्व दिग्भागे श्रीमती मिथिलापुरी।
सर्वाश्चार्यवती नित्या सच्चिदानंद रूपिणी।। [13]

यह राम की गुप्त विहार स्थली है-

गुप्त विहार थली सुखदायी,
विहररिं जहँ नित सिय रघुराई। [14]

साकेत के दक्षिण में परम रमणीय चित्रकूट है यहाँ सीताराम विहार करते हैं। यह राम की रासस्थली भी है। यहाँ वे असंख्य सखियों के साथ नित्य रासलीला करते हैं-

चित्रकूट यक ओर जहँ रासस्थल सुअनूप।
यूथ-यूथ अलि राम तहाँ, निवसहिं सुकृत सरूप।। [15]

साकेत के पश्चिम भाग में भगवान श्रीकृष्ण का वृन्दावन धाम है। यहाँ नाना प्रकार के कुंज भवन हैं। यहीं पर पुण्य सलिला यमुना भी है जिनका जल नीलमणि के समान श्याम है। वृन्दावन कृष्ण की रास स्थली है-

अयोध्या पश्चिमे भागे कृष्णस्य परमात्मनः।
नित्यं वृन्दावनं धाम चिन्मयानंदमद्भुतम्।।
नदी तत्र महापुण्या कालिन्दी कृष्ण बल्लभा।
नीलरत्न जलोत्तुंगतरंगावर्त मालिनी।। [16]

इस तरह साकेत के पंचमावरण में विभिन्न दिशाओं में मिथिला, चित्रकूट, वृन्दावन तथा महावैकुण्ठ सुशोभित हैं-

मिथिला चित्रकूटश्च श्रीमद् वृन्दावनं तथा।
महावैकुण्ठमेतद्धिं पंचमावरणे मुने।। [17]

साकेत के छठें आवरण में त्रिगुणातीत, माया से रहित प्रमोदवन है जिसे महाभारत और रामायण में 'सान्तानिक वन' कहा गया है। यह स्फटिक, पद्मराग, वज्रमणि, इन्द्रनील आदि मणियों से सुसज्जित है जिससे विलक्षण ज्योति प्रकीर्ण होती रहती है। इसके चारों ओर श्रृंगार पर्वत, मणि पर्वत, लीला पर्वत और मुक्ता पर्वत स्थित हैं जिन पर क्रमशः चार शक्तियाँ- आह्लादिनी पराशक्ति, श्रीभू देवी, लीला देवी और श्री सीता जी निवास करती हैं। सातवें आवरण में लोकपावनी सरयू जी हैं जो सभी नदियों का आदि कारण हैं और सच्चिदानंद स्वरूपा हैं जिनके स्नान, ध्यान और नाम-गुण-गान से भक्त भवजाल से मुक्ति पा जाते हैं। इस प्रकार सात आवरणों से युक्त यह साकेत लोक है।

### कनक भवन की स्थिति

इस साकेत लोक के मध्य में एक अद्भुत दिव्य प्रासाद है जिसे कनक भवन कहा जाता है। यह अनुपमेय एवं परम रमणीय है-

कनक भवन विख्यात जग, राजहि जहँ सियाराम।
तेहि की उपमा जोग नहिं, अखिल लोक सुखधाम।। [18]

यह राम सीता का रंगस्थल है। इसके मध्य में एक अद्भुत कल्प वृक्ष है जिसके नीचे परम दिव्य रत्नमंडप है। उसके मध्य में नाना रत्नों से मंडित एक वेदिका बनी है उस वेदिका के बीच में एक रत्न सिंहासन है जो करोड़ों चन्द्रमा के समान धवल एवं छवि पूर्ण छत्र तथा चामर से सुशोभित है। उसके ऊपर मंडप में मोतियों की मालाओं के वितान बने हैं। इस अत्यन्त उज्ज्वल, मंगलदायक रत्न सिंहासन पर सहस्त्र दल वाला एक महाकमल सुशोभित है उसके मध्य में एक गोलाकार दिव्य मुद्रिका है। वह कमल अग्निमंडल और चन्द्रमंडल से वेष्टित है जिसके मध्य में सर्वकारण रूप बिन्दु सुशोभित है। उसके मध्य में कोटि कंदर्प लावण्य युक्त, धनुष बाण लिए हुए, सर्वशक्तियों की अधिष्ठात्री अपनी अहलादिनी शक्ति सीता को वामांग में सुशोभित करके प्रेमविह्वल मुद्रा में श्री रामचन्द्र जी विराजमान हैं-

तन्मध्ये परमोदारः कल्पवृक्षे वरप्रदः।
तस्याधः परमंदिव्यं रत्न मंडपमुत्तमम्।।
तन्मध्ये वेदिकारम्या स्वर्णरत्न विनिर्मिता।
तन्मध्ये च परं शुभ्रंरत्न सिंहासनशुभम्।।
सहस्त्रारं महापद्मे कर्णिकायुक्तमुन्नतं।
तन्मध्ये मुद्रिका भिन्नं मुद्राद्वाभ्यां विभिन्नकम्।।
वह्नीन्दु मण्डलेनापि वेष्टितम् बिन्दु भूषितम्।
चन्द्रकोटि प्रतीकाशं छत्रकं च सचामरं।।
सदामृत घनश्रावि मुक्तिदाम वितानकं।
तन्मध्ये जानकी देवी सर्वशक्ति नमस्कृता।।
तत्रास्ते भगवान रामः सर्वदेव शिरोमणिः।
तत्रादौ चित्तमेत्तेजो बह्निरूपं सुशक्तिकम्।।

सीता और राम के चारों तरफ असंख्य अलियाँ हैं जो उनकी इच्छा के अनुकूल सेवा किया करती हैं-

जेहि विधि रहहिं मुदित सियरामा।
सो सब विधि अलिगन करहिं सुकामा।। [20]

इस प्रकार विकार रहित, लोकों में श्रेष्ठ यह साकेत लोक है जो अनादि नित्य और सच्चिदानंद स्वरूप है जिसमें राम सीता निरन्तर केलिमग्न रहते हैं जिसका रसपान भाग्य शालिनी ललनाएँ करती हैं-

सकल विकार रहित सो धामू, सब लोकन ते परम ललामू।
तेहि महँ केवल केलि प्रधाना, सिय प्रियवर करहि सुजाना।।
अवलोकहि बड़ भागिनी, ललना जन समुदाय।
निवसि संग वसु जाम सुख, तिन्ह करि वरनि न जाय।। [21]

चूंकि राम सीता अनादि हैं इसलिए यह अवध (साकेत) भी अनादि है-

राम अनादि, सीता अनादि अवध अनादी।
तुम्हारी पुरी अनादि, सकल कह वेद के वादी।।

महानारायणोपनिषद् में इसे त्रिपाद विभूति कहा गया है जो परम कैवल्यस्वरूप है और इसी के अन्तर्गत समस्त बैकुण्ठ लोक है। परम कैवल्यस्वरूप होने के कारण रसिक राम भक्तों का यह जीवनाधार है। वे अहर्निशि इसी का ध्यान करते हैं। महात्मा राम चरन दास ने इस धाम-ध्यान का बड़ा ही अनूठा वर्णन किया है जिसमें दिव्य साकेत का समूचा स्वरूप संक्षेप में चित्रित हो गया है-

'चित्त वसु राम रूप पर धाम।
बैकुण्ठ पर गोलोक पर श्री अवधपुर अभिराम।।
मध्यस्थ ताके कल्पतरू मंडप रतन तेहि ठाम।
मंडप तरे मणि वेदिका मणिमय सिंहासन ताम।।
तापर सहस्रदल कंज मुद्रा अगिनि शशि जुग ग्राम।
आसीन तापर जानकी श्री राम जू के बाम।।
श्री राम कर धनुवान वर सिय पानि पंकज श्याम।
अतिरूप दुति नहि जात कहि घन नील कोटिन्ह दाम।।
भूषण लसत प्रति अंग देखि लजहिं बहु रति काम।
श्री सर्व मुनिजन सखा सब अवतार भक्ति प्रणाम।।
**श्री रामचरण** समस्त सेवहिं रहहिं रूख लखि राम।1 [22]

अब प्रश्न यह उठता है कि भूलोक के साकेत और गोलोक के साकेत में अन्तर क्या है ? इस संदर्भ में राम रसिकों की धारणा है कि गोलोक का साकेत दिव्य गुण सम्पन्न, प्राकृतता रहित लोक है जहाँ पर सीताराम की नित्य किशोर लीला होती रहती है-

दिव्य सो प्राकृतता रहित, सत् चित् आनन्द रूप।
विहरत ·सिय रघुनंदन दोउ दस स्पन्दन भूप।। [23]

दिव्य साकेत ही परा अयोध्या है जो राम की माधुर्य लीलाओं का स्थल है वह उनकी भोगस्थली है और भूलोकी अयोध्या राम की लीला स्थली है यहाँ पर वे अपनी ऐश्वर्यपूर्ण लीलाएँ करने के लिए अवतार लेते हैं। इस तरह वे ही दोनों के स्वामी हैं। शिव संहिता के पंचमू पटल में कहा गया है-

भोगस्थान पराऽ योध्या लीलास्थानं त्विदं भुवि।
भोग लीलायती रामो निरंकुश विभूतिकः।। [24]

दिव्य साकेत अथवा परा अयोध्या के अंश से ही भूलोकी अयोध्या का निर्माण हुआ है। पृथ्वी पर मनु को भेजने के बाद उन्हीं की प्रार्थना पर भगवान विष्णु ने बैकुण्ठ से अयोध्या को लाकर मनु को दिया था-

मनु कह्यो थान मोहि दीजे।
विशद राजधानी तहँ कीजे।।
सुनत विष्णु बैकुण्ठ ते दीन अयोध्या आनि।
मनु लाये महि लोक महँ, श्रीपति को तनुजानि।। [25]

और तब मनु ने भूलोक में प्रभूत धन धान्य वाली लोक विश्रुता अयोध्या नगरी का निर्माण किया-

अयोध्या नाम नगरी तत्रासील्लोक विश्रुता।
मनुना मानवेन्द्रेण या पुरी निर्मिता स्वयं।। [26]

इस प्रकार भूलोक स्थित अयोध्या साकेत का ही अंश है अन्तर केवल इतना है कि दिव्य साकेत माया विकार रहित एवं नित्य है तथा भूलोकी अयोध्या मायावद्ध, प्राकृत गुण-दोष सम्पन्न, अनित्य। भूलोकी अयोध्या का आविर्भाव और तिरोभाव होता रहता है किन्तु दिव्य साकेत का नहीं। वह तो सच्चिदानंद स्वरूप ही है। **चूंकि भूलोकी अयोध्या दिव्य साकेत का ही अंश और भगवान राम की लीला भूमि है इसलिए भक्तों की हार्दिक इच्छा इस धाम में ही जीवन यापन करने की रहती है। राम भक्तों की यह धारणा है कि जो अयोध्या में रहकर शरीर त्याग करता है उसे दिव्य साकेत में सहज ही प्रवेश मिल जाता है-**

जो साकेत अयोध्या सोई। नाम भेद नहिं कारन कोई।।
भोगस्थल साकेत ललामा। लीला थल श्री अवध सुधामा।।
अवध धाम तनु तजि नर वामा। पावहिं पर साकेत सुधामा।। [27]

गरूण जी ने भी जब इस पुरी का दर्शन किया तो उन्होंने समझा कि अब उनका जन्म सार्थक हो गया-

अद्यैव सफलं जन्म साकेत दर्शनेन में।
अद्यैव सफलं ध्यानं प्रमोदवन दर्शनात्।। [28]

भक्तों की यह भी मान्यता है कि यहाँ की पुण्य सलिला सरयू में भी जिसने स्नान नहीं किया अथवा दर्शन-ध्यान नहीं किया उसका सारा जीवन व्यर्थ ही चला गया।

राम रसिकों की उपर्युक्त धाम-धारणा कृष्ण भक्तों की धाम-धारणा से काफी मेल खाती है। जैसे कृष्ण भक्तों के यहाँ वृन्दावन को कृष्ण की रास स्थली माना गया है वैसे ही यहाँ भी प्रमोद वन को राम की रासस्थली कहा गया है। कृष्ण भक्तों ने कृष्ण के लीलाधामों में ब्रज और वृन्दावन को महत्व दिया है और राम भक्तों ने साकेत के दिव्य एवं प्राकृत भेद करके गोलोक और भूलोक के साकेत धाम की कल्पना की है। डा. देवी शंकर अवस्थी ने भूलोकी अयोध्या को ब्रज और प्रमोद वन को वृन्दावन माना है।[29] किन्तु यह मान्यता का बहुत ही सरलीकरण रूप है। रामभक्तों की यह धारणा है कि राम भूलोकी अयोध्या में ऐश्वर्य पूर्ण एवं मर्यादित लीलाओं को सम्पन्न करते हैं जबकि साकेत में उनकी नित्य माधुर्यपूर्ण लीलाएं हुआ करती हैं। कृष्ण भक्तों के कृष्ण ने तो भूलोकी ब्रज में भी अनन्त माधुर्य रस को प्रवाहित किया। कहना न होगा कि कृष्ण भक्तों की दृष्टि जहाँ कृष्ण के केवल मधुर चरित्र पर ही रही वहाँ राम भक्तों ने माधुर्य एवं ऐश्वर्यपूर्ण दोनों चरित्रों को महत्व दिया। उनका विश्वास है कि भक्तों के कष्ट को दूर करने के लिए और धर्म की संस्थापना के लिए ही राम ने अयोध्या में अवतीर्ण होकर अपने मर्यादित चरित्र का प्रकाशन किया था। दिव्य साकेत में तो वे सीता जी के साथ नित्य विहार किया करते हैं।

**सन्दर्भ :**

1- रामचरित मानस - उत्तर काण्ड- 16/4
2- वही 3/2
3- अथर्व वेद - उत्तरार्द्ध
4- वही 10/2/31
5- अयोध्या दिग्दर्शन- पं. रामरक्षा त्रिपाठी, पृ, 01 पर उद्‌धृत
6- रामनवरत्न सार संग्रह-राम चरण दास, पृ.- 29
7- साकेत- सुषमा- पृ. 4
8- तदूर्ध्वं तु परंकांतं महावैकुण्ठ संज्ञकम्।
वासुदेवादयस्तत्र विहरन्ति स्वमायया।।
9- रामनवरत्न सार संग्रह-रामचरण दास, पृ. 31
10- तदूर्ध्वंतु स्वयं भाति गोलोकः प्रकृतेपरः।
वाङ्. मनोगोचरातीतो ज्योति रूपः सनातन।। वही पृ. 31
11- वृहद उपासना रहस्य-प्रेमलता- पृ. 74

12- साकेत-सुषमा- पृ. 13
13- उपासनात्रय सिद्धान्त, पृ. 150
14- वृहद् उपासना रहस्य, प्रेमलता- पृ. 83
15. वही पृष्ठ 83
16- उपासनात्रय सिद्धान्त, पृ. 151
17. वही पृष्ठ 154
18. वृहद् उपासना रहस्य, प्रेमलता- पृ. 77
19- रामनवरत्न सार संग्रह- सं. राम चरण दास, पृ.- 31
20. वृहद् उपासना रहस्य, पृ. 75
21. वही पृ. 74
22- रामनवरत्न सार संग्रह- सं. राम चरण दास, पृ.- 43
23. अनन्य रस-तरंगिणी : रसिक अली, दोहा-20
24. उपासना त्रय सिद्धान्त, पृ. 91
25. विश्राम सागर : रघुनाथ दास रामसनेही
26 वाल्मीकि रामायण
27- वृहद उपासना रहस्य- पृ. 29
28- भुशुण्डि रामायण- पृ. 14
29. अट्ठारहवीं शती के ब्रजभाषा काव्य में प्रेमाभक्ति- डॉ. देवीशंकर अवस्थी, पृ 258

❑

# अयोध्या में राम की मधुरोपासना

मर्यादा पुरुषोत्तम भगवान राम की जन्मस्थली होने के कारण अयोध्या रामधामों में अपना प्रमुख स्थान रखती है। यही कारण है कि रामोपासकों का अयोध्या के प्रति विशेष आकर्षण रहा है। प्रख्यात रामभक्त कवि एवं महात्मा गोस्वामी तुलसीदास ने अपने सर्वपूज्य ग्रंथ रामचरितमानस का प्रणयन इसी पावन-भूमि में किया और राम-भक्ति को जन-जन के हृदय में अभिषिक्त करके समूचे उत्तरी भारत को 'राममय' बनाने का असाध्य कार्य किया। कहा जा सकता है कि यदि गोस्वामी तुलसीदास का आविर्भाव न हुआ होता और उन्होंने 'मानस' की रचना न की होती तो राम की मर्यादा भक्ति शायद ही इतनी प्राणवती होकर जनमानस में पैठती, किन्तु एक तथ्य जो हमें आश्चर्य में डाल देता है वह यह कि जिस पुण्य-वसुन्धरा पर गोस्वामी जी ने 'मानस' की रचना करके राम की मर्यादा भक्ति का प्रसार किया, सम्प्रति वह धरा (अयोध्या) राम की रसिक भक्तिधारा के प्रवाह में पूर्णतः निमग्न हो गयी है। यहाँ से वहाँ तक अयोध्या में रसिक गद्दियां और सीताराम की मधुर लीला में मस्त रसिक भक्त दृष्टिगोचर होते हैं। आज अयोध्या राम रसिकों की प्रमुख निवास स्थली बन गयी है। यहाँ तक कि निर्गुणोपासक भी सीताराम की लीलाओं में रसमग्न दिखाई पड़ते हैं।

राम की रस भक्ति का प्रवर्त्तन 17वीं शताब्दी में **स्वामी अग्रदास** ने किया, जो मैहर के रहने वाले थे। यद्यपि यह रसिक धारा उनसे पूर्व भी अपने क्षीण रूप में गोस्वामी जी की मर्यादा भक्ति धारा के समानान्तर ही बहती चली आ रही थी, परन्तु उस समय वह व्यक्ति साधना तक ही सीमित थी। अग्रदास जी ने '**ध्यानमंजरी**' ग्रंथ की रचना करके उसके सैद्धान्तिक स्वरूप को प्रस्तुत किया और इस साधना के भक्तों को 'रसिक' कहकर '**रसिक सम्प्रदाय**' को जन्म दिया। वे जानकी जी की उपासना सखी भाव से करते थे। रसिक साधना में युगल दम्पत्ति के ध्यान और उनकी मधुर लीलाओं के रसपान पर विशेष बल दिया जाता है जो केवल उच्च संस्कार-सम्पन्न रसिकों को ही प्राप्त हो सकता है-

यह दम्पत्ति वर ध्यान, रसिक जन नित प्रति ध्यावै।
रसिक बिना यह ध्यान, और सपनेहु नहिं आवै।।

इस भक्ति में '**सखीभाव**' की प्रधानता होती है। साधक अलि (सखी) के रूप में दिव्य साकेत में सम्पन्न होने वाली सीताराम की मधुर लीलाओं का अवलोकन सुख प्राप्त कर कृत-कृत्य होता है। 'युगल सरकार' का नित्य साहचर्य सुख प्राप्त करना ही उसकी साधना का परम लक्ष्य होता है। सीताराम की लीला का सुख वह दो प्रकार से प्राप्त करता है-

1- तत्सुख भाव से
2- स्वसुख भाव से

तत्सुखी भाव का तात्पर्य है, उसके सुख से सुखी रहना। इसमें सखियाँ सीता और राम की लीलाओं की मात्र द्रष्टा होती हैं, परन्तु स्वसुख में वे भक्तिभाव से उन लीलाओं में साक्षात् उपस्थित रहती हैं और उनके अंग स्पर्श का सुख प्राप्त करना ही उनका स्वसुख है, जो तत्कृपोपलब्ध होता है। इन दो भावनाओं के विकास में रसिक साधना की दो शाखाएँ हो गयी हैं-**तत्सुखी शाखा** और **स्वसुखी शाखा**।

स्वामी अग्रदास जी ने तत्सुखी भावना को प्रमुखता दी थी, परन्तु 19वीं शताब्दी में अयोध्या के प्रसिद्ध महात्मा **जनकराज किशोरी शरण 'रसिक अली'** जी ने स्वसुखी भावना का प्रवर्त्तन किया, जिसका तत्सुखी भावोपासकों ने घोर विरोध किया, परन्तु उसका कोई अभीष्ट परिणाम नहीं हुआ। अयोध्या में इन दोनों शाखाओं के भक्त और गद्दियाँ हैं, इतना अवश्य है कि स्वसुखी भावोपासकों की संख्या अपेक्षाकृत न्यून है।

यहाँ ध्यान देने की बात यह है कि रसिकों ने राम के जिस रूप को अपने ध्यान का केन्द्र बनाया, वह गोस्वामी तुलसीदास के राम से काफी भिन्न है। गोस्वामी जी ने हमारे सम्मुख राम के दनुजदलन, दुष्टनिकन्दन और मर्यादा पुरुषोत्तम वाले रूप को प्रस्तुत किया था और सीता को उनकी परम शक्ति माना था। रसिकों ने राम को कृष्ण की भांति लीला पुरुष और सीता को राधा की भांति लीला नायिका के रूप में माना तथा उनकी लीलाओं को सम्पन्न करने वाली असंख्य सखियों की कल्पना की जो सीता-राम के मनोनुकूल लीलाएँ किया करती हैं-

जेहि विधि मुदित रहहिं सियरामा।
सो सब विधि अलिगन करहिं सुकामा।।

आचार्य रामचन्द्र शुक्ल ने राम भक्ति में उभरती हुई इस साधना को गर्हित और निंद्य घोषित करके विद्वानों को सावधान रहने की चेतावनी दी थी, परन्तु यह

साधना धीरे-धीरे बल पकड़ती गयी और देखते-देखते लगभग सभी प्रमुख रामतीर्थ (चित्रकूट, मिथिला, अयोध्या) इसके प्रभाव में आ गये।

### अयोध्या में मधुरोपासना का प्रसार

मध्यकाल में मुगल शासकों की धार्मिक असहिष्णुता का शिकार अयोध्या भी हुई थी और एक प्रकार से इसके हिन्दू धर्मस्थली होने के गौरव को नष्ट कर देने का कुत्सित प्रयास भी हुआ था। फलतः अयोध्या मुगल शासकों के आतंक के कारण दीर्घकाल तक भक्तों का निवास स्थल नहीं बन सकी। राम भक्तों के लिए एक विशेष प्रकार का संकट और था, वह यह कि दस नामी गोसाइयों के आतंक और अत्याचार ने भी अयोध्या में वैष्णवों का जीना दूभर कर दिया था और वे अयोध्या छोड़कर अन्य रामतीर्थों में चले गये। फलतः दीर्घकाल तक अयोध्या रामोपासकों से शून्य रही, परन्तु मुगल साम्राज्य के पतन और नवाबों की कुछ उदार धार्मिक नीति से अयोध्या में धार्मिक वातावरण पनपने लगा। इस समय तक अन्य क्षेत्रों की भाँति अयोध्या में भी दसनामी गोसाइयों के आतंक को समाप्त करने के लिए रामानन्दी भक्तों के सैनिक संगठन के सात अखाड़े भी स्थापित हो चुके थे जिन्होंने उनके अत्याचार को समाप्त करके वातावरण को शांतिमय बनाया। अयोध्या में अखाड़ों की स्थापना हो जाने और उससे वैष्णवों को सुरक्षा का प्रबंध हो जाने के कारण मिथिला, चित्रकूट आदि स्थानों में रहने वाले रामरसिकों का आगमन भी शुरू हुआ। मिथिला से आने वाले रसिकों की चर्चा करते हुए साकेतवासी महात्मा रघुनाथ प्रसाद ने लिखा है-

मिथिलापुर के सन्त महन्ता। आवहिं लै सौगात अनन्ता।।
ते सब कनक भवन पहुंचावें। सियाराम हित लाड़ लड़ावै।।
रामकोट रजधानी खासी। रहत तहाँ माधुर्य उपासी।।

इस प्रकार धीरे-धीरे रैवासा, गलता और चित्रकूट से भी रसिकों ने अयोध्या में आकर राम की रसोपासना का प्रचार किया और अपनी गद्दियाँ स्थापित कीं, परन्तु **अयोध्या में मधुरोपासना का विधिवत प्रचार-प्रसार महात्मा राम प्रसाद बिन्दुकाचार्य ने 18वीं शताब्दी में किया।**

**बिन्दुकाचार्य** जी का जन्म लखनऊ के निकट मलीहाबाद में सं. 1760 में एक ब्राह्मण कुल में हुआ था। बाल्यकाल में इनका मन पढ़ने-लिखने में न लगकर इधर-उधर घूमने और लाल-मुनियों को लड़ाने में अधिक रमता था, जिससे तंग आकर उन्हें जिम्मेदार बनाने के उद्देश्य से इनके माता-पिता ने इनका विवाह कर दिया, परन्तु ये घर गृहस्थी के प्रपंच में पड़ते हुए भी उससे सर्वथा उदासीन ही रहे। कुछ कालोपरान्त इनकी पत्नी का देहान्त हो गया। पत्नी का अंतिम संस्कार करने के बाद

ये गाँव के बाहर ही जानकी बाग नामक स्थान में भगवद्-भजन करने लगे। कुछ वर्षों के बाद रामनवमी के अवसर पर ये अयोध्या चले आये। उस समय यहाँ शैव सन्यासियों का उपद्रव जोरों पर था। वे वैष्णवों को देखते ही या तो मार डालते थे या उन्हें बुरी तरह पीटकर धर्म-परिवर्तन के लिए बाध्य करते थे, परन्तु अपनी साधना और सिद्धि के चमत्कार से राम प्रसाद जी ने उन गोसाइयों को इस प्रकार चमत्कृत किया कि वे इनके सामने श्रद्धावनत हो गये और धीरे-धीरे इनकी प्रतिष्ठा बढ़ गयी। इन्होंने अपनी कुटी सोनखर कुण्ड पर बनायी। सम्वत् 1787 को जानकी नवमी के दिन एक विशेष घटना घटी। उस दिन पूजा के समय ये अपने मस्तक पर तिलक लगाना भूल गये, परन्तु दण्डवत करके उठने के बाद इनके मस्तक पर बिन्दी लगी हुई थी। राम प्रसाद जी को अपनी भूल का ज्ञान हुआ और साथ ही उनमें यह विश्वास जागृत हुआ कि यह बिन्दी महरानी जानकी जी की लगाई हुई है, क्योंकि वह बिन्दी इनके बहुत धोने पर भी नहीं मिटी। इस घटना के आधार पर ही ये 'बिन्दुकाचार्य' की पदवी से विभूषित हुए और साधुओं में इनकी प्रतिष्ठा बढ़ गयी। अयोध्या में इनकी गद्दी '**बड़ा स्थान**' के नाम से ख्यात है। इनकी परम्परा वाले भक्त '**बेन्दी वाले**' कहलाते हैं।

बिन्दुकाचार्य जी एक उदार एवं युगल सरकार (राम और सीता) के सौन्दर्य में हमेशा डूबे रहने वाले सन्त थे। प्रसिद्ध है कि ये युगल सरकार के समक्ष तम्बूरा लेकर और पैरों में घूघुरू बांधकर कीर्तन करते थे। उनका घुँघुरू अभी भी 'बड़ा स्थान' में सुरक्षित है। बिन्दुकाचार्य अपने को सीता जी की सखी मानकर उनकी उपासना करते थे।

बिन्दुकाचार्य जी के बाद अयोध्या में वैष्णव भक्तों का जमाव शुरू हो गया। उनके समय में ही महात्मा **रामचरण दास 'करुणासिन्धु'** का अयोध्यागमन समूची रसिक-साधना के लिए एक वरदान सिद्ध हुआ। उन्होंने बिन्दुकाचार्य जी के शिष्य रघुनाथ प्रसाद का शिष्यत्व ग्रहण किया। परन्तु कुछ कालोपरान्त जब रैवासा में '**अग्रसार**' ग्रंथ को पढ़ने के लिए गये तो वहाँ इन्हें अपने तिलक को परिवर्तित कर देना पड़ा। वहाँ से अयोध्या लौटने के बाद इन्होंने जानकी घाट पर चारुशीला भवन और चारुशीला बाग का निर्माण कराया और नित्य 'मानस' की कथा कहने लगे। इन्होंने रामचरित मानस की श्रृंगारपरक टीका '**आनन्द लहरी**' नाम से की, जिससे इन्हें काफी ख्याति मिली। इसके साथ ही राम की मधुरोपासना के सैद्धान्तिक स्वरूप को विवेचित करने के लिए '**रामनवरत्न सार संग्रह**' ग्रंथ का प्रणयन किया और लोगों के सामने इस साधना के शास्त्र सम्मत रूप को प्रस्तुत किया। रसिक साधना को परिपुष्ट करने में करुणासिन्धु' जी का अन्यतम स्थान है। उनके इस

महान व्यक्तित्व के कारण ही कुछ लोगों ने उन्हें ही रसिक-साधना का प्रवर्तक स्वीकार कर लिया है।

रामचरण दास जी के तीन शिष्यों-जीवाराम युगलप्रिया, जनकराज किशोरी शरण 'रसिक अली' और हरिदास ने भी इस सम्प्रदाय को सुदृढ़ करने और उसके प्रचार में महत्वपूर्ण योगदान किया। इनमें रसिक अली और हरिदास जी अयोध्या के थे। रसिक अली जी का नाम रसिकाचार्यों में परिगणित होता है, क्योंकि इन्होंने परम्परागत रसिक साधना में 'स्वसुखी भावना' का प्रवर्तन किया। उन्होंने अपने 'आत्म सम्बन्ध दर्पणम्' नामक ग्रंथ में इस भावना का सम्यक् विवेचन किया।

19वीं शताब्दी में अयोध्या रसिक भक्तों का प्रमुख केन्द्र बन गया। उसी समय अयोध्या के चार महान संतों का आविर्भाव हुआ-1. उमापति त्रिपाठी 'कोविद' 2. रघुनाथ दास 3. युगलानन्य शरण 4. बनादास।

ये चारों अपने समय के बड़े ही ख्यातिप्राप्त महात्मा हैं और इन्होंने रस भक्ति को न केवल अपनी साधना से पुष्ट किया वरन् उसके सैद्धान्तिक विवेचन के लिए विपुल संख्या में साहित्यिक ग्रंथ का प्रणयन भी किया। इनमें महात्मा युगलानन्य शरण और बनादास जी पर पृथक-पृथक शोध प्रबंध भी प्रस्तुत किये जा चुके हैं। इनके अतिरिक्त जानकी प्रसाद रसिक बिहारी, रघुनाथ दास रामसनेही, शीलमणि, पंडित राघबल्लभा शरण 'प्रेमनिधि', स्वामी राम बल्लभाशरण 'युगल विहारिणी', कामदेन्द्र मणि, रूपकला और सियालाल शरण 'प्रेमलता' जैसे अनेक विद्वान एवं सिद्धि प्राप्त महात्माओं ने अयोध्या को पवित्र किया है और विपुल संख्या में शिष्यों को दीक्षित करके रसिक-सम्प्रदाय को संबर्द्धित किया है।

सम्प्रति अयोध्या में राम की मधुरोपासना का ही बोलबाला है। बीसवीं शताब्दी के उत्तरार्द्ध के रसिक साधकों में महात्मा सीताराम शरण (लक्ष्मण किला), जानकी जीवन शरण जी (दरबार लाल साहब), महंथ रामसूरत शरण जी (गोलाघाट), श्रीकांत शरण जी (सद्गुरु कुटी, गोलाघाट), अंजनीनन्दन शरण जी (संकटमोचन घाट), पं. हरिनाम दास जी (जानकी घाट), शत्रुघ्न शरण जी (रस मोदलता कुंज) और जानकी शरण 'मधुकर' जी (चारुशीला बाग) आदि के नाम उल्लेखनीय हैं। इनमें अंजनी नन्दन शरण और श्रीकांत शरण जी का साकेतवास हो गया है। अंजनीनंदन शरण ने 'मानस-पीयूष' और 'विनय पीयूष' तथा श्रीकांत शरण ने तुलसी साहित्य पर 'सिद्धान्त भाष्य' जैसे ग्रंथों को लिखकर हिन्दी जगत में अविस्मरणीय ख्याति अर्जित की है। यह भी उल्लेखनीय है कि अब उपर्युक्त सभी संतों का साकेतवास हो चुका है। उनके स्थान पर जो नयी पीढ़ी आयी है अभी उसके कृतित्व एवं व्यक्तित्व का प्रस्फुटन हो रहा है।

## अयोध्या में प्रमुख रसिक गद्दियाँ

राम की मधुरोपासना के प्रचार-प्रसार में अयोध्या की रसिक गद्दियों का बहुत बड़ा योगदान है। इन गद्दियों में 'बड़ा स्थान', 'लक्ष्मण किला', 'रसिक निवास', 'तपसी की छावनी', 'हनुमान्निवास', 'रुपकला कुंज', 'जयपुर मंदिर', 'दरबार लाल साहब', 'साकेत राजमहल', 'नयाघाट', 'बड़ी छावनी', 'जानकी घाट', 'रामघाट', 'नृत्य राघव कुंज', 'चारुशीला बाग' आदि का नाम विशेष रूप से उल्लेखनीय है।[1] इन गद्दियों में परस्पर कोई गहरा सैद्धान्तिक मतभेद नहीं है लेकिन इनसे जुड़े हुए अनेक संत पंचभावोपासना में से किसी एक भाव का आश्रय लेकर सीताराम की मधुर भक्ति में लीन रहते रहे हैं। इतना अवश्य है कि 'रसिक निवास' के रसिक अली जी ने स्वसुखी भावना का प्रचार किया और बाकी गद्दियों में तत्सुखी भावना की ही प्रधानता है।

अयोध्या की इन रसिक गद्दियों में उच्च कोटि के भक्त साहित्यकार हुए हैं जिन्होंने विशाल परिमाण में मुक्तक राम काव्य की रचना की है जिससे हिन्दी जगत अपरिचित है क्योंकि उनके ग्रंथ बेष्ठनों में बँधे हुए पड़े हैं और भक्ति साहित्य में विद्वानों की रूचि नहीं रह गयी है। रसिको द्वारा सृजित साहित्य भाव एवं संवेदना की दृष्टि से राम भक्ति काव्य धारा में एक नया अध्याय जोड़ने की आवश्यकता का बोध कराता है। यदि इस साहित्य का अनुशीलन और मूल्यांकन किया जाय तो इसके आधार पर रामभक्ति में '**रसिक काव्य धारा**' को अलग से पहचानने की आवश्यकता होगी।

---

1- इन गद्दियों का विस्तृत विवेचन देखिये-राम भक्ति में रसिक सम्प्रदाय। डॉ. भगवती प्रसाद सिंह

❑

# अयोध्या में निर्गुण रामोपासना

अयोध्या में निर्गुण रामोपासना के प्रचार-प्रसार का श्रेय **संत पलटू दास** को है। इनका आविर्भाव 18वीं शताब्दी में हुआ था। उस समय अयोध्या में रसिक रामभक्ति का विशेष रूप से प्रचार था परन्तु अपनी साधना और सिद्धि के बल पर पलटू दास ने अपनी विचारधारा को लोगों तक पहुँचाया और निर्गुण रामोपासना का अयोध्या में प्रचार किया लेकिन उन्हें यहाँ के रामभक्तों के घोर विरोध का सामना भी करना पड़ा। सुना जाता है कि अयोध्या के बैरागियों ने मिलकर उन्हें जला दिया था। इस घटना में सचाई का अंश चाहे स्वल्प ही हो परन्तु इससे इतना तो निष्कर्ष निकाला ही जा सकता है कि पलटू दास को अयोध्या में साम्प्रदायिक संघर्षों से बुरी तरह उलझना पड़ा था किन्तु तमाम विरोधों के बावजूद बड़ी निर्भीकता के साथ वे अयोध्या में साधनारत रहे और सिद्धि प्राप्त की। वे एक पहुँचे हुए सन्त थे। अपनी उत्कृष्ट साधना और तपश्चर्या के आधार पर ही उन्होंने निर्गुण सम्प्रदाय के सन्तों में महत्वपूर्ण स्थान प्राप्त कर लिया जिसका परिणाम यह हुआ कि आगे चलकर उनके नाम से एक पंथ ही चल पड़ा जो **'पलटू पंथ'** के नाम से जाना जाता है। इस सम्बन्ध में आचार्य परशुराम चतुर्वेदी का यह वक्तव्य उद्धरणीय है- **इनकी रचना को देखने से विदित है कि ये उच्चकोटि के अनुभवी संत, निर्भीक आलोचक तथा निर्द्वन्द्व जीवन व्यतीत करने वाले महापुरुष थे। यही कारण है कि इनका प्रचार अधिक हुआ तथा इनके नाम पर 'पलटू पंथ' भी चल पड़ा।'**

पलटू दास ने अयोध्या में मत्तगयंद के पास अपनी कुटी बनायी जो कालान्तर में 'पलटू दास का अखाड़ा' नाम से ख्यात हुई। धीरे-धीरे यहाँ पर निर्गुणी सन्तों का जमाव होने लगा और राम की सगुणोपासना के समानान्तर ही निर्गुणोपासना भी फलने-फूलने लगी। पलटू दास गुलाल पंथ के प्रसिद्ध महात्मा गोविन्द साहब के शिष्य थे। उन्होंने गुलाल पंथ में अपनी पूरी आस्था व्यक्त की है-

राम गुलाल का पंथ है यह भुड़कुड़ा शुभस्थान।
ज्ञान योग की मुक्ति है सहज समाधि को ध्यान।।[1]

इससे स्पष्ट है कि पलटू दास ने अपने नाम से स्वयं कोई पंथ नहीं चलाया वरन् उनकी प्रतिभा, सिद्धि और महत्ता को देखते हुए उनके अनुयायियों ने अलग से 'पलटू पंथ' का निर्माण कर लिया और पूर्ववर्ती पंथों से पृथक् करने के लिए अपने वेश, छाप, तिलक और पूजापद्धति आदि में थोड़ा बहुत परिवर्तन कर लिया। इस पंथ के साधक कबीर पंथियों की भांति श्वेत वस्त्र धारण करते हैं और गले में तुलसी की कंठी पहनते हैं तथा मस्तक पर दो समानान्तर रेखाओं का टीका लगाते हैं जिनके मध्य में नीचे की ओर दुअन्नी के आकार का चंदन भर दिया जाता है। कुछ लोग दुअन्नी के स्थान पर कमल का फूल बनाते हैं।

इस पंथ में मुसलमानों को छोड़कर सभी जाति के लोगों को शिष्य बनाने की परम्परा है। मठों की देखभाल और सुरक्षा के लिए महंत, अधिकारी, भण्डारी, कोठारी और पुजारी ये पाँच अधिकारी होते हैं। यद्यपि पलटू दास महंती आदि के विरोधी थे परन्तु इस पंथ के अनुयायियों ने इसे अपना रखा है। इनमें महंत को गद्दी देते समय एक विशेष समारोह भी होता है। महंत होने वाले व्यक्ति को कंठी, माला तथा सेल्ही पहनाकर एक सुसज्जित चौकी पर बैठाया जाता है। उस समय वह श्वेत चादर और सिर पर श्वेत पगड़ी धारण करता है। गुरू उसे टीका लगाते हैं और इस समारोह के उपलक्ष्य में एक विशाल भण्डारा दिया जाता है।

इस पंथ के साधकों में संत-सेवा, अतिथि सत्कार और परोपकार की भावना विशेष रूप से पायी जाती है परन्तु महंती आदि की भावना जागृत हो जाने से अब इसमें भी विलासिता का प्रभाव बढ़ता जा रहा है। जहाँ तक मूर्ति पूजा का सम्बन्ध है ये सभी उसके विरोधी हैं परन्तु पलटू दास के अखाड़े में जगन्नाथ की मूर्ति बनी हुई है और उसकी पूजा भी होती है। इसे अयोध्या के वैष्णवों की मूर्ति-पूजा का प्रभाव मान सकते हैं। अपने इन वैशिष्ट्यों एवं उपलब्धियों के कारण पलटू पंथ न केवल अयोध्या में बल्कि उसके बाहर भी अपना प्रभाव जमाये हुए है। आजमगढ़, कानपुर, बलिया, कलकत्ता, जौनपुर, सुल्तानपुर, प्रतापगढ़, रायबरेली, रीवाँ, देवरिया, लखनऊ और गोण्डा तथा बस्ती आदि जिलों में भी इस पंथ के अनुयायी हैं।

### पलटू दास की शिष्य परम्परा और पुण्य स्थल

पलटू दास के मुख्य रूप से दो शिष्य थे-पलटू परसाद और हुलास दास/पलटू परसाद को कुछ लोग उनका सहोदर भाई [2], कुछ लोग चचेरा भाई और ज्येष्ठ शिष्य मानते हैं। इसके साथ ही कुछ लोग दोनों को एक ही व्यक्ति मानते हैं [3] परन्तु वस्तुस्थिति यह है कि पलटू परसाद पलटूदास के शिष्य थे और 'परसाद साहब' के नाम से विख्यात थे। अयोध्या में दोनों की पृथक्-पृथक् समाधियाँ बनी हुई हैं।

**हुलास दास** का जन्म बाराबंकी जिले में हुआ था। इन्होंने सम्वत् 1826 में पलटू दास से दीक्षा ली थी।[4] कालान्तर में ये अयोध्या से बाराबंकी चले गये थे। उस समय पलटू दास जीवित थे। पलटू दास की मृत्यु के बाद इन्हीं दो शिष्यों से पलटू पंथ का विस्तार हुआ। दोनों ने अलग-अलग अपना स्थान बना लिया। पलटू परसाद अयोध्या में ही रह गये और हुलास दास ने बाराबंकी जाकर बिरौली मठ की स्थापना की। कालान्तर में इनके भी शिष्यों ने आपसी मतभेद और रहने आदि की सुविधा से अपने-अपने स्थान बना लिए। सम्प्रति पलटू पंथ से संबंधित निम्न लिखित प्रमुख गद्दियाँ स्थापित हो गयी हैं-

1- पलटू दास का अखाड़ा, अयोध्या

2- जलालपुर, फैजाबाद

3- बिरौली का मठ, बाराबंकी

4- मोकलपुर, रानीबाजार, फैजाबाद

आगे केवल अयोध्या के पलटू पंथी स्थानों का परिचय दिया जा रहा है।

### पलटू दास का अखाड़ा

अयोध्या में पलटू दास का अखाड़ा पलटू दास की साधना भूमि होने के कारण महत्वपूर्ण माना जाता है। पलटू दास की मृत्यु के बाद पलटू परसाद इस स्थान के महंत नियुक्त हुए। इनके तीन शिष्य हुए-किसुन दास, लक्ष्मण दास तथा बहोरा दास। लक्ष्मण दास एक योग्य एवं प्रतिभा सम्पन्न महात्मा थे। किसुन दास परसाद साहब की शिष्या डालादासी के पुत्र थे जिसका विवाह स्वयं पलटू दास ने भगवान दास से करा दिया था। किसुन दास के अतिरिक्त डालादासी के दो पुत्र विसुन दास और गोपाल दास थे। वह अपने इन्हीं पुत्रों में से किसी को पलटू परसाद के बाद मठाधीश बनाने का स्वप्न देखा करती थी परन्तु इधर लक्ष्मण दास की बढ़ती हुई ख्याति को देखकर वह इस बात से शंकालु हो गयी कि उसकी इच्छा कहीं अपूर्ण न रह जाय, फलतः एक दिन पूर्णरूपेण निराश होकर कुँए में कूद कर उसने आत्महत्या कर ली जिसका पता पाते ही परसाद साहब ने उसके पुत्र किसुन दास को अयोध्या मठ का उत्तराधिकारी घोषित कर दिया।[5] परन्तु इस घटना से रुष्ट होकर लक्ष्मण दास मोकलपुर चले गये और वहाँ अपने मठ की स्थापना की जिसकी परम्परा अद्यावधि चली जा रही है।

अयोध्या में किसुन दास का प्रभाव बढ़ गया। उन्होंने साधु वृत्ति के साथ-साथ गृहस्थाश्रम का भी पूर्णतः पालन किया और उनके सात लड़के तथा तीन लड़कियाँ हुईं जिनमें रामसेवक दास और राम प्रयाग दास क्रमशः अयोध्या मठ के

महंत हुए। राम प्रयाग दास के शिष्य त्रिवेणी दास और जगन्नाथ दास हुए। राम प्रयाग दास की मृत्यु के अनन्तर त्रिवेणी दास अयोध्या के महंत हुए जो लगभग सं. 1971 तक विद्यमान रहे। उनके बाद जगन्नाथ दास महंती के पद पर आसीन हुए। ये उच्च कोटि के चमत्कारी एवं सिद्ध महात्मा थे। जगन्नाथ के बाद सं. 2022 में उनके शिष्य राम सुमेर दास इस गद्दी के अधिकारी हुए।

### अयोध्या में अन्य स्थान

पहले अयोध्या में पलटू पंथ से संबंधित केवल एक स्थान 'पलटू दास का अखाड़ा' था परन्तु इधर लगभग 4-5 वर्षों से यहाँ पर दो अन्य स्थानों की भी स्थापना हो गयी है। बभनौली में महन्त भगवती प्रसाद की अलग परम्परा चल रही है। महन्त सूर्यबली दास ने भी मीरापुर में छोटी छावनी के पास अपना अलग स्थान बना लिया है। यह स्थान अभी हाल ही में बना है। सूर्यबली दास जी 'तपसी' के नाम से एक ख्यात महात्मा हैं। इन स्थानों का पृथकीकरण रहने की सुविधा की दृष्टि से हुआ है। इनमें और पलटू दास के अखाड़े की परम्परा और विचारधारा में कोई सैद्धान्तिक मतभेद नहीं है।

### निर्गुण रामोपासना पर सगुणोपासना का प्रभाव

यह सर्वविदित है कि अयोध्या मर्यादा पुरुषोत्तम भगवान राम की जन्मस्थली और राम भक्ति का प्रधान केन्द्र है। वहाँ पर निर्गुणोपासना का प्रचार-प्रसार करने में पलटू दास को अभूतपूर्व सफलता मिली। यह उनकी उत्कृष्ट साधना का द्योतक है परन्तु अयोध्या के निर्गुणोपासक राम की सगुणोपासना के प्रभाव से मुक्त नहीं रह सके। यह प्रभाव स्वयं पलटू दास की विचारधारा पर काफी गहरा है। पलटू दास ने यद्यपि अपने आराध्य के रूप में निगुण, निराकार ब्रह्म को ही अपनाया है परन्तु वे ब्रह्म के सगुण रूप को भी स्वीकारते हैं। वे कहते हैं-

'निरगुन में गुन नाहि सगुन गुन माँगे हो।
ललना घाट बाढ़ जो कहै दोष तेहि लागै हो।।[6]

उन्होंने गोस्वामी तुलसीदास की भांति निर्गुण और सगुण को एक माना है। उनकी दृष्टि में जो निर्गुण है वही सगुण हो जाता है और जो सगुण है वही निर्गुण हो जाता है अतः दोनों में कोई तात्विक अन्तर नहीं है-

जो निरगुन सोई सगुन सगुन सोई निरगुन हो।
ललना भेद नहीं अलगात मरै कोउ गुनगुन हो।।[7]

यदि इन दोनों में कोई भेद है तो केवल इतना कि निर्गुण 'आप रूप' है। वह सूक्ष्म रूप से सब में व्याप्त है परन्तु सगुण प्रगट रूप में सबके सामने प्रत्यक्ष है।[8] इस प्रकार उन्होंने सगुण-निर्गुण को एक मानकर दोनों की भक्ति को उचित बताया है। उनकी दृष्टि में दोनों भक्ति पद्धतियाँ 'एकरंग' है इनमें कोई उत्कृष्ट या निकृष्ट नहीं। पलटू दास ने अपनी इसी अवधारणा के अनुसार सगुण राम में पूर्ण आस्था व्यक्त की है और सीताराम की भक्ति का उपदेश दिया है-

पलटू सीताराम सो सांची करिये प्रीति।
अपनी ओर निबाहिए हारि परे की जीति।।[9]

यहाँ पर इतना और जान लेना चाहिए कि यद्यपि पलटू दास ने अपने निर्गुण ब्रह्म का नाम 'राम' बताया है परन्तु उन्होंने कबीर की भांति 'दशरथ सुत राम' को नकारा नहीं है प्रत्युत उनमें गूढ़ आस्था व्यक्त की है। उनके राम दशरथ सुत और अवध बिहारी हैं। वे पूर्ण ब्रह्म हैं और उन्होंने अयोध्या में अवतार लिया है-

पूरण ब्रह्म धन्य भाग अवध में पधारी।
पलटू दास तीनों लोक अवध के भिखारी।।[10]

पलटू दास ने राम और कृष्ण की बड़ी ही भावभीनी आरती की है और उनके दीन बन्धुत्व, शरणागति वत्सलता तथा लीला की भूरि-भूरि प्रशंसा की है।[11] दोनों को पूर्ण ब्रह्म कहा है और बताया है कि सन्तों की भलाई के लिए उन्होंने अवतार लिया है।

इस प्रकार पलटू दास ने निर्गुण के साथ-साथ सगुण को महत्व तो दिया है परन्तु अपनी उपासना का केन्द्र निर्गुण को ही बनाया है। उनका राम न तो किसी मंदिर में हैं न वह तीर्थ में मिल सकता है और न गुरूद्वारे में। वह तो घट के अन्दर ही विद्यमान हैं।

पूरन ब्रह्म रहे घट मैं सब, तीरथ कानन खोजन जाई।
कीट पतंग रहे परिपूरन कहुँ तिल एक न होत जुदा ही।
नैन दियो हरि देखन को पलटू सब में प्रभु देत दिखायी।
ढूँढ़त अंध ग्रंथन में लिखि कागद में कहुँ राम लुकाई।

उन्होंने अपने समकालीन अयोध्या के महात्मा राम प्रसाद बिन्दुकाचार्य को सगुणोपासक और स्वयं को निर्गुणोपासक कहा है-

'सभै वैरागी राम के, सभै राम की आस।
सगुण राम प्रसाद हैं, निर्गुण पलटू दास।।

स्पष्ट है कि पलटू दास अपने और राम प्रसाद 'बिन्दुकाचार्य' के बीच कोई मूलभूत अन्तर नहीं स्वीकार करते क्योंकि दोनों एक ही राम के उपासक हैं। फर्क

केवल इतना है कि एक उनके सगुण रूप का ध्यान करता है दूसरा निर्गुण रूप का। इस प्रकार पलटू दास ने सगुण निर्गुण की अभेदता और एकता का प्रतिपादन करके अपनी उदार दृष्टि का परिचय दिया और सगुणोपासकों एवं निर्गुणोपासकों के मध्य वर्तमान संघर्ष, कलह एवं दुर्भावना का परिष्कार करके सद्भावना के सूत्र में बाँधा। उन्होंने निर्गुणोपासना के क्षेत्र में व्याप्त उस जड़ता को भी तोड़ा जो सगुण राम को फटकार कर नकारती थी। उन्होंने अपने अलख, अज 'राम' को 'दाशरथि राम' के रूप में प्रतिष्ठित किया। इसे रामजन्म भूमि और राम भक्तों का प्रभाव भी माना जा सकता है क्योंकि रामजन्म भूमि में रहकर रामकीर्तन से वे कैसे विमुख रहते। पलटू दास की इस सगुणास्था से कतिपय निर्गुणिये असन्तुष्ट भी हुए थे और उनकी भर्त्सना भी करते थे जिसका उल्लेख उन्होंने अपने निम्न दोहे में किया है-

'पलटू सीताराम से हम तो किये हैं प्रीति।
देखि-देखि सब जरत हैं कौन जक्त की रीति।।

इस प्रकार अयोध्या के निर्गुणोपासक धीरे-धीरे सगुणोपासकों से प्रभावित होते रहे और उनकी विचारधारा को न्यूनाधिक रूप में स्वीकार करते रहे। सम्प्रति अयोध्या के निर्गुण पंथी स्थानों में आरती-पूजा-कीर्तन का भी जो वातावरण देखने को मिलता है वह राम भक्तों का प्रभाव ही है। इस साधना में धीरे-धीरे कर्मकाण्ड का भी प्रभाव बढ़ता रहा है। इस प्रकार अयोध्या में फलीफूली निर्गुणोपासना सगुणोपासना के बहुत करीब आ गयी है और दोनों सम्प्रदायों में सौहार्द और आत्मीयता का भाव दृढ़ हो गया है।

**सन्दर्भ :**


1.पलटू साहब की शब्दावली, पृ. 329

2. सुनि परसाद पलटू कर भाई/गुरु गोविन्द यहुँ आयहु धाई।

-गोविन्द साहब का जीवन चरित, पृ. 37

3. हिन्दी काव्य में निर्गुण सम्प्रदाय- डा. पीताम्बर दत्त बड़थ्वाल, पृ. 141

4 ब्रह्म विलास- पृ.-50 अंतिम अरिल्ल

5. संत पलटू दास और पलटू पंथ : राधा कृष्ण सिंह, पृ. 132

6. पलटू साहब की शब्दावली, पृ 220

7. पलटू साहब की शब्दावली, पृ. 219

8. पलटू साहब की शब्दावली, पृ. 219

9. पलटू साहब की शब्दावली, पृ. 325

10. वही, पृ. 120


❑

# अयोध्या का अवधी राम भक्ति-साहित्य

सप्तपुरियों में अग्रण्य अयोध्या को विश्व की प्रथम राजधानी होने का गौरव प्राप्त है। भारत के सांस्कृतिक आदर्शों एवं उदात्त जीवन-मूल्यों के प्रतिष्ठापक सत्य हरिश्चन्द्र, भगीरथ, राजा रघु, दिलीप, अज, दशरथ और राम ने इसी पुण्य भूमि पर अवतार लेकर दिग-दिगन्त में अपनी अक्षय-कीर्ति प्रसारित की। यहीं पर त्याग और तप की मूर्ति, जैनों के प्रथम तीर्थकर आदिनाथ और करूणा के संवादक महात्मा गौतम बुद्ध ने अपने अमृतोपम उपदेश सुनाये और भारतीय जनता में नयी चेतना पैदा की। तात्पर्य यह कि अयोध्या अत्यंत प्राचीन काल से ही धार्मिक सांस्कृतिक एवं राजनीतिक दृष्टि से महत्वपूर्ण और लोगों के आकर्षण का केन्द्र रही है। इसकी महत्ता को इस रूप में लक्षित किया जा सकता है कि विदेशी आक्रमणकारियों ने इस पर हमला करके केवल मंदिरों की संपत्ति ही नहीं लूटी बल्कि उन्हें ढहाकर मस्जिदें बनवायीं और इसे 'आदम' की अवतार भूमि कहकर 'खुर्द मक्का' के नाम से संबोधित किया। इस सबके कारण अयोध्या को विध्वंस और अत्याचार के वे दुर्दिन देखने पड़े जिनमें कभी-कभी ऐसा भी लगा कि इसका अस्तित्व ही समाप्त हो जायेगा किन्तु इस वसुन्धरा और पुण्य-सलिला सरयू में कुछ ऐसी शक्ति छिपी हुई है जिसने इसके अस्तित्व को मिटने नहीं दिया और आज भी वह इसे महिमामयी बनाये हुए है।

अयोध्या उन प्रमुख स्थानों में से एक है जहाँ 'अवधी' जन-भाषा के रूप में बोली जाती है। यह एक विचारणीय प्रश्न है कि जिस अवधी में सूफी कवियों के द्वारा पूर्व-मध्यकाल में ही काव्य-रचना आरम्भ हो गयी थी, उसमें अयोध्या में, जो कि रामभक्ति का केन्द्र थी, बहुत बाद में अर्थात अठारहवीं शताब्दी के पूर्वार्ध में काव्य-रचना शुरू हुई। यह सच है कि सं. 1631 में गोस्वामी तुलसीदास ने यहाँ 'रामचरितमानस' की रचना आरम्भ की और उसे अयोध्या में लिखा गया प्रथम अवधी-काव्य के रूप में गिना जा सकता है किन्तु उसके पहले और उसके 100 वर्षों के बाद तक अयोध्या में रची गयी किसी अवधी-रचना का कोई उल्लेख नहीं मिलता।

इस प्रश्न पर विचार करने पर हमारे समक्ष दो तथ्य स्पष्ट होते हैं- एक यह कि मुगलों के शासन-काल में हिन्दुओं और उनके तीर्थो पर काफी अत्याचार हुए जिसका शिकार अयोध्या भी हुई। कभी-कभी तो यह भी परिस्थिति बनी कि अयोध्या भक्तों से खाली हो गयी। यहाँ के मंदिर या तो ढहा दिये गये या भक्तों के रहने लायक नहीं रह गये। गोस्वामी जी जब अयोध्या में आए तो देश में थोड़ी सी परिस्थिति भी बदल चुकी थी। अकबर बादशाह ने 'दीन इलाही' धर्म की स्थापना करके अपनी धार्मिक सहिष्णुता और उदारता का परिचय दे दिया था। तीर्थो में भक्तों का जमाव शुरू हो गया था। गोस्वामी जी ने अयोध्या और काशी में रहकर 'रामचरितमानस' को पूरा किया और राम-भक्ति का वातावरण बनाया। गोस्वामी जी के अयोध्यावास से यहाँ पर राम-भक्ति का प्रचार-प्रसार शुरू तो हुआ किन्तु मौलिक साहित्य रचना का अपेक्षित वातावरण न बन सका। इसका एक कारण यह रहा कि गोस्वामी जी ने अपने व्यक्तित्व और कृतित्व से भक्त-मंडली को इस तरह प्रभावित किया कि भक्तगण उनके यशगान और 'मानस' के अध्ययन-मनन में ही अपनी इति-कर्तव्यता समझने लगे। इससे यहाँ पर मौलिक रचना का द्वार एक तरह से बंद हो गया। यह स्थिति केवल अयोध्या की ही रही हो, ऐसी बात नहीं है, बल्कि समूची रामकाव्य-धारा में कुछ दिनों के लिए गतिरोध उत्पन्न हो गया।[1] दरअसल तुलसीदास हिन्दी रामभक्ति काव्य-परम्परा में एक ऐसे वट-बृक्ष की तरह उगे जिसने अपनी महानता और व्यापकता से सबको आच्छादित कर लिया। उन्होंने रामकथा और हिन्दी कविता को ऐसी ऊँचाई तक पहुँचा दिया कि उससे आगे निकल पाना तो दूर रहा, उस तक पहुँचना भी लोगों के लिए मुश्किल हो गया। ऐसी स्थिति में उनके कृतित्व एवं व्यक्तित्व को नमन करने के अलावा लोगों के पास कोई चारा न रह गया। गोस्वामी जी के इस प्रभाव के अतिरिक्त अयोध्या में परवर्ती बादशाहों और कतिपय नबावों के अत्याचारों और दसनामी गोंसाइयों के आतंक ने भी भक्ति एवं साहित्य की साधना में बाधा उपस्थिति की। दसनामी गोसाइयों के आतंक ने अयोध्या में वैष्णव भक्तों का रहना मुश्किल कर दिया था। वैष्णव विरोधी गोसाइयों के नेता 'लच्छीगिरि' के अत्याचारों का वर्णन करते हुए प्रेमलता जी ने लिखा है-

लच्छीगिरि यक भयेउ गोसाई। प्रभु-पद विमुख कंस की नाई।।
ले सहाय बहुयती गोसाई। बहु बैस्नव मारेउ वरियाई।।
शस्त्र लिए धावत जग डोले। मारहि निदरि बचन कटु बोले।।
उमगेउ खल जिमि नदी तलावा। वैस्नव धर्महि चहत उड़ावा।।

इन अत्याचारियों ने दीर्घकाल तक अयोध्या में राम-भक्तों को शान्तिपूर्वक पूजा-भजन नहीं करने दिया। ऐसी स्थिति में वे काव्य-रचना में कैसे प्रवृत्त होते उन्हें

तो अत्याचारों को झेलने और प्रतिकार करने से ही फुरसत नहीं थी। यह भी अनुमान किया जा सकता है कि यदि कुछ पलों की शान्ति में किसी ने कुछ लिखा भी होगा तो या तो संघर्षकाल में वह भी उसके जीवन की तरह नष्ट हो गया होगा, या अत्याचारियों ने ही उसे जलाकर खाक कर दिया होगा।

गोस्वामी तुलसीदास के 'मानस' के 100 वर्षो के बाद सं. 1732 में **लालदास** ने अयोध्या में रहकर **'अवध विलास'** नामक महाकाव्य की रचना की।[2] इसे ही हम अयोध्या के अवधी रामभक्ति-काव्य की वह प्रथम कृति मान सकते हैं जिससे यहाँ काव्य-रचना की अबाध परम्परा चली। अवध विलास में 20 विश्रामों में रामजन्म से लेकर राम-बन-गमन तक की कथा विभिन्न आख्यानों, उपाख्यानों और उपदेशों के साथ कही गयी है जिससे कथा में अनावश्यक विस्तार के कारण उसका संतुलन बिगड़ गया है और उसकी अन्विति बिखर गयी है। यह ग्रंथ दोहा-चौपाई शैली में सरल अवधी में लिखा गया है। इसकी भाषा में अनगढ़पन और अव्यवस्था अधिक है। लालदास के अनुसार यह रचना भक्तों के लिए भक्ति रूप, ज्ञानियों के लिए ज्ञानरूप और रसिकों के लिए रसरूप है-

भक्तन कह है भगति यह, रसिकन को रसरूप।
ग्यानी को है ज्ञानरूप, अवध विलास अनूप।।

सं. 1760 में प्रमोदवन में रहते हुए **जानकी रसिक शरण 'रसमाला'** ने **'अवधी सागर'** की रचना की जो सीताराम का सरस अष्टयाम चरित्र है। उनका कहना है कि यह एक सागर है जिसमें सीताराम के रूप का अगाध जल है, ऋतु मास और पल उसकी तरंगे हैं। इसी में सीताराम की भक्तिरूपी रसमालिका फलीफूली है-

सियराम रूप अपार, पूरन अवधि सागर यह महा।
ऋतु, मास, जामतरंग, दंपति केलि सुख संपति जहाँ।
रसखानि रसिक नरेस जानकि जान राम कृपा कली।
सिय स्वामिनी अनुगामिनी रसमालिका फूली फली।।

**'लालदास'** और **'रसमाला'** अयोध्या के ऐसे मधुरोपासक रामभक्त हैं जिनका यहाँ की किसी रसिक गद्दी से प्रत्यक्ष सम्बन्ध नहीं रहा है। यहाँ यह स्पष्ट कर देना आवश्यक है कि अठारहवीं शताब्दी के पूर्वार्ध में मुगल साम्राज्य का पतन हो जाने और नबावों की धार्मिक सहिष्णुता के कारण देश की सामाजिक, धार्मिक एवं राजनीतिक परिस्थिति में परिवर्तन हुआ। अत्याचार का दौर समाप्त तो नहीं हुआ किन्तु उसमें कमी अवश्य आ गई। इसका लाभ अयोध्या को भी मिला। इस काल-खंड में अयोध्या में एक और महत्वपूर्ण घटना घटी। हुआ यह कि संवत् 1787

के आस-पास अयोध्या में राम प्रसाद विन्दुकाचार्य ने अपनी चमत्कारपूर्ण सिद्धियों और उदार दृष्टिकोण से दसनामी गोसाइयों को इतना प्रभावित किया कि वे अपने वैष्णव-विरोधी अभियान से विरत होकर उनका आदर-सत्कार करने लगे। बिन्दुकाचार्य जी ने अयोध्या में 'बड़ा स्थान' में अपनी साधना आरम्भ की और सीताराम की मधुरोपासना का प्रचार किया। इन्हीं के समय से अयोध्या में रसिक रामभक्ति का जो वातावरण बना वह आज भी विद्यमान है। यहाँ इस विडम्बना की ओर ध्यान आकृष्ट कर लेना जरूरी लगता है कि जिस अयोध्या में मर्यादा पुरूषोत्तम, दनुजदलन, धनुर्धारी भगवान राम ने जन्म लिया, जहाँ गोस्वामी तुलसीदास ने 'रामचरितमानस' जैसे ग्रंथ की रचना करके भारतीय संस्कृति के उच्चादर्शों की प्रतिष्ठापना की, वही अयोध्या बाद में रामरसिकों के मधुर लीला-कीर्तनों से निनादित हुई। **18वीं शताब्दी के बाद से अयोध्या रसिक रामभक्ति का केन्द्र हो गयी और यहाँ पर सीताराम की सरस लीलाओं का गान करने वाले भक्त-कवियों का एक ब्यापक समाज बन गया।** अयोध्या के मधुरोपासक रामभक्तों ने अपने प्रबन्ध-काव्यों के लिए अवधी-भाषा को ही अपनाया। यहाँ पर पूर्वविवेचित अवध विलास और अवधी सागर के अतिरिक्त **रामरसायन** (रसिक विहारी), **उभय प्रबोधक रामायन** (बनादास), **मिथिला विलास** (रसिक अली), **सिय स्वयंवर** (सिय रघुवर शरण), **अमृतखंड** (रामचरणदास), **विश्राम सागर** (रघुनाथ दास रामसनेही), जैसी प्रबन्ध-कृतियाँ इसी भाषा में लिखी गयीं। ये रचनाएँ, उभय प्रबोधक रामायण को छोड़कर, प्रबन्ध-शिल्प की दृष्टि से असफल एवं शिथिल हैं। इसका कारण यह रहा है कि इनके रचनाकारों की दृष्टि कथा के सुसंगठन और मार्मिक ब्यंजना पर न होकर उसके वर्णन पर केन्द्रित रही है। वे कथा-क्रम और उसके अनुपात का बगैर ध्यान किये हुए राम चरित्र से सम्बन्धित घटनाओं-तथ्यों को नियोजित करते चले गये हैं। कहीं कथा बिखर गयी है, कहीं उपदेशों और वर्णनों की भरमार से स्थूलकाय हो गयी है और कहीं व्यतिक्रम के कारण अपनी स्वाभाविक मार्मिकता और गति खो बैठी है। मधुरोपासक होने के कारण इन कवियों की वृत्ति अधिकतर सीताराम के नख-शिख सौन्दर्यांकन, हास-विलास चित्रण और साम्प्रदायिक सिद्धान्तों के प्रतिपादन में विशेष रूप से रमी रही है। इसलिए वे कभी-कभी प्रबन्ध-कथा के प्रवाह और स्वाभाविकता की उपेक्षा करके इस तरह के वर्णनों को ठूँसते गये है। केवल **महात्मा बनादास** एक ऐसे प्रबन्धकार हैं जिन्होंने अपेक्षित प्रबन्ध-पटुता का प्रदर्शन किया है। उन्होंने सं. 1931 में अर्थात् 'मानस' के ठीक 300 वर्षो के बाद, **उभय प्रबोधक रामायण** की रचना की और प्रबंध-काव्यों के लिए एक तरह से रूढ़ हो गयी दोहा-चौपाई शैली के स्थान पर कवित्त-सवैया शैली में रामकथा का सरस निरूपण किया। बनादास

जी पर गोस्वामी तुलसीदास की रचनाओं का गहरा प्रभाव है। उनकी रामायण में 'मानस' के विचार ही नहीं बल्कि पंक्तियाँ भी ज्यों की त्यों विद्‌यमान हैं। बनादास जी ने गोस्वामी जी को अपना स्वप्न गुरू कहा है और उनकी 'वाणी' के प्रति अगाध ा श्रद्धा व्यक्त की है। अतः इस तरह के प्रभाव का पड़ जाना स्वाभाविक ही था। यद्यपि बनादास ने अपेक्षाकृत सफल प्रबन्धकार का परिचय दिया है किन्तु उनकी रचना एकदम त्रुटिहीन नहीं है। उन्होंने भी इसके अंतिम दो खंडों 'शान्ति खण्ड' और 'ज्ञान खण्ड' में मानस के उत्तर-काण्ड की तरह ज्ञान, भक्ति, शान्ति, कैवल्य आदि का गूढ़ विवेचन किया है जिसके भीतर कथा का कोई सशक्त सूत्र नहीं है। ये खण्ड एक तरह से उक्त विषयों पर प्रवचन देने के लिए नियोजित किये गये से लगते है। इससे 'उभय प्रबोधक रामायण' का उभय प्रबोधकत्व तो प्रामाणिक हुआ है किन्तु प्रबन्ध की कथा लड़खड़ा गयी है।

अयोध्या के भक्तों ने रामकथात्मक प्रबन्ध काव्यों की रचना के साथ ही **भक्ति-प्रबंधों** की भी रचना की है जिनमें राम की मधुरोपासना के सिद्धान्तों का व्यवस्थित विवेचन किया गया है जैसे रसिक अली कृत **सीताराम अनन्य रसतरंगिणी, आन्दोलरहस्य दीपिका**, रामसखे कृत **रामरास पद्धति**, रसमाला कृत **अष्टयाम प्रबंध,** रामचरण दास कृत **अमृत खंड**, प्रेमलता कृत **बृहद उपासना रहस्य**। इन ग्रंथों में रसिक सम्प्रदाय की सैद्धान्तिक मान्यताओं को बड़े सरल शब्दों में निरूपित किया गया है। सिद्धान्त-निरूपण की यह प्रवृत्ति लगभग सभी साधकों में पायी जाती है क्योंकि रसिक भक्ति को लोक में प्रतिष्ठित करने के लिए यह आवश्यक था।

अयोध्या के भक्तों ने विशाल परिमाणं में **मुक्तक काव्यों** की रचना की है किन्तु उनकी भाषा पूर्णतः अवधी नहीं है। उस पर ब्रज-भाषा की गहरी छाप है। कहीं-कहीं तो दोनों को अलगाना भी कठिन प्रतीत होता है। रसिक अली, राम चरणदास, बनादास, श्यामसखे, रामसखे, उमापति कोविद, युगलानन्य शरण, राम बल्लभाशरण युगल विहारिणी, जनक दुलारी शरणवावन, प्रेम लता आदि की पदावलियों की भाषा ब्रज-मिश्रित अवधी है। श्याम सखे के पदों में अवधी का सहज रूप व्यवहृत हुआ है-

बनरे सँवरिया रे हमहू चलब तोरे साथ।
पैंया परि परि कहति अनंता धरि पिय कंचन हाथ।।
विमला सहित बिहार करायब सुनु रसिया सियनाथ।
श्याम सखे तोरे महल टहल करि निसि दिन रहब सनाथ।।

आलोच्य कवियों की अवधी में पंजाबी, खड़ी बोली, भोजपुरी के भी शब्द और रूप घुले मिले हैं।

अयोध्या के भक्तों ने सहज, सरल और अयोध्या के आस-पास बोली जाने वाली अवधी का व्यवहार किया है। वैसे यहाँ की रचनाओं में प्रयुक्त अवधी-भाषा के भी दो रूप देखने को मिलते हैं। एक रूप उसका उबड़-खाबड़ और अपरिष्कृत है दूसरा संस्कृत-निष्ठ एवं परिमार्जित। बनादास, युगलानन्य शरण, उमापति और रामचरण दास की रचनाओं में इसके संस्कृत-निष्ठ रूप का ही दर्शन होता है-

बनादास की संस्कृत-निष्ठ अवधी-

कहब सुनब अरू देखब विचारे जान,
तन मन इन्द्री भोग गुन मायारूप है।
विधि औ निषेध रागद्वेष अपमान मान,
हानि लाभ भिन्न एक आत्मा अनूप।।
जगत प्रवाह माहिं परे बुद्धि मंद भई,
अन्तर की खोज गई बाह्य दृष्टि खूप है।
'बनादास' सकल प्रपंच मोह मूल मानो,
जातें प्रतिकूल लहें सहज सरूप है।।

- उभय प्रबोधक रामायण, 224

दूसरी ओर श्याम सखे, रधुनाथ दास, राम सनेही, जनकदुलारी शरण, जानकी जीवन शरण, प्रेम लता आदि की रचनाओं में उसका अनलंकृत सरल रूप प्रयुक्त हुआ है। प्रेमलता जी की अवधी का एक उदाहरण द्रष्टब्य है:-

लोभिहिं धन जिमि अज्ञहिं देहा। तिमि सत राम पर नेहा।।
कृषी किसानीहिं राजहिं राजू। सत संगिनि जिमि संत समाजू।।
पतिवर्तिनी पति जिमि प्रिय मोही। लागहि नाम कहाँ सत तोही।

- वृहद उपासना रहस्य, पृ. 27

अयोध्या का अवधी रामभक्ति-साहित्य सांस्कृतिक अनुशीलन की दृष्टि से काफी उपयोगी एवं महत्वपूर्ण है। यहाँ के कवियों ने सीताराम के आनन्द, उल्लास, वैभव और विलास का चित्रण करते समय लोकजीवन की सरसता को बराबर ध्यान में रखा है। उन्होंने राम के जन्मोत्सव और विवाह के वर्णन में विशेष रूचि ली है। इन प्रसंगों में लोक-रीतियों की सरस ब्यंजना करके यह प्रमाणित कर दिया कि वे मंदिरों के एकान्त साधक मात्र ही नहीं थे बल्कि लोक जीवन के प्रति उनमें गहरा अनुराग भी था। आलेच्य काव्यों में विवाह के अवसर पर राम, भरत, लक्ष्मण और शत्रुघ्न के साथ सरहजों की छेड़छाड़ और हारा-परिहास का जो वर्णन हुआ है यह लोक जीवन की सरसता का सजीव चित्र प्रस्तुत करता है। इसी प्रसंग में अतिथि-सत्कार, शिष्टाचार और खान-पान की विशद अभिव्यक्ति भी हुई है जो अवधी-संस्कृति की

उदात्तता, सरलता और उल्लासमयता को रेखांकित करती है। रामकथा के भीतर लोक-विश्वासों एवं विचारों की अभिब्यक्ति करके इन कवियों ने भारतीय संस्कृति के परम्परागत स्वरूप को सुरक्षित रखा है। यहाँ पर यह भी उल्लेखनीय है कि आलोच्य कवियों ने अपनी रचनाओं में भारतीय पर्वो, त्योहारों, संस्कारों और विश्वासों का चित्रण तो किया ही है उस समय की उस मिश्रित संस्कृति और सभ्यता की भी अभिव्यक्ति की है जो हिन्दुओं और मुसलमानों के मेल-मिलाप से विकसित हुई थी। यह मिश्रित संस्कृति खान-पान, रहन-सहन, वेश-भूषा, कला-विनोद आदि के वर्णनों में विशेष रूप से प्रत्यक्ष हुई है। रसिकों के राम चौगान, शतरंज और चौपड़ जैसे खेल तो खेलते ही है पतंगबाजी भी करते हैं-

खेलत चंग सिया रघुराई।
विविध रंग चंगन पर सोहें खगन चित्र बिरचे रघुराई।
कोउन किंकिर आदि मधुररस बहु रंग मनि जनु ग्रहन लराई।
कटि-कटि गुड़ी गिरैं भूतल में नगर चहै दिसि होत धराई।
यहि बिधि खेल रहे बहु दावन मंजु सिया पिय चंग गिराई।।

आलोच्य कवियों ने राम का जो नवीन चरित्र प्रस्तुत किया है वह हास-विलास, आनन्द-भोग और मनोरंजन से परिपूर्ण था। इसलिए उनके साहित्य में नृत्य-गान और आनन्दोत्सवों की प्रचुर अभिव्यक्ति हुई है। इन वर्णनों में उस समय की सामाजिक, सांस्कृतिक दशा का यथार्थ दर्शन किया जा सकता है। अयोध्या के अनेक भक्त-कवि संगीत-कला के अच्छे जानकार थे। उन्होंने अपनी रचनाओं में प्राचीन एवं नवीन राग-रागनियों का प्रयोग करके अपनी कला-सजगता को तो परिचय दिया ही, कला-जगत में हो रहे परिवर्तनों को भी बड़ी सहजता के साथ अंगीकार करके अपनी उदार सांस्कृतिक दृष्टि को भी प्रमाणित किया। रसिक विहारी ने राम के दरबार में गाई जाने वाली रागिनियों का वर्णन करते हुए सरपदा, गारा, मुल्तानी और सामगिरि जैसी रागिनियों का भी उल्लेख किया है जिनको अमीर खुसरो ने भारतीय एवं फारसी रागों को मिलाकर बनाया था।

अयोध्या के मधुरोपासक राम-भक्तों ने राम के दिब्य कनक-भवन और विभिन्न महलों के वर्णन में मुगलकालीन वास्तुकला से बहुत कुछ प्रेरणा ली है। उनकी महली सेवा एवं विलास लीला को भी वहीं से ग्रहण कर लिया गया है। यह जहाँ उनपर युग के प्रभाव को रेखांकित करता है वहीं यह भी संकेतित करता है कि ये कवि अपने राम के ऐश्वर्य-वैभव को बादशाहों और नवाबों के वैभव-विलास से बढ़ा-चढ़ाकर चित्रित करके भारतीय जनता को हीनता की ग्रंथि से बचाना चाहते थे। वैसे यदि इस तथ्य को इस रूप में न भी लिया जाय तो भी यह तो मानना ही

पड़ेगा कि इन कवियों ने सीताराम के विलास-वैभव को चित्रित करके प्रकारान्तर से अपने समय के सच को प्रत्यक्ष किया और देश-काल से जुड़े रहने का प्रमाण प्रस्तुत किया। यदि साहित्य समाज का दर्पण है तो ये रचनाएँ अपने समाज के अच्छे-बुरे रूप को काफी हद तक दर्शाती है।

अन्त में मैं यह रेखांकित करना चाहूँगा कि **अयोध्या के भक्तों का अवधी साहित्य हिन्दी की राम-भक्ति-काव्य-परम्परा को समृद्ध ही नहीं करता बल्कि उसकी नयी दिशाओं को भी स्पष्ट करता है। यह साहित्य गोस्वामी जी की मर्यादावादी परम्परा में अन्तर्भुक्त नहीं किया जा सकता क्योंकि इसकी अपनी एक विचार-दृष्टि और परम्परा है।** यद्यपि सभी मधुरोपासक रामभक्त अपनी परम्परा में गोस्वामी जी को स्थान देते हैं, उनके प्रति पर्याप्त आदर और श्रद्धा का भाव रखते है किन्तु उनके काव्य की कुछ विशिष्ट प्रवृत्तियाँ जैसे सीताराम का युगलमाधुर्य वर्णन, केलि-विलास निरूपण, लीला-विहार चित्रण, नख-शिख सौंदर्यांकन आदि उसे तुलसी की परम्परा से पृथक करती है। **इस साहित्य को यदि हम रसिक राम. भक्ति-काव्य-परम्परा के रूप में रेखांकित करें तो अनुचित न होगा।**

**रसिक रामभक्ति-साहित्य की काफी आलोचना और उपेक्षा की गयी है।** आचार्य शुक्ल ने अयोध्या के ही महात्मा रामचरणदास और युगलानन्य शरण का हवाला देकर राम-भक्ति में पतनशीलता को रेखांकित करते हुए इस काव्य-परम्परा के अध्ययन के प्रति अनुसंधित्सुओं को सचेत किया था और रामभक्ति में हुई इस मर्यादाहीनता की कटु आलोचना की थी। यहाँ शुक्ल जी के विचारों के मूल्यांकन-विश्लेषण का औचित्य नहीं है लेकिन यह स्पष्ट कर देना आवश्यक प्रतीत होता हैं कि किसी काव्य-परम्परा की दो एक रचनाओं या छंदों से समूची परम्परा तिरस्करणीय नहीं हो जाती। **यदि कृष्ण-भक्तों द्वारा निरूपित राधा-कृष्ण का युगल माधुर्य, विलास और विहार दिव्यता की अनुभूति कराता है तो वही माधुर्य सीताराम के संदर्भ में कैसे गर्हित हो सकता है क्या इसलिए कि राम ने रावण को मार कर अपने दनुज-दलन रूप को प्रत्यक्ष किया था और शील एवं शिष्टाचार की पराकाष्ठा दिखाकर मर्यादा पुरुषोत्तम की उपाधि धारण की थी। यदि ऐसा है तो कृष्ण-भक्तों के लीला-पदों को पढ़ते समय योगिराज कृष्ण का ध्यान क्यों नहीं आता। गोवर्धन पर्वत को धारण करने वाले कृष्ण को क्यों नहीं याद किया जाता। यही नहीं कुरुक्षेत्र में महाभारत की लड़ाई लड़ने वाले कृष्ण कैसे जमुना के हरे-भरे कछार और ब्रज की गलियों के छबीले नायक हो जाते हैं।** मैं राम-रसिकों की रसिकता का पक्ष नहीं ले रहा हूँ बल्कि यह कहना चाहता हूँ कि मूल्यांकन के लिए दो तरह की कसौटी नहीं होनी चाहिए। सच्चाई यह है कि राम

रसिकों की काव्य-साधना जहाँ रीतिकालीन कविता से प्रभावित हुई है वहीं उनकी भक्ति-भावना ने अपनी परम्परा में विकास करते हुए कृष्ण-भक्तों से भी बहुत कुछ ग्रहण किया है। युग-प्रभाव और आदान-प्रदान की इस प्रक्रिया को नजर-अंदाज करके हम किसी काव्य-परम्परा एवं प्रवृत्ति का ऐतिहासिक मूल्यांकन नहीं कर सकते। यदि इस काव्य-धारा को उसके ऐतिहासिक परिप्रेक्ष्य के साथ रखकर देखा जाय तो उसकी उपलब्धियाँ और न्यूनताएँ ज्यादा सही ढंग से समझी जा सकेगी।

---

1. रामभक्ति में रसिक सम्प्रदाय डॉ. भगवती प्रसाद सिंह, पृ. 114
2. संवत सत्रह से बतिस, सुदि बैसाख सुकवार।
   लाल अवध महरहि रच्यो अवध विलासहिं सार।। अवध विलास, पृ. 5

❑

# रामभक्त कवि महात्मा रामचरणदास

'रसिक सम्प्रदाय' के उन्नायकों में जिन महात्माओं का नाम विशेष रूप से लिया जाता है उनमें रामचरणदास का नाम अग्रगण्य है। उन्होंने सीताराम की मधुरोपासना को शास्त्रसम्मत सिद्ध करके उसके दार्शनिक सिद्धांतों का सम्यक् विश्लेषण किया और रसिक-साधना के संबंध में लोगों के हृदय में विद्यमान भ्रांतियों को दूर करके उसे भली-भांति समझने की सही दृष्टि दी। उनके इस महत्वपूर्ण कार्य के कारण ही रामचरणदास को गोस्वामी तुलसीदास जैसी लोकप्रियता प्राप्त हुई। इसका ज्वलन्त उदाहरण है कि हिन्दी साहित्य के मर्मज्ञ विद्वान आचार्य रामचन्द्र शुक्ल जब रामभक्ति में बढ़ती हुई श्रृंगारी प्रवृत्ति को रेखांकित करने लगे तो उन्होंने इस भावना के प्रवर्तक के रूप में महात्मा रामचरण दास का नाम उद्धृत किया।[1] जबकि वास्तविकता यह है कि रामचरण दास के लगभग डेढ़ सौ वर्षों पूर्व ही (सत्रहवीं शताब्दी) महात्मा अग्रदास ने मधुरोपासना के साम्प्रदायिक स्वरूप को परिपुष्ट कर दिया था और रसिक भक्तों का एक विशाल समुदाय रैवासा, चित्रकूट, मिथिला और अयोध्या में साधना-रत हो गया था तथा रसिक सम्प्रदाय में अग्रदास जी को सम्प्रदायाचार्य के रूप में प्रतिष्ठा भी मिल चुकी थी-

नत्वा श्री जानकी रामौ चारुशीलां सखी ततः।
आचार्य अग्रदासाख्यं सम्प्रदाय प्रवर्तकम्।। [2]

सम्प्रदाय के सिद्धांतों और विचारों का उद्‌भट व्याख्याता एवं प्रसिद्ध महात्मा होने के कारण आचार्य शुक्ल ने उन्हें सम्प्रदाय का प्रवर्तक मानने की भूल की। फिर भी यह सत्य है कि यदि महात्मा रामचरण दास का आर्विभाव न हुआ होता तो कदाचित् ही राम की मधुरोपासना इतने व्यापक महत्व को प्राप्त करती। **जिस प्रकार रामोपासना को जन-जन तक पहुँचाने का श्रेय गोस्वामी तुलसीदास को है उसी प्रकार मधुरोपासना को प्रतिष्ठित करने का श्रेय रामचरण दास जी को है।**

**रामचरण दास** का जन्म संवत् 1817 के लगभग प्रतापगढ़ जिले में एक कान्यकुब्ज ब्राह्मण के घर हुआ था। इन्होंने प्रारम्भिक शिक्षा घर पर ही समाप्त करके प्रतापगढ़ के राजा के यहाँ खजांची का कार्यभार संभाला परन्तु ये भगवत्-प्रेम में सर्वदा तल्लीन रहते थे जिसके फलस्वरूप एक दिन उचित समय पर अपनी ड्यूटी पर न जा सके। अतः राजा के पास जाकर जब अपने विलम्बागमन के लिये इन्होंने क्षमा-याचना की तो राजा ने कहा कि तुम तो समय से आये थे और उस दिन के इनके द्वारा हस्ताक्षरित पत्रों आदि को भी दिखाया। रामचरण दास ने उसे भगवान् की असीम अनुकम्पा समझा और उनका हृदय भगवत्प्रीति में डूब गया। अतः तत्काल त्यागपत्र देकर ये अयोध्या चले आये। हनुमानगढ़ी का दर्शन करने के बाद ये बिन्दुकाचार्य से मिले और उनके आदेशानुसार उन्हीं के शिष्य रघुनाथ प्रसाद से दीक्षा लेली-

अवधपुरी में आये सरयू नहाये कोट द्वार हनुमन्त के चरण शीश नाय कै।
दीनबन्धु शिष्य रघुनाथ प्रसाद मिले तिनकी शरण भये अति हरषाय कै।
युगुल उपासना को मूल मंत्र पयोसब भयो मन भायौ गुरुसेवा सुख पाय कै।
मानसी स्वरूप को प्रभाव सरसायो स्वामी आदि के प्रबन्धन में रहे है लुभाय कै।[3]

इधर जब इनके संबंधियों को इनके अयोध्या में होने का पता चला तो वे इनको लेने आये, परन्तु इनके द्वारा सन्तों के जूठे पत्तलों को चाटते देख कर कुटुम्बियों का मन घृणा से भर गया और वे इन्हें छोड़ कर चले गये। उसके बाद रामचरण दास ने यह सोचा कि यदि एक दिन की सन्त-सीथ-प्रसादी जगज्जाल से मुक्ति दिला सकती है तो इसका आजीवन का प्रसाद आवागमन से मुक्ति दिला सकता है, ऐसा विश्वास करके इन्होंने आजीवन सन्त-सीथप्रसादी लेने का ब्रत ले लिया जिसका मृत्यु-पर्यन्त निर्वाह किया। [4]

रामचरण दास जी ने बिन्दुकार्य जी के साथ चित्रकूट, मिथिला आदि रामतीर्थों का भ्रमण किया। मधुरोपासना को भलीभांति समझने के लिये ये रैवासा गये और 'अग्रसार' ग्रन्थ का अध्ययन अपने तिलक को परिवर्तित करके किया जो इनकी ज्ञान-पिपासा की उत्कटता का परिचायक है।[5] उसके बाद अयोध्या आकर जानकी घाट पर नित्यकर्म के रूप में 'रामचरित मानस' की कथा कहने लगे जिससे इनकी ख्याति चतुर्दिक बढ़ गई। इस प्रकार सन्त-सेवा और भगवत्कीर्तन करते हुए वे माघ शुक्ल 9, सं. 1888 को देह-लीला समाप्त कर सीताराम की नित्य-लीला में प्रविष्ट हुए।

रामचरण दास जी एक निस्पृह एवं सन्त-सेवी महात्मा थे। इनकी कृपाशीलता और उदारता के कारण ही इन्हें 'करुणासिंधु' की उपाधि मिली। इनके

शिष्यों में युगलप्रिया, रसिक अली और हरिदास का नाम इन्हीं की भांति रसिक-भक्ति के व्याख्याताओं और उन्नायकों में परिगणित किया जाता है।

करुणासिन्धु जी तत्सुख भावोपासक थे परन्तु आचार्य हजारी प्रसाद द्विवेदी ने इन्हें भूल से स्वसुख भावोपासक कहा है[6] जबकि स्वसुख भावना का प्रवर्तन इन्हीं के शिष्य जनकराज किशोरीशरण रसिकअली ने किया।[7] उसी समय से रसिक-सम्प्रदाय में भावनाभेद से दो शाखायें हो गई- तत्सुखी शाखा और स्वसुखी शाखा। बाद में इन दोनों शाखाओं में मतभेद के कारण दीर्घकाल तक वैचारिक संघर्ष चलता रहा।

**रचनाएँ :**

करुणासिंधु जी रससिद्ध महात्मा होने के साथ-साथ एक प्रतिभा-सम्पन्न कवि भी थे। पूर्वाचार्यो की वाणी के संकलन-विश्लेषण के द्वारा जहाँ एक ओर इन्होंने साम्प्रदायिक मान्यताओं का प्रतिपादन किया वहीं पर सीताराम की मधुर लीलाओं में निमग्न हृदय की अन्तर्वृत्तियों का सरस पदों में उद्घाटन भी किया। इनकी निम्नलिखित रचनाएँ प्राप्त होती है-

(1) आनन्द लहरी (2) शतपंचासिका
(3) रसमालिका (4) राम पदावली
(5) जयमाल संग्रह (6) छप्पय रामायण
(7) सीताराम चरण चिन्ह (8) कवितावली
(9) दृष्टांत बोधिका (10) तीर्थ यात्रा
(11) पिंगल (12) अष्टयाम पूजाविधि
(13) अमृत खंड (14) सियाराम रसमंजरी
(15) काव्य श्रृंगार (16) झूलन
(17) कौशलेन्द्र रहस्य (18) रामनवरत्नसार संग्रह
(19) भाषा भूषण।

मिश्र बन्धुओं [8] और डॉ. भगवती प्रसाद सिंह [9] ने करुणासिंधु जी के ग्रंथों की संख्या 25 बताई है परन्तु इन लोगों ने भ्रमवश दृष्टांत बोधिका के पांच शतकों- नामशतक, विरहशतक, वैराग्यशतक, उपासनाशतक और विवेकशतक- को पृथक-पृथक ग्रन्थ के रूप में स्वीकार कर लिया है तथा दृष्टांत बोधिका को एक अन्य कृति जबकि इन शतकों के अन्त में इनके दृष्टांत बोधिका के ही अन्तर्गत होने का तथ्य निर्दिष्ट है। **डॉ. भुवनेश्वर नाथ मिश्र 'माधव'** ने दृष्टान्तबोधिका के उक्त शतकों को '**पंचशतक**' की संज्ञा दी है[10] जो उनका स्वयं का कल्पित नाम है। डॉ. ग्रियर्सन ने इन्हें 'कायस्थ-कुल भास्कर' और 'कायस्थ दर्पण' नामक ग्रन्थों का रचयिता

स्वीकार किया है परन्तु उन्होंने उक्त ग्रंथो का रचनाकार 'रामचरण' को बताया है[11]। जिसको किशोरीलाल गुप्त ने सर्वेक्षण करते समय 'अयोध्या का महन्त' कहा है किन्तु उक्त तथ्य का कोई पुष्ट प्रमाण नहीं है और न ही ऐसी गैर-धार्मिक रचनाएँ करुणा सिंधु जी की प्रवृत्ति के अनुकूल पड़ती हैं। लगता है ग्रियर्सन का मतलब किसी अन्य राम चरण से था जिसको गुप्त जी ने अयोध्या का महन्त मानने की भूल की। इसी प्रकार डा. रामनिरंजन पांडेय ने युगलानन्य शरण जी के 'युगल विनोद विलास' ग्रन्थ को महात्मा रामचरण दास की रचना मान लिया है[12]। राम चरण दास करुणासिंधु की उपर्युक्त उन्नीस रचनाएँ ही अब तक प्राप्त हो सकी हैं। जिनमें से कुछ महत्वपूर्ण रचनाओं का परिचय दिया जा रहा है-

**आनन्द लहरी :**

यह राम चरित मानस की पहली टीका है। इसे करुणासिंधु जी ने उन्नीस वर्षों की लम्बी अवधि में लिखा था। इस सुदीर्घकाल में उन्होंने 'मानस' की व्याख्या बड़े मनोयोग से की और उसकी भक्ति, दर्शन एवं काव्य-संबंधी विशिष्टताओं को सफलतापूर्वक उद्घाटित किया, जिसकी प्रशंसा करते हुए जानकी रसिक शरण जी ने लिखा है कि करुणासिंधु जी के "तिलक में मानस के कर्म ज्ञान, भक्ति, योग, अर्थ, काम, मोक्ष आदि तत्ववादों के परत्व और उपासना पद्धति को भली-भांति समझाया गया है।[13] यह मानस की श्रृंगारपरक टीका है।

इसका प्रथम संस्करण पत्राकार रूप में सं. 1884 में नवल किशोर प्रेस, लखनऊ से प्रकाशित हुआ था। वैसे करुणासिंधु जी ने संवत् 1865 में लिखना आरम्भ किया और 1884 में समाप्त किया। इसके विभिन्न कांडों की टीकाएँ निम्नलिखित समयों में लिखी गई-

बालकाण्ड-सं. 1870, अरण्य काण्ड- 1880, किष्किन्धा काण्ड-1881, अयोध्या काण्ड- 1881 आषाढ़, सुन्दर काण्ड, लंका काण्ड- 1883 और उत्तर काण्ड 1884।[14] आनन्द लहरी की व्याख्याएँ रसिक-भक्ति की मान्यताओं के अनुकूल हैं और यथास्थान उसके सिद्धांतों का प्रतिपादन भी हुआ है यथा-

'चलीं ल्याइ सीतहिं सखी सादर सजि सुमंगल भामिनी।
नख सप्त साजे सुन्दरी सब युग कुंजर गामिनी।।
कल गान सुनि मुनि ध्यान त्यागहिं काम केलि लाजहीं।
मंजीर नूपुर कलित कंकण ताल गति पर बाजहीं।।"

इस छंद की व्याख्या करते हुए करुणासिंधु जी ने रसिक सम्प्रदायानुकूल सीता के नखशिख श्रृंगार और उनकी सखियों का विस्तृत विवेचन किया है। इस

दृष्टि से व्याख्या की निम्नलिखित पंक्तियाँ द्रष्टव्य है-"कहाँ हे भारद्वाज श्री जानकी जी को सजि कै सखी आदरपूर्वक ल्यवाइ चली, तहाँ नवसप्त कही सोरहो श्रृंगार करिकै अरु सोई सब सखी अपने-अपने अंग में श्रृंगार सजि के सब सुन्दरी मंद कुंजर के तुल्य गमन करती भई तहाँ सोरहो श्रृंगार अरु बारहो आभूषण कहते हैं तहाँ सुनयना की आज्ञानुरूप जे हैं ते श्री जानकी जी को मज्जन करावती भई, अगर कर्पूर, चन्दन केसरि, इत्यादि अनेकन सुगन्ध श्री कमल जल मिश्रित से स्नान करवाती भई। श्रृंगार में प्रथम मज्जन है तहाँ सोरहो श्रृंगार जानकी जी की षट् अष्ट मुख्यसखी पुनि षोडश मुख्य पुनि श्री रघुनाथ जी की यह अष्ट मुख्य सखी पुनि षोडश मुख्य सखी ते सब सुनयना की आज्ञा लै लै श्री जानकी जी को श्रृंगार करती हैं सखिन के नाम आहलादिनी द्वादशी सहजानंदिनी मदनमंजरी चन्द्रकला, चन्द्रवती, चन्द्रमुखी इति षट् पुनि अष्ट विमला उत्कर्षिनी क्रिया योगा, पार्षी, ईशाना- सत्या (इत्यष्ट सखी) पुनि षोडश उज्ज्वला, कांचनी, चित्रा, चित्ररेखा, सुधामुखी, हंसी, प्रसंही, कमला, विशदाक्षी, सुदर्शना, चन्द्राननी, चन्द्रा, माधुर्या, शालिनी, कर्पूरांगी, बराराहो (इति षोऽश) श्री जानकी जी के संग हैं और भी अनन्त सखी हैं। अब श्री रघुनाथ जी की सखी जानकी जी के संग हैं, षट्सखी आहलादिनी द्वादशी, चारुशीला, अतिशीला, सुशीला, हेमा, लक्ष्मणा (इतिषष्ट्) पुनि (अनटपुनि अष्ट वागीशा, माधवी, हरिप्रिया, मनजोशा, नित्या, विद्या, सुविद्या, कूट रूपा, (इत्यष्ट सखी) . . . . इत्यादिक अनन्त सखी ते सब श्री जानकी जी का श्रृंगार करती हैं सब युगल सेवा में तत्पर है।"[15]

टीकाकार ने व्याखेय स्थलों के काव्यसौन्दर्य को भी भलीभांति प्रकाशित किया है। काव्यांगों में शब्द-शक्ति, अलंकार और छन्दों की विवेचना तो हुई है, रसों के स्पष्टीकरण में उसने भाव, विभाव, अनुभाव और संचारी भावों का भी समुचित विश्लेषण किया है। तात्पर्य यह कि **आनन्दलहरी काव्यरसिकों और साम्प्रदायिक लोगों को भली प्रकार सन्तुष्ट करती है। वह रसिक-भक्तों और मानस अध्येताओं के लिये परमोयोगी है।**

यह ब्रजभाषा गद्य में लिखी गई है लेकिन टीकाकार के अवध निवासी होने के कारण उसकी भाषा पर अवधी की भी छाप है। चूँकी करुणासिंधु जी संस्कृत के भी मर्मज्ञ थे इसलिये उनकी भाषा पर संस्कृत के तत्सम शब्दों की भी बहुलता है। टीका की शैली कुछ पंडिताऊपन लिए हुए है इसलिये कहीं-कहीं अनावश्यक खींचतान भी देखने को मिलती है।

**शतपंचासिका :**

खोज रिपोर्ट में इसे गलती से 'षटपंचासिका' कहा गया है।[16] इसकी हस्तलिखित प्रति चारूशीलाबाग, जानकी घाट, अयोध्या में सुरक्षित है। यह संवत् 1842 में लिखी गयी। यह पांच अवकाशों में विभक्त है। प्रत्येक अवकाश में एक शतक दोहे है। इसलिये इसका नाम 'शतपंचासिका' रखा गया है। इसके पांचों अवकाश इस प्रकार है-

(1) तत्व गुण उत्पत्ति प्रलय का वर्णन।

(2) कारण सूक्ष्म स्थूल अवस्था का निरूपण।

(3) चक्र त्रिकुटी ब्रह्माण्ड वृक्ष, प्रहर, जुग गगें सांख्य का निर्णय।

(4) आत्म अनात्म का वर्णन।

(5) ज्ञान, योग, भक्ति और सत्संग का भेद प्रभेद सहित वर्णन।

'पंच अवकाशों' की उपर्युक्त सूची से स्पष्ट है कि कवि ने इस में ब्रह्म, जीव, जगत, ज्ञान, योग, भक्ति, सत्संग आदि पर विस्तृत रूप से प्रकाश डाला है। इस प्रकार यह ग्रन्थ दार्शनिक चिन्तन प्रस्तुत करता है परन्तु अभिव्यक्ति की सरलता के कारण दर्शन की नीरसता किचिंदपि अरूचि नहीं उत्पन्न करती है। आध्यात्मिक तत्वों को समझाने के लिये करुणासिंधु जी ने जिन दृष्टांतों और उदाहरणों का सहारा लिया है वे सीधे जीवन से उद्धृत होने के कारण मार्मिक एवं स्पष्ट है। कुछ दोहे द्रष्टव्य हैः-

नीर छीर षग नहिं अलग, अलग हंस करि देइ।
त्यों पिपिलिका रस विरस बिनु विवेक नह लेइ।।
ज्यों चुंबक लोहा गहे मधु माषी रस एक।
साधु विवेकी रहत जग यहि विधि सहित विवेक।।[17]

**रसमालिका :**

इसकी रचना संवत् 1840 में विजयदशमी के दिन हुई।[18] इसमें परमधाम परस्वरूप, रस, परमंत्र, ब्रह्म, जीव, भक्ति, योग, ज्ञान, वैराग्य, सत्संग एवं सीताराम की माधुर्य लीला का सुन्दर वर्णन किया गया है जो वेद, शास्त्र, रामायण, तंत्र संहिता और व्यासादि द्वारा चर्चित एवं आस्वादित 'रामरस' का सार रूप है।[19] यह ग्रन्थ पन्द्रह अवकाशों में लिखा गया है-

(1) महाविष्णु धाम संज्ञावर्णन
(2) सुचनिका वर्णन
(3) रास मंडल वर्णन
(4) ध्यानस्तुति प्रश्नोत्तर भक्ति वर्णन
(5) शोभार्णव वर्णन
(6) वसंतार्णव रस रास का वर्णन

(7) रसार्णव बिहार (8) रसार्णव दर्शन
(9) महाशब्द वर्णन (10) अक्षरात्माध्यात्म दास भाव वर्णन
(11) परब्रह्म निरूपण (12) शब्दातीत गोपा लक्षण वर्णन
(13) योग विराग, ज्ञान, भक्ति निरूपण (14) देव स्तुति लोक संज्ञा वर्णन
(15) रूद्र शब्दबोध वर्णन।

इस प्रकार इसमें करुणासिंधु जी ने परात्पर ब्रह्म राम के धाम, स्वरूप आदि का विवेचन करते हुए उन के सौन्दर्य एवं मधुर लीलाओं का सरस चित्रण किया है। इसमें राम की रासलीला, जलबिहार, वनविहार, श्रृंगार और झूला के प्रंसग बड़े ही रोचक एवं मार्मिक है। एक प्रकार से 'रसमालिका' राम के मधुर जीवन की दिव्य झांकी है। सीताराम के सौंदर्य पर प्रकाश डालने वाला निम्नलिखित छन्द द्रष्टव्य है-

जुगल बदन छवि धाम कोटि शशि छबि इमि।
मानिक मनि ढिंग पोत होंत द्युति त्यों जिमि।।
तिलक अधर रद बिम्ब हास अद्भुत लसै।
जनु घन रवि ससि जलज पेट दामिनि लसै।।
बेसरि स्वच्छ बुलाक अधर पर छलकई।
जनु बृहस्पति दिवि शुक्र हृदय शशि ललकई।।
चिबुक कपोल अमोल गरे मुक्तावली।
राम चरण छवि अलख लखहि संग की अली।।[20]

करुणासिंधु जी ने इस ग्रन्थ में विविध प्रकार के छन्दों का प्रयोग किया है जिनमें रोला, घनाक्षरी, हरिगीतिका और दोहा उल्लेखनीय हैं।

**रामपदावली:**

इसमें कुल 122 पद हैं जिनमें रामजन्म, बधाई, नामकरण, बाल-शोभा, होरी, झूलन, सरयू बिहार, सीताराम के सौन्दर्य के प्रति सखियों के आकर्षण, प्रेम और विरह का सरस चित्रण किया है। इसके होली, बिहार और झूलन के पद काफी सरस हैं जिन पर सूर और तुलसी के पदों की गहरी छाप है। रामचरण दास जी ने राम की बाल छवि का बड़ा ही आलंकारिक वर्णन किया है जिनमें उनकी सुन्दर कल्पना की छटा देखने को मिलती है-

देखि री, हरि सुन्दरताई।
जानि पानि विचरत मन आंगन, बोलत किलकि बदन छबि छाई।
इन्दु बिन्दु युग तड़ित सुवन अलि अरुन कंज दल परिजनु आई।
कुण्डल झलक कपोलन झलकत कर कछु खात झुकाई।

मनहु इन्दु रस सहित बाल अलि छोड़त पियत डेराइ डेराई।
कठुला कंठ रंग बहु राजत ता बिच पदिक गात पहिराई।
मनहु मेघ पर रविमण्डल करि सवरन नवग्रह सुवन अथाई।
कर कंगन अंगन किकिंन कल नूपुर की छबि अस बनि आई।
रामचरन जनु राम अंग प्रति सेवहिं मुनि चित्त रूप बनाई।।[21]

पदावली के कतिपय पदों में क्लिष्ट एवं अप्रचलित शब्द-योजना के कारण भावाभिव्यक्ति में अस्पष्टता आ गई है परन्तु ऐसे पदों की संख्या न्यून है। उन पदों से ज्ञात होता है कि कभी-कभी भक्त का सहज मन भी चमत्कारपूर्ण अभिव्यंजनाकौशल को प्रदर्शित करने के लिये लालायित हो उठता था। वैसे रामचरण दास जी की भावाभिव्यंजना में चारुत्व के साथ-साथ प्रचुर प्रभावोत्पादकता विद्यमान है। उन्होंने परम्परागत उपमानों द्वारा सीताराम का जो सौन्दर्यांकन किया है वह काफी सुष्ठु एवं आकर्षक है। यद्यपि पदावली की भाषा ब्रज है परन्तु बीच-बीच में अवधी के सर्वनाम रूप और विशेषण भी प्रयुक्त हुए हैं जिसे भक्त की साधनाभूमि का प्रभाव कहा जा सकता है।

**जयमाल संग्रह :**

यह एक सैद्धांतिक ग्रन्थ है। इसके विषय में चारुशीला बाग, जानकी घाट, अयोध्या के वर्तमान महन्त जानकीशरण मधुकरिया का कहना है कि रामचरण दास जी ने यह प्रण किया था कि माला के 108 दानों के हिसाब से 108 रत्नों (अध्यायों) की रचना करके 'जयमाल' ग्रन्थ का निर्माण करेंगे परन्तु जब वे 34 रत्नों (अध्यायों) का प्रणयन कर चुके तब उन्हें श्री रामचन्द्र ने दर्शन देकर आदेश दिया कि इसको छोड़कर रामचरित मानस की टीका लिखो। अतः करुणासिंधु जी की उक्त प्रतिज्ञा अपूर्ण रह गई। मधुकरिया जी के इस कथन में कितना सत्यांश है, प्रमाणाभाव में उसे पुष्ट नहीं किया जा सकता क्योंकि प्रस्तुत ग्रन्थ में इस प्रकार का कोई संकेत नहीं प्राप्त होता है लेकिन चौतीसवें रत्न की अपूर्णता इस शंका के लिये अवश्य गुंजाइश उपस्थित करती है कि किसी कारणवश करुणासिन्धु जी इस ग्रन्थ को पूर्ण नहीं कर सके।

'जयमाल संग्रह' में करुणासिन्धु जी ने रसिक सम्प्रदाय की सैद्धांतिक मान्यताओं और सीताराम के माधुर्य जीवन की झांकी प्रस्तुत की है। उन्होंने महासुन्दरी तंत्र, महारामायण, सदाशिव संहिता, हनुमत्संहिता, अगस्त संहिता आदि साम्प्रदायिक ग्रन्थों के प्रसंगो को भी बीच-बीच में उद्धृत किया है। इसीलिये उन्होंने

कहा कि मै कोई नयी बात नहीं कर रहा हूँ बल्कि जो कुछ कह रहा हूँ वह सन्तमतानुकूल है और पूर्व ग्रन्थों में प्रतिपादित किया जा चुका है उसे मै केवल भाषाबद्ध कर रहा हूँ-

**सम्मत वेदमतं पुराणाभितं शास्त्रेष्वहोयन्मतम्।**
**रम्यं तत्रमतं व साहितमतं वाक्यं गुरुणां तथा।।**
**प्रोक्तं संतमतं स्वचित्तविमलं रामायणे यन्मतम्।**
**भाषाबद्धमिदम् च रामचरणेराख्यमालाजयम्।।**

इसके चौंतीसो रत्न (अध्याय) इस प्रकार हैं जिनके आधार पर ग्रन्थ के प्रतिपाद्य को भली प्रकार समझा जा सकता है-

(1) गुरुसदजनाधिकार संतस्वभाव वर्णन।

(2) राम नाम रूप प्रताप महात्म्य वर्णन।

(3) गुरुप्रसाद प्राप्ति वर्णन।

(4) सम्भव भाव लक्षण बोधवर्णन. . . . इसमें भक्ति के पंचभावों (वात्सल्य दास्य, श्रृंगार, सख्य और शांत) का संक्षिप्त वर्णन किया गया है।

(5) गुरु आगमन शिष्य प्रश्न वर्णन- इसमें अगस्त्य सतीक्ष्ण के संवाद द्वारा ब्रह्म विषयक विचार निरूपित किये गये हैं।

(6) वही।

(7) नन्दी प्रभाव श्रुति शेष संवाद।

(8) बैकुण्ठ तत्व वर्णन।

(9) महादेव शिववासुदेव गोलोक संज्ञावर्णन।

(10) पूर्ण दक्षिणाकर संज्ञा वर्णन।

(11) रस वर्णन।

(12) दसार्णव महाकल्प तरु मंडल सूक्ष्म वर्णन।

(13) मण्डल, सिंहासन कमल मुद्रा प्रमाण वर्णन।

(14) चरणचिह्न वर्णन।

(15) जुगल किशोर रसरूप वर्णन।

(16) सखी आवरण वर्णन।

(17) सखादास आवरण वर्णन।

(18) मुनिदेव महा सर्वदास गुण प्रताप ऐश्वर्य विभु व्यापक सेवा वर्णन।

(19) साधु लक्षण वर्णन।

(20) राम समाज वन गमन वर्णन।

(21) गेंद खेल वर्णन।

(22) खग मृग विहार वर्णन।

(23) मृग शिकार वर्णन।

(24) जल क्रीड़ा वर्णन।

(25) परम श्रृंगार भूषण वर्णन।

(26) निकेत गमन वर्णन।

(27) जानकी बाटिका गमन वर्णन।

(28) जानकी बनविहार वर्णन।

(29) जानकी जल क्रीड़ा वर्णन।

(30) जानकी श्रृंगार वर्णन।

(31) जानकी बन विहार असन विलास वर्णन।

(32) राम गमन जीवपंच भेद शक्ति वर्णन।

(33) सीताराम आगमन विहार वर्णन।

(34) सीताराम की बसंत लीला, रस विहार वर्णन। यह प्रकरण अधूरा है।

इस प्रकार इसमें सन्त स्वभाव, सीताराम के नाम, रूप, लीला और पंच भावोपासना तथा जीव, ब्रह्म, माया तथा सीताराम के विहार का दोहा चौपाई शैली में सरस निरूपण किया गया है। बीच-बीच में हरिगीतिका, कवित्त, सवैया और घनाक्षरी छन्दों का भी प्रयोग किया गया है। भाषा सरस सुष्ठु अवधी है। एक उदाहरण प्रस्तुत है-

तीरथ कोटिन यज्ञ विधाना।
करै दान व्रत तप विधि नाना।।
तुल नाहिं सब मिलि राम नाम को।
भुक्तियुक्ति सिधि सकल काम को।।[22]

**सीता राम चरण चिह्न :**

इसमें 61 छन्दों में राम और सीता के चरण-चिन्हों का वर्णन किया गया है। प्रत्येक के चरण-चिन्हों की संख्या 48 है। ये भक्ति के साधन, अह्लाद स्वरूप, कल्याणकारी, आनन्द कन्द और पुण्यों के प्रदाता हैं-

सीताराम पायन में गोपद को अंक सोहै
गोपद से तरै जग गोपद को ध्याय करी।
ध्यावै सुरेश शेष वरुण कुबेर आदि
चन्द्रमा दिनेश शिव विधि शारदा गाइ करी।
अर्थ धर्म काम मोक्ष ध्यावै तेहि सकल होत
कोटि कामधेनु जहोइ जासु अंश पाइ करी।

पुण्य को बढ़ावे अ़घ कोटिन नसावै
राम चरन चिह्न ध्यावै जो वचन मन काय री।[23]

चरण-चिह्नों के वर्णन में कवि ने घनाक्षरी के अतिरिक्त दोहा, दुर्मिल, सवैया आदि छन्दों का भी प्रयोग किया है। उसके वर्णन कलात्मक एवं सरस हैं। उनमें रामचरणदास का अनूठा शब्द चयन, पदविन्यास और भावगाम्भीर्य देखते ही बनता है। सुन्दर वर्ण-योजना का यह लालित्य अन्यत्र दुर्लभ है-

मीन की निकाई सर्व बिजै सुखदाई
हेरै चित्त चंचलाई जो लजावै चित्त घेरि-घेरि।
द्वैत मोह नासै श्रुति बानी को प्रकासै
राम सुजस विस्तारै यज्ञ देन ज्ञान फेरि-फेरि।
मीन चपलाई रमा आदि चष छाई
बसै वरुण के ह्दै ह्द, प्रेमरस हेरि-हेरि
रामचरण राम जू धारै पद मीन अंक
देत अभिराम फल वेद कहैं टेरि-टेरि।[24]

**दृष्टान्त बोधिका :**

यह पाँच शतकों- विवेक-शतक, वैराग्य-शतक, उपासना-शतक, विरह-शतक और नाम-शतक में लिखी गई है, जिनमें विवेक, वैराग्य और राम की महिमा प्रतिपादित करते हुये सीताराम की मधुरोपासना करने और उनके प्रेम में विरहाकुल होने का उपदेश दिया गया है। करुणासिन्धु जी का कहना है कि सीता राम के प्रति प्रेम तभी उत्पन्न होगा जब संसार के प्रति पूर्ण वैराग्य उत्पन्न हो जायेगा-

जगते प्रथम विराग करु दुसरे तन सुख त्याग।
तीसरे अन्तर त्याग करु राम चरन लव लाग।।[25]

यह संसार नित्य है या अनित्य इसके विषय में कुछ स्पष्ट रूप से नहीं कहा जा सकता परन्तु इतना अवश्य है कि इसे तृष्णा रूपी सर्पिणी ने डस लिया है जिसे सुख-दुःख की 'लहर' उठ रही है इसका उपचार राम नाम रूपी गारूड़ी मंत्र से ही किया जा सकता है[26] इसी प्रकार कर्मरूपी पींजड़े में मन रूपी बहेलिये द्वारा जीव रूपी पक्षी फांस लिया गया है। उससे उसकी मुक्ति तभी सम्भव है जब वह नाम रूपी चोंच से उसको काट दे-

कर्म पींजरा व्याधमन, जीव विहंग फंदाय।
नाम चोंच ते काटि करि, राम चरन उड़ि आय।।[27]

तात्पर्य यह कि बड़े ही परिचित एवं बोधगम्य दृष्टांतों के माध्यम से करुणा सिन्धु जी ने भक्ति, ज्ञान, वैराग्य, सत्संगति, उपासना आदि का विवेचन किया है। उनकी विचारधारा को समझाने के लिये यह ग्रन्थ परमोपयोगी है। सभी शतक दोहों में लिखे गये हैं।

**अष्टयाम पूजा विधि :**

यह अगस्त्य संहिता के 'अष्टयाम' प्रसंग के श्लोकों का पद्यमय हिन्दी भाष्य है जिनको करुणासिन्धु जी ने उद्धृत भी किया है। इसमें सीताराम का अष्टयाम चरित्र वर्णित है। राम की माधुर्योपासना में 'अष्टयाम भावना' का बड़ा महत्व है। साधक प्रातःकाल से लेकर रात्रि शयनपर्यन्त सीता और राम क्या-क्या करते हैं, उसी का वह नित्य ध्यान करता है। इसी अष्टयाम उपासना के निमित्त करुणासिन्धु जी ने इस ग्रन्थ की रचना की है जो शास्त्रसम्मत है। करुणासिन्धु जी के वर्णन सरस एवं कलात्मक है। एक पद द्रटष्व्य है-

सीता भूप उपमा छवि छई।
तन श्याम गोरि जराव ढिंग अति पीत नील दुकूलई।
जनु नीलघन तर बाल रवि पर तड़ित चंचलता थई।
अलसान चष मुँदत खुलत भृकुटी कुटिल छवि भुलई।
थिरकत भ्रमर भीतर उपर जनु भोर बारिज फूलई।
मुख पर हलत बेसरि बुलाक सुसखिन चित अनुकूलई।
जनु मेघ रवि मधि चन्द्र दुह गुर तड़ित रजु पर झूलई।
सिय ओर रघुवर झुकहिं सिय पिय ओर सुख आलस कई।
लटकहिं उनींदे पलक ककु अलक लट शोभा भई।
जनु बाल अहि शशि सुधारस पीवत उड़त झूलत लरी।
कोई सखि सुधारहि बसन आलस निवारहि करधरी।
कोइ करणफूल सुधारि कोइ सखि बदन चषे पोंछत भई।
नई नींद जानकी राम उतरे पलंग पे सखि भुज धई।[28]

**अमृत खण्ड :**

यह करुणासिन्धु जी का एक विशालकाय प्रबन्ध काव्य है जिसमें 21 खंडों (अध्यायों) में रामजन्म से लेकर विवाह तक की कथा बड़े रोचक ढंग से कही गई है। आरम्भ के तीन खंडो में विषय वासना निन्दा, त्याग, आडम्बर, सत्संग, नाम महिमा, सीताराम की अन्तरंग एवं बहिरंग सेवा एकादश भक्ति और राम नाम की श्रेष्ठता प्रतिपादित की गयी है। उसके बाद राम की बाल-लीला, विश्वामित्र के साथ

यज्ञ रक्षा के लिये राम लक्ष्मण का जाना, धनुष-यज्ञ के अवसर पर जनकपुर जाना, वहाँ नगरावलोकन करते समय राम लक्षमण द्वारा नर-नारियों को विमुग्ध करना पुष्पटाविका में राम सीता का प्रथम मिलन, सीता का गौरीपूजन, धनुभंग, भरतादि के साथ राजा दशरथ का जनकपुर आना और एक साथ चारों भाइयों का विवाह, तदनन्तर चारों भाइयों का आयोध्या लौटना, और राम सीता का फाग, झूलन और शिकार घरना, तथा चित्रकूट, श्रृंगवेरपुर, नन्दीग्राम आदि तीर्थो में जाकर मुनियों को दर्शन देकर कृतकृत्य करना आदि ऐसे मधुर प्रसंगों को लेकर अमृत खंड की रचना की गई है, अन्त में चारों भाइयों के स्वरूप की भावभीनी वन्दना की गई है।

अमृत खण्ड में परम्परागत राम कथा को अपनाते हुए भी कररुणासिन्धु ने कतिपय मौलिक प्रसंगो की भी उद्‌भावना की है जैसे धनुष यज्ञ से पूर्व राजा जनक द्वारा सीता के मुख में ब्रह्मांड-दर्शन। सीता द्वारा धनुष उठाये जाने के कारण राज जनक ने जब यह प्रतिज्ञा करनी चाही कि जो धनुष को तोड़ देगा उसी के साथ सीता का विवाह कर देगा तब सहसा उनकी दृष्टि जब सीता पर पड़ी तो वे आश्चर्यचकित रह गये। वे सीता जी के सुख में असंख्य ब्रह्माण्ड, अनेक पर्वत, वन, पृथ्वी और सातों द्वीपों को देख कर भौंचक्के से खड़े होकर देखने लगे। तब सीता जी ने जनक से कहा-

कारण औ कार्य दोऊ चिदाचिद विभूति मेरी
दोऊन ते परे मोहि को जानत योगेश है।
मोको श्री राम जी को एक ही स्वरूप जानो
सत चिदानन्द सों विशेष निर्विशेष है।
जाको वेद गावत है नेति - नेति परे पुरुष
सोई अवतीरण हैं वंश सो दिनेश है।
रामचरण आवैंगे तोरेंगे पिनाक राम
लषन कोटि काम शोभा राजकुंवर वेश हैं।[29]

साथ ही यह भी कह दिया-

'यह बात अपूर्व कहो न कहूँ तुम से अति गोप्य दिखाइ कही।
फेरि हौं तुम्हरी बुधि तात रहै जेहि ते मोहि आत्मज भाव सही।
कर जोरि विदेह कहैं नत है फल ज्ञान सुयोग को आज लही।
तब रामचरण मिथिलेश की कृत्य करी सिय जू जस पूर्व रही।[30]

इसी प्रकार धनुष के टूटने पर जब परशुराम लक्ष्मण के व्यंग्य से मर्माहत होकर अत्यन्त क्रोधित हो जाते हैं और जैसे ही लक्ष्मण को मारने के लिये तैयार होते हैं, राम बीच में आकर उन्हें समझाने लगते हैं। राम परशुराम को समझाने के लिये जैसे ही मुख खोलते हैं, उसके अन्दर परशुराम को सम्पूर्ण सृष्टि दिखायी पड़ जाती

है। फलतः उनका उठा हुआ फरसा रुक जाता है और वे राम की वन्दना करने लगते है-

बोलत रघुनाथजू के मुख में भृगुनाथ देखे
परम विभूति दिव्य ब्रह्म विष्णु ईश हैं।
देख्यौ महाकरण महाविष्णु महामाया लीन्हें
कोटिह्न ब्रह्माण्ड उतपति रक्षा खीश है।
राम चरण चिदाचिद विभूति भूरि चाप यज्ञ
अपनो स्वरूप अण्ड-अण्ड विष दीश है।
देख्यौ विराट वैराग्य अरु हिरण्यगर्भ
भूमान्तरयामी जीव इन्द्र बहु फनीश है।[31]

तदनन्तर विश्वामित्र की आज्ञा से उन्होंने राम को फरसा धनुष बाण समर्पित कर दिया। प्रस्तुत प्रसंग में कवि ने अलौकिकता का समावेश करके परशुराम के क्रोध के शमन के लिये एक नये तथ्य को उपस्थित किया है।

इसी प्रकार धनुषयज्ञ से पूर्व सीता की सहजा सखी द्वारा राम के पास सीता के शुक द्वारा उनके प्रेम भाव को जताना भी एक नयी उद्‌भावना है। जब राम लक्ष्मण विश्वामित्र के साथ उनकी यज्ञरक्षा के लिये तपोवन में आ गये तो एक दिन सीता की सहजा सखी ने सीता के शुक को उन के विरह और जनक की प्रतिज्ञा को लिखकर राम के पास भेज दिया-

सारो शुक बहुपालि जिन्हें जानकी पढ़ाये।
तिन मंह एक बोलाय पत्रिका दै समुझाये।।
विश्वामित्र निवास गंग तट सिद्धाश्रम जहँ।
राम लखन दशरथ कुमार मुनि रक्षि टिके तहँ।।
शुक जाहु पत्रिका राम कहँ दै एकान्त फिरि जवाब लय।
तब रामचरण शुक लै चले, युग युगल दण्ड महँ प्राप्ति भय।।[32]

तोता गया और राम से पत्रोत्तर लेकर अतिशीघ्र वापस आ गया-

बैठे राम यकन्त तहाँ शुक पाती दीन्हेउ।
बाँचि राम उर लाइ विरह अतिशय प्रभु कीन्हे।।
पुनि धीरज दै राम शुकहि फल है समुझाई।
हम आवत है वेगि पत्र दै शुकहि पठाई।।
तब ताही दिन शुक आइ करि दीन्ह पत्रिका जाइ कै।
लै राम चरन सहजा सखी सियहिं सुनाई धाइ कै।।[33]

प्रस्तुत प्रसंग द्वारा रामचरण दास जी ने सीता और राम की पूर्वप्रीति और नित्य एकरूप तथा एकात्म होने की पुष्टि की है।

भाषा और वर्णन शैली की सरसता की दृष्टि से अमृत खण्ड एक उच्च कोटि की साहित्यिक कृति है। सीताराम के बाल-जीवन, पूर्वानुराग, पुष्पवाटिका प्रसंग, धनुर्भंग प्रसंग और लीला विहार की मधुर अभिव्यंजना में भाषा की कोमलता, छन्दों की प्रवाहमयता और अलंकारों की मंजुल छटा देखते ही बनती है। रूपक उत्प्रेक्षा, अपह्नुति, सन्देह, विभावना, प्रतीप, व्यतिरेक, उपमा और श्लेष उनके प्रिय अलंकार हैं, जिनका वे बार-बार प्रयोग करके वर्ण्यवस्तु में रोचकता, प्रभावोत्पादकता और मार्मिकता की सृष्टि करते है। राम के सौन्दर्याकन में प्रयुक्त उत्प्रेक्षा सन्देह और रूपक, अलंकार का सौष्ठव द्रष्टव्य है-

भृकुटी तिलक, जुग रेख बीच मृषामद अति सोहत।
मनजिस सुत सर युग संधानि जनु राहुहि पोहत।।
किधौं युगल रवि किरिन ल्याइ मधुकर तम बेधत।।
किधौं तड़ित युग रेख नील गिरि थिर सिर मेघत।।
जुग लोचन पूरन चन्द में युगल कंज विकसे मनो।
जनु राम चरन नासिका शुक अधर बिम्ब लदि झुकि तनो।।[34]

इसी प्रकार सीता के सौंदर्य से अभिभूत राम को जब उनके लिये कोई उपमान नहीं मिलता तो वे लक्ष्मण से कहते हैं कि यदि ब्रह्मा निम्नलिखित ढंग से किसी नायिका का निर्माण भी करें तब भी सीता का रूपदर्शन प्राप्त कर लेने के बाद मैं स्वप्न में भी उस पर मोहित नहीं हो सकता-

शोभा त्रैलोक्य जो विधाता कामधेनु करै
मदन अहीर छवि दूध को दुहावई।
आनन्दमय पात्र अवटाय गाढ़ पातिव्रत
शीतल सुखद परम रूप जावन जमावई।
नेह रजु मथानी सिंग लालित्य खंभ
मदन मथि माखन माधुर्य परम पावई।
रामचरण शील आदि बारहो विभूषन सानि
ताही की विरंचि रचि नायिका बनावई।
ऐसो जो नायिका बनावै विधि रचि पचि कै
जाहि देखि उमा रमा शारदा विमोहई।
ताहि देखि मेरा मन स्वप्नहू न दष्टि करै
जानकी को रूप देखे बिक्यो मनमोल ना लई।।[35]

इसमें सांगरूप की छटा और भाषा की मधुरिमा देखने योग्य है। इस छन्द पर गोस्वामी तुलसीदास के सीता-रूप वर्णन की छाप स्पष्ट है। उन्होंने भी इसी प्रकार

का सांगरूपक प्रस्तुत किया है परन्तु दोनों के सौंदर्य-विधान में काफी अन्तर है।[36] रामचरण दास ने मानस के उत्तर काण्ड में ज्ञान-भक्ति निरूपण वाले प्रसंग के उपमानों का इस्तेमाल सीता के उपर्युक्त सौन्दर्यांकन में किया है।

अमृत खण्ड की भाषा सरस, सुबोध अवधी है। आध्यात्मिक विचारों की अभिव्यक्ति में उन्होंने संस्कृत के तत्सम शब्दों का प्रचुर प्रयोग किया है। कुल मिलाकर यह एक उत्कृष्ट रचना है।

### झूलन :[37]

इसमें छोटे-छोटे अंगों (अध्यायों) में क्रमशः गुरुदेव, नामस्मरण, विचार, सत्संग, वैराग्य और वेष वैष्णव वेश का वर्णन किया गया है। रसिक सम्प्रदाय की साधना पद्धति और दर्शन को समझने में प्रस्तुत ग्रन्थ काफी सहायक है। यह झूलना छन्द में लिखा गया है।

### रामनवरत्न सार संग्रह :

करुणासिन्धु जी ने संवत् 1882 में विविध साम्प्रदायिक ग्रन्थों से सीताराम के नाम रूप-लीला और धाम के महत्व को प्रतिपादित करने वाले श्लोकों को संग्रहीत करके रामनवरत्न सार-संग्रह ग्रन्थ की रचना की।[38] यह नौ अध्यायों में लिखा गया है। सीताराम की मधुरोपासना को सैद्धान्तिक स्वरूप की शास्त्रसम्मत रूप में विवेचित करने वाला यह एक अत्यन्त प्रामाणिक ग्रन्थ है। इसमें अथर्ववेद सामवेद, हनुमन्ननाटक, वाराहपुराण, अध्यात्मरामयण, सनत्कुमार संहिता, महाशम्भु संहिता आदि ग्रन्थों के श्लोकों का संचयन हुआ है।

प्रस्तुत ग्रंन्थ में रामचरण दास ने अभेदोपासना की बड़ी दिव्य झांकी रामकृष्ण की एकता प्रतिपादित करके प्रस्तुत की है। शास्त्र के वचनों को ठीक-ठीक क्रमबद्ध रूप में सजा देना ही उनकी अलौकिक समन्वयी प्रतिभा तथा प्रकांड पाण्डित्य एवं प्रशस्त अध्ययन का सूचक है।[39]

श्लोकों के साथ-साथ रामचरण दास जी ने बीच-बीच में स्वरचित दोहों एवं पदों को भी संकलित कर दिया है जो प्रसंग विशेष के अध्ययन के सार संक्षेप को भली भांति उजागर करते हैं। दिव्य साकेत धाम से संबंधित उनका प्रस्तुत पद द्रष्टव्य है-

चित्त बसु राम रूप परधाम।
वैकुण्ठ पर गोलोक पर श्री अवधपुर अभिराम।
मध्यस्थ ताके कल्पतरु मण्डप रतन तेहि ठाम।
मण्डप तरे मणि बेदिका मणिमय सिंहासन ताम।

तापर सहस दल कंज मुद्रा अगिनि शशि जुग ग्राम।
आसीन तापर जानकी श्रीरामजू के बाम।
श्रीराम कर धनुबान सिय पानि पंकज श्याम।
अति रूप दुति नहिं जात कहि घननील कोटिह्न काम।
भूषण लसत प्रति अंग देखि लजाहिं बहु रति काम।
श्री सर्व मुनि जन सखा सखा सब अवतार शक्ति प्रणाम।
श्री रामचरण समस्त सेवहिं रहहिं रुख लखि राम।[40]

इसमें रामरसिकों की धाम-धारणा और साकेत धाम के स्वरूप को सार रूप में भली प्रकार चित्रित कर दिया गया है।

**भाषा भूषण :**

यह एक अलंकार-निरूपक ग्रन्थ है जिससे रामचरण दास के काव्यशास्त्रीय ज्ञान पर प्रकाश पड़ता है। इसमें दोहों में लक्षण उदाहरण सहित अलंकारों का शास्त्रीय विवेचन हुआ है। जयदेव के 'चन्द्रालोक की भांति इसमें भी एक दोहे की एक पंक्ति में अलंकार का लक्षण और दूसरी में उसका उदाहरण दिया गया है। प्रथम प्रतीप का विवेचन द्रष्टव्य है-

सो प्रतीप उपमेय को कीजै जब उपमान।
रघुवर तन से धन लसत, तड़ित वसन से मान।।[41]

अथवा व्यक्तिरेक का यह उदाहरण-

व्यतिरेका उपमान ते अधिक होय उपमेय।
सिय संग सखि शशि मुखी मान अधिक छविदेय।।[42]

ध्यातव्य है कि अत्यन्त संक्षिप्त रूप से लक्षण उदाहरण सहित अलंकारों के विवेचन के कारण अभिव्यंजना में कुछ दुरूहता और अस्पष्टता का भी समावेश हो गया है। परन्तु रामचरण दास का यह कार्य उल्लेखनीय महत्व का है। इसमें कुल 67 अलंकारों का विवेचन किया गया है-

भाषा भूषन में रहै अलंकार सत साठ।
रामचरण श्री राममय किये फेरि सब पाठ।।[43]

स्पष्ट है कि यह कोरा अलंकार ग्रन्थ नहीं है बल्कि राम-भक्ति से परिपूर्ण एक सरस रचना है। अलंकारों के सभी उदाहरण रामचरित्र की मधुर झाँकी प्रस्तुत करते हैं। स्वयं कवि ने कहा है कि अन्य लोगों ने सांसारिक विषय-वासनाओं के रस से सिक्त अलंकारों का विवेचन किया है, मैंने उन्हें भक्ति रस से आप्लावित करके प्रस्तुत किया है-

अलंकार वरनेउ कविन, जदपि विषय रस सानि।
रामचरन निज मति सरस, कहौ भक्ति रस आनि।।[44]

रामचरण दास की उपर्युक्त रचनाओं का अनुशीलन करते हुए कहा जा सकता है कि वे बहुमुखी प्रतिभा के सन्त थे। एक ओर उनका अन्तस्तल रामचरित्र में निमग्न था तो दूसरी ओर उनमें रसिकाचार्य की विद्वत्ता भी विद्यमान थी जिसके कारण वे विभिन्न साम्प्रदायिक ग्रन्थों का प्रणयन कर सके और मधुरोपासना के स्वरूप और सिद्धांत की व्याख्या की। वे एक उच्च कोटि के कवि होने के साथ-साथ प्रतिभासम्पन्न टीकाकार भी थे। उनकी 'आनन्दलहरी' टीका इस तथ्य को भलीभांति प्रमाणित करती है कि रामचरित मानस में उनकी पैठ कितनी गहरी थी और रसिक साधना के लिये वे किस प्रकार अनन्य भाव से समर्पित थे। यह ध्यान देने योग्य है कि गोस्वामी तुलसीदास ने जिस रामचरित मानस में मर्यादा पुरुषोत्तम राम का चरित्र अंकित किया और '**जगत मातु पितु संभु भवानी/ तेहि श्रृंगार न कहौ बखानी** [45] की उद्घोषणा की, रामचरण दास ने उसी की श्रृंगारपरक टीका की। यह उनकी विद्वता, और प्रतिभा की अद्वितीयता का परिचायक है।

रामचरण दास ने समकालीन रीति-कवियों के प्रभाव-स्वरूप 'भाषाभूषण' जैसे भक्ति-भाव से ओत-प्रोत लक्षण ग्रन्थ की भी रचना की। इस प्रकार उन्होंने भक्तों की श्रृंखला में रहते हुये आचार्य कवियों के बीच भी अपना स्थान सुरक्षित कर लिया। भले ही उनका यह कृतित्व आचार्य कवियों के समक्ष कम महत्व का हो परन्तु उनकी इस उपलब्धि को दृष्ट्योंझल नहीं किया जा सकता। निःसन्देह रामचरण दास जी एक प्रतिभासम्पन्न उच्चकोटि के भक्त कवि थे। रसिक राम भक्ति-काव्य परम्परा में उनका कृतित्व उल्लेखनीय स्थान रखता है।

**सन्दर्भ :**


1. इस श्रृंगारी भावना के प्रवर्तक थे रामचरितमानस के प्रसिद्ध टीकाकार जानकी घाट (अयोध्या) के रामचरणदास जी जिन्होंने पति-पत्नी भाव की उपासना चलाई।
2. टीका नेह प्रकाश- जनक लाडिली शरण, पत्र-
3. रसिकप्रकाश भक्तमाल- युगलप्रिया-टीकाकार जानकी रसिक शरण का छन्द 218, पृ. 42.
4. रामभक्ति में रसिक सम्प्रदाय- डॉ. भगवती प्रसाद सिंह, पृ. 419
5. वही, पृ. 419
6. हिन्दी साहित्य (उद्भव और विकास) पृ. 254
7. रामभक्ति में रसिक सम्प्रदाय, पृ. 307
8. मिश्रबन्धु विनोद खण्ड 1-2, पृ. 500 संख्या 1154
9. रामभक्ति में रसिक सम्प्रदाय, पृ. 421
10. रामभक्ति साहित्य में मधुर उपासना, पृ. 240

11. हिन्दी साहत्यि का प्रथम इतिहास, डा. ग्रियर्सन सं. किशोरीलाल गुप्त, पृ. 333, ग्रन्थ सं. 902

12. रामभक्ति शाखा- राम निरंजन पांडेय, पृ. 490

13. ''मानस रामायण प्रसिद्ध पाठ अर्थ करि आगम निगम श्री पुराण मत गावेगो। अलंकार छंद के प्रबन्ध हावभाव भेद रसन के भेद जहाँ तहाँ दरशावैगे। कर्मज्ञान भक्ति योग अर्थ धर्म कान मोक्ष तत्वावद संयुत परत्व सरसावैगो। श्री राम चरण को तिलक बिनु देखे जीव दपति उपासना की रीति कहाँ पावैगो। -रसिक प्रकाश भक्तकाल, पृ. 43

14. रामचरित मानस की टीकाओं का आलोचनात्मक अध्ययन-त्रिभुवन चौबे, पृ. 168 (अप्रकाशित शोध प्रबन्ध)

15. आनन्द लहरी द्वि.सं. 8 बाल काँड, पृ. 482

16. खोज रिपोर्ट- 1926-24, ग्रन्थ संख्या 37-डी

17. शतपंचासिका-पत्र 36-37

18. रसमालिका पृ. 53

19. वही, पृ. 3

20. रमालिका, पृ. 2, छन्द 5

21. रामपदावली, पद पं. 32

22. जयमाल संग्रह, पृ. 11

23. सीताराम चरण चिन्ह, छन्द 30

24. सीताराम चरण चिन्ह, छन्द 47

25. दृष्टांत बोधिका- वैराग्यशतक, दो 102

26. तृष्णा सापिन जग डस्यो, दुख सुख लहरि सभूरि, राम मंत्र गुरुगारूड़ि, राम चरन दृढ़ भूरि। वही, दो. 36

27. वैराग्यशतक, दोहा 58

28. अष्टयाम पूजाविधि, पृ. 7-8

29. अमृत खण्ड छन्द 149

30. वही, छन्द 150

31. अमृत खण्ड, छन्द 292

32. वही, छन्द 137

33. अमृत खण्ड, छन्द 138

34. वही, छन्द 173

35. अमृत खण्ड, छन्द 206, 207

36. जो छवि सुधा पयोनिधि होई। परम रूप मय कच्छप सोई।
सोभा रजु मंदरू सिंगारू। मथै पंकज निज मारू।। 4 ।।
यहि विधि उपजै लच्छि जब सब सुन्दरता सुख मूल।
तदपि सकोच समेंत कवि कहहिं सिय समतूल।।
-रामचरित मानस, बाल कांड, दो. 247

37. खोज रिपोर्ट, सन् 1941-42, ग्रन्थ संख्या 225

38. रामनवरत्नसार संग्रह भूमिका पृ. रामबल्लभ शरण जी

39. राम भक्ति साहित्य में मधुर उपासना, डा. भुवनेश्वर नाथ मिश्र 'माधव' पृ. 182
40. राम नवरत्न सार संग्रह, पृ. 43-44
41. भाषा भूषण, दोहा 30
42. भाषा भूषन, दोहा 66
43. वही, दोहा 104
44. भाषा भूषन, दोहा 6

❑

# महात्मा रसिक अली और उनकी कृतियाँ

स्वामी **अग्रदास** जी ने सीताराम की रसमयी लीलाओं को भक्ति का आलम्बन बनाकर राम-भक्ति धारा में जिस रसिक सम्प्रदाय को जन्म दिया, उसी की एक महत्वपूर्ण कड़ी के रूप में रसिक अली जी का नाम उल्लेखनीय है। इनका पूरा नाम **जनकराज किशोरी शरण 'रसिक अली'** था। रसिक अली इनका महली नाम था। इन्होंने पूर्वागत रसिक धारा को भी एक नयी दिशा में प्रवाहित किया। इनसे पहले सीता-राम की युगल-लीला का रसपान सखियाँ **'तत्सुखी-भाव'** से करती थीं। तत्सुखी का तात्पर्य है उसके सुख से सुखी रहना। युगल-दम्पति की मधुर लीलाओं का अवलोकन कर आनन्द का अनुभव करना ही तत्सुखी भावना है। इसमें परकीया भाव की प्रधानता रहती है। रसिक अली जी ने परकीया भाव को महत्वपूर्ण तो ठहराया किन्तु स्वकीया भाव को उत्कृष्ट एवम् अनिवार्य बतलाते हुए स्वसुखी भावना को प्रश्रय दिया। इसमें सखियाँ लीलाओं की द्रष्टा न होकर भोक्ता हो गयीं और वास्तविक रूप से सीता-राम के सामीप्य का लाभ उठाकर कृतकृत्य होने लगी। यद्यपि रसिक अली जी की इस भावना का घोर विरोध हुआ और इसके अनुयायी भी कम ही हुए, परन्तु रसिक अली जी की इस नवीन धारा को भुलाया भी नहीं जा सकता है। **अयोध्या, मिथिला** एवम् **चित्रकूट** जैसे रामतीर्थों में अभी भी इस भावना के भक्त हैं।

रसिक अली जी एक भ्रमणशील सन्त थे। इन्होंने निश्चित रूप से अपना कहीं निवास-स्थान नहीं बनाया था, परन्तु अयोध्या से इनका घनिष्ठ सम्बन्ध रहा है। यही पर वे दीक्षित भी हुए थे और इनका 'रसिक निवास' नाम से एक स्थान अयोध्या में बना हुआ है। ये अयोध्या और मिथिला इन दो राम-धामों में आया-जाया करते थे। मेरी दृष्टि में इन्हें अयोध्या का ही सन्त मानना चाहिए। इनका जन्म काठियावाड़ में सुदामापुरी के पास नागर ब्राह्मण वंश में हुआ था। बचपन में ही किसी साधु के साथ अयोध्या चले आये। यहाँ पर कनक भवन का दर्शन करने के बाद महात्मा राजराघवदास के दर्शन के लिए आये और उनके शरणगत हो गये। बाबा

**राजराघव दास** ने इन्हें हिन्दी और संस्कृत का अच्छा विद्वान बना दिया। रसिक अली जी की दीक्षा मधुरदास्य भावानुकूल हुई थी, परन्तु इनका मन सीता की श्रृंगारीलीला में अधिक रमता था, इसलिए गुरु की आशा के अनुसार महात्मा रामचरण दास करुणा-सिन्धु जी से 'श्रृगारी-सम्बन्ध प्राप्त किया। इसी समय टिकरी के राजा को भी करुणा सिन्धु जी ने मन्त्रोपदेश दिया था। इसके साथ ही रसिक अली जी ने भी टिकरी के राजा को कनक भवन के स्वरूप का उपदेश दिया, जिससे प्रभावित होकर राजा के मन में नव वनों और अष्टकुंजों के साथ कनक भवन का निर्माण कराने की इच्छा जागृत हुई। इसके लिए उन्होंने रसिक अली जी को दस हजार रुपये दिये, परन्तु रसिक अली जी सीताराम के इतने रसिक ठहरे कि सारा धन समाप्त हो गया, परन्तु कनक भवन का निर्माण नहीं हो सका। इसका कारण यह रहा कि जो मजदूर रखे गये, उनके लिए पीत वस्त्र और घुँघरू तैयार कराये गये तथा कार्य करते समय उनके लगाने के लिए इत्र-फुलेल आदि खरीदे गये। जितने साज-समान थे सब मधुर भावानुकूल, जिससे बहुत सारा धन इस टीम-टाम में ही समाप्त हो गया। इसी बीच राम-विवाह भी पड़ गया, वह भी बड़े धूम-धाम से हुआ और सन्तों को भण्डारा दिया गया। इस प्रकार दस हजार रुपये में बड़ी मुश्किल से अष्ट कुंजों में केवल एक कुंज का एक द्वार बन पाया। बाबा राजराघव दास जी भी इनके इस अनुभवहीन कृत से अप्रसन्न होकर इनसे पूछा कि धन को इस प्रकार से नष्ट करने से तुम्हें क्या मिला, तो इन्होंने उत्तर दिया कि 'सन्त सुखी हुए और भक्ति का प्रचार हुआ।'[1] इस घटना से रसिक अली जी की भक्ति-भावना पर काफी प्रकाश पड़ता है। इसके बाद इनका मन अयोध्या से उचट गया और मिथिला चले गये। वहाँ से अयोध्या आते रहते थे। सम्वत् 1919 में ये नित्य साकेत लीला में प्रविष्ट हुए।

रसिक अली जी ने जिस स्वसुखी भावना को प्रचारित किय़ा, उसको परिपुष्ट करने के लिए प्रचुर मात्रा में साम्प्रदायिक एवम् सैद्धांतिक ग्रन्थों का प्रणयन किया जिनका न केवल साम्प्रदायिक महत्व है, वरन् साहित्य की दृष्टि से भी वे उत्कृष्ट है। यदि इन रचनाओं का अध्ययन करते समय रामचरित सम्बन्धी अपने पूर्वाग्रहों से मुक्त होकर जीवन की स्वाभाविक जमीन पर देखें तो हमें रसिक अली जी के साहित्य में राम-सीता का एक ऐसा रूप देखने को मिलेगा, जो जन-सामान्य के जीवन से काफी अभिन्न होगा। रसिक साधको को यह मान्यता रही है कि जो कुछ प्राकृत है, वही सीताराम के धाम में अप्राकृत है दोनों में जो भेद है वह लौकिकता दृष्टि से जो सीमित और अप्रर्याप्त है, उनकी अप्राकृतिक लीलाओं के वर्णन को पढ़ता है तो नाक भी सिकोड़ने लगता है जबकि उसको वे ही मधुर लीलाएँ श्रीकृष्ण और

राधा के जीवन में भक्ति का मधुर आलंबन प्रतीत होती है। कहना न होगा कि रामचरित में मधुर भावना के सन्निवेश के प्रति जो 'अमर्यादित या स्खलित हो जाने वाली धारणा' को हम पाले हुए है, उसका एक मात्र कारण है रामचरित को मर्यादा, नैतिकता और आदर्श के चौखटे में बन्द करके मूल्यांकित करने का हमारा संकीर्ण दृष्टिकोण, परंतु प्रस्तुत विवाद यहाँ पर अप्रासंगिक है, इसलिए इसे यहीं पर छोड़ देना ही उचित प्रतीत होता है।

**रचनाएँ :**

रसिक अली जी ने निम्नलिखित 25 ग्रन्थों का प्रणयन किया, जो चारुशील बाग, जानकी घाट, अयोध्या में सुरक्षित है:

1. सिद्धांत मुक्तावली
2. सीताराम-सिद्धांत रस तरंगिनी।
3. आंदोल रहस्य दीपिका
4. तुलसीदास चरित्र
5. विवेक सार चन्द्रिका
6. सिद्धांत चौंतीस या बारखड़ी
7. ललित श्रृंगार दीपिका
8. कवितावली
9. जानकी करुणा भरण
10. सीताराम अनन्य तरंगिनी (संस्कृत)
11. सीताराम रहस्य अनन्य तरंगिनी या सीताराम रहस्य
12. आत्म संबंध दर्पणम् (संस्कृत)
13. होलिका विनोद
14. वेदांत सार श्रुति दीपिका
15. श्रीराम पद्धति
16. दोहावली
17. रघुवर करुणाभरण
18. मिथिला विलास
19. अष्टयाम प्रबन्ध या अष्टयाम
20. वर्षोत्सव पदावली
21. जिज्ञासा पंचकम् (संस्कृत)
22. अमर रामायण (संस्कृत महाकाव्य)

23. ध्यायजी (संस्कृत)
24. अनुराग रत्नमाला
25. सीताराम रस-चन्द्रोदय

रसिक अली जी चूँकि हिन्दी और संस्कृत के विद्वान थे, इस लिए रामभक्ति के प्रचार के लिए इन दोनों भाषाओं को माध्यम बनाया। एक ही ग्रंथ को हिन्दी और संस्कृत दोनों भाषाओं में लिखा। इसका उदाहरण है उनका सीताराम अनन्य रस तरंगिनी ग्रंथ। यह हिन्दी दोहों और संस्कृत श्लोकों में लिखा गया है। साथ ही 'सीता-राम रहस्य' के रूप में हिंदी गद्य में वह अनूदित है। इन तीनों ग्रंथों का प्रतिपाद्य एक ही है। इनमें सीताराम के धाम, रूप-लीला एवम् बिहार-वनों तथा कुजों के स्वरूप का विवेचन साम्प्रदायिक मान्यता के अनुरूप हुआ है। उनकी सिद्धांत मुक्तावली, आंदोल रहस्य दीपिका, सिद्धांत चौतीसा, आत्मसम्बन्ध दर्पणम् बेदांतसार श्रुति दीपिका राम रास पद्धति, अष्टयाम प्रबंध जिज्ञासा पंचकम् और ध्यायजी प्रभृति ग्रन्थ विशुद्ध रूप से सांप्रदायिक ग्रंथ है। परन्तु उनके वर्णन में पर्याप्त सरसता एवम् रोचकता है। कवितावली, मिथिला-विलास वर्षोत्सव पदावली, दोहावली और अनुराग रत्नमाला ग्रंथों में सीताराम की लीला स्वरूप एवम् सौन्दर्य का साहित्यिक वर्णन हुआ है। **'तुलसी चरित्र'** उनकी एक अनुपम कृति है, इसमें गोस्वामी तुलसीदास के चरित्र का इतिवृत्तात्मक वर्णन न होकर उनका यशःचरित वर्णित है। गोस्वामी जी के प्रादुर्भाव से संसार में व्याप्त आधियों-व्याधियों एवम् पापाचारों की एकदम समाप्ति हो गई और चारों तरफ प्रसन्नता का वातावरण छा गया। मानव हृदय में जिन दुर्भावनाओं एवम् कुप्रवृत्तियों ने जन्म ले रखा था और उनसे शासित होकर लोग जिन अनीति मार्गो पर चल रहे थे, गोस्वामी जी के प्रादुर्भाव एवं प्रभाव से उन सबका सफाया हो गया और सर्वत्र दया, ममता, करुणा एवम् प्रेम-श्रद्धा-जैसी सद्वृत्तियों का साम्राज्य छा गया। सांगरूपक के माध्यम से रसिक अली जी ने बड़ी सफलता के साथ तुलसीदास का यह यशचरित्र लिख है। इस सम्बन्ध में एक उदाहरण पर्याप्त होगा। गोस्वामी के जन्म से पूर्व संसार में व्याप्त कलि की कुचाल का वर्णन करते हुए लिखते हैं कि उस समय कलियुग के आतंक से चारों तरफ अराजकता छायी हुई थी-

समता समानी सन्तोष, कालेपानी पहुँच्यो
सील बेलि मार गई, दुचिता दवारी है।
संसि गई सूरता, उदारता उदास बैठी
धीरता धरा में पैठी, श्रद्धा देत गारी है।

विद्या भई वृषली, सुरुचि दूती साथ लैके
ब्रह्मा कुल त्यागी तब, करै का विचारी है।
मारि गई मीतता, पुनीतता पताल बैठी
दया मया मौन साधि, बैठी मन मारी है।

जानकी करुणाभरण, रघुवर करुणाभरण और सीताराम रस चन्द्रोदय ग्रंथ काव्यशास्त्रीय हैं, इनमें अलंकारों एवम् रसों का लक्षण उदाहरण-सहित विवेचन हुआ है। अन्य काव्य शास्त्रीय ग्रंथों से इनकी सबसे महत्वपूर्ण भिन्नता और विशेषता यह है कि इनके सभी उदाहरण सीताराम के चरित्र, लीला एवम् स्वरूप से सम्बन्धित हैं। जानकी करुणा-भरण में शब्दालंकारों एवम् अर्थालंकारों का वर्णन हुआ है। इस प्रकार रसिक अली जी आचार्यो की भी श्रेणी में आते हैं। उनके अलंकार निरूपण में कितनी मौलिकता है और कितना परम्परा का निर्वाह, इसका विवेचन एक स्वतंत्र विषय है इसलिये संकेत रूप में केवल इतना कहना ही पर्याप्त है कि उन्होंने संस्कृताचार्यो की मान्यताओं का विशेष रूप से अनुगमन किया है, परन्तु भेद एवम् वर्गीकरण करते समय कतिपय मौलिकताओं का भी परिचय दिया है।

रसिक अली जी का अनुराग रत्नमाला ग्रंथ एक 'रहस्य ग्रंथ' है जिसमें सीताराम की परम गुह्य लीलाएँ वर्णित हैं। यही कारण है कि महात्मा जानकी शरण मधुकर जी इसे पढ़ने के लिए नहीं देते हैं। वैसे इसके वर्णन बड़े सरस एवम् अलंकारिक हैं, परन्तु रामचरित के विषय में जो हमारी धारणा है, उसे पूर्णतः निराश होना पड़ता है, और राम का एक नितांत नवीन एवम् कल्पनातीत रूप देखने को मिलता है। उनका 'अमर रामायण' ग्रंथ संस्कृत महाकाव्यों की परम्परा में एक उल्लेखनीय कृति है, जिसमें राम की श्रृंगारी लीलाओं का वर्णन प्रबंधात्मक रूप में हुआ है।

उपर्युक्त विवेचन से स्पष्ट है कि रसिक अली जी ने सीता राम की युगलोपासना में 'स्वसुखी' भावना को परिपुष्ट करने के लिए पर्याप्त साम्प्रदायिक ग्रंथों की रचना की। ये ग्रंथ साहित्यिकता की दृष्टि से भी महत्वपूर्ण हैं। इन ग्रंथों का प्रमुख प्रतिपाद्य सीताराम के नाम, लीला, रूप, धाम एवम् विहार-वर्णन रहा है। रसिक अली ने अपनी समस्त रचनाओं में युगल छवि का जो अंककारिक वर्णन किया है, उससे उनकी कवित्व शक्ति पर पर्याप्त प्रकाश पड़ता है। कहीं-कहीं पर कल्पनाओं एवम् उपमाओं की झड़ी लगा दी गई है, परन्तु वह सार्थक एवम् सुन्दर है। होली खेलने के लिए सज-धज कर आये हुए राम की छवि का वर्णन द्रष्टव्य हैः-

काम को कमान ऐसी, बनी बंक भौंह आली
केसरि को तिलक रेख, राजत है रूरी।

कंज मीन खंजन से, चंचल विशाल नैन,
फूलत झरत बैन, होत मौन मान रूरी।
पाग जरकसी तापै, मोतिन की कलँगी है,
मोतिन के झब्बन की, झूलन छवि पूरी।
सुषमा अपार अंग, राघव सुजान जू के
देखि-देखि अली गन, डारत तृण तूरी।''

अलंकारों के प्रयोग में रसिक अली जी काफी सजग दिखायी पड़ते हैं, साथ ही वर्णन को चमत्कारपूर्ण बनाने के प्रति भी वे सतर्क रहते हैं। उनके कुछ ही छंद अलंकार-रहित होंगे, अन्यथा उपमा, रूपक, उत्प्रेक्षा, यमक, श्लेष, प्रतीप, विरोधाभास, मीलित एवम् उन्मींलित अलंकारों का यथावसर प्रयोग प्रचुरता के साथ हुआ है। श्लेष वक्रोक्ति से परिपूर्ण सीताराम की अधोलिखित रसपूर्ण बातचीत काफी मार्मिक एवम् सरस है-

नग लीजै प्रिया, गिरि कैसे उठाइये,
भूषन है, नहि भूष हमारे।
उर गोरी लहै छविशंक रही,
लर तीन को है, ईर्षा न प्रचारे।
कर धारो याही भरो कहिहै नैग
नील जरे, जड़ लाज न धारै।
वर वैन कहो नहिं छंद पढ़ो,
बतियाँ जू कहौ, हम दीप न बारे।।

निष्कर्षतः यह कहा जा सकता है कि रसिक अली जी ने रामभक्ति एवम् साहित्य दोनों की ही पर्याप्त श्रीवृद्धि की है। उनके ग्रन्थ स्वतंत्र रूप से अध्ययन एवम् विश्लेषण के योग्य हैं।

---

1. रामभक्ति के रसिक सम्प्रदाय- डॉ. भगवती प्रसाद सिंह पृ. 443

# श्याम सखे की पदावली

उन्नीसवीं शताब्दी में मधुरोपासक राम भक्तों ने सीताराम की माधुर्य लीलाओं का चित्रण कर जिस सरस राम साहित्य का प्रणयन किया उसमें श्याम सखे की पदावली का उल्लेखनीय स्थान है। श्याम सखे के जन्मादि के विषय में कुछ भी नहीं ज्ञात होता है केवल इतना पता चलता है कि वे उन्नीसवीं शताब्दी में विद्यमान थे और अयोध्या के मधुरोपासक राम भक्त थे। उनके अयोध्या निवासी होने का कुछ संकेत उनके एक पद से भी प्राप्त होता है जिसमें उन्होंने हनुमतोपासना के महात्म्य पर प्रकाश डालते हुए अपने अवधवासी होने के लिए हनुमत्कृपा का उल्लेख किया है-

'जाके हनुमान चरन आसा।
ताकी सकल मनोरथ करिहैं वर दीन्हों रघुपति दासा।
जो मन वच विश्वास बढ़ावै संकट बेगि करै नासा।।
निश्चै श्याम सखे अपनायो दीन्हौं अवध नगरवासा।। 314।।

अंतिम पंक्ति में श्याम सखे ने अपने ऊपर हनुमान जी के कृपालु होने के विश्वास का प्रमाण अपने को अयोध्यावासी होना बताया है। हनुमान जी ने उन्हें अपना लिया यह इस बात का प्रमाण है कि उन्हें अयोध्या नगर (आराध्य की जन्मभूमि) में रहने का सौभाग्य प्राप्त हो गया है। इससे ज्ञात होता है कि उनकी जन्मभूमि चाहे जहाँ रही हो किन्तु साधना भूमि अयोध्या अवश्य थी। डॉ. भगवती प्रसाद सिंह जी ने भी उन्हें अयोध्या का निवासी बताया है।

श्याम सखे के नामान्त में विद्यमान 'सखे' शब्द से ज्ञात होता है कि वे सख्य भावोपासक रामभक्त थे किन्तु उनकी पदावली से सखी भाव की प्रधानता है। उन्होंने अयोध्या और मिथिला की सखियों की भावना से भावित होकर सीताराम के युगल माधुर्य का चित्रण किया है।

**पदावली-परिचय**

श्याम सखे की एकमात्र रचना 'पदावली' प्राप्त होती है जिसको अयोध्या के सेठ छोटे लाल लक्ष्मीचन्द बुक सेलर ने 'राग प्रकाश' नाम से प्रकाशित किया।

उन्होंने इसका एक उपशीर्षक 'श्याम सखे की पदावली' भी दिया है, जिससे ज्ञात होता है कि उन्होंने श्यामसखे के पदों के विभिन्न राग-रागनियों में निबद्ध होने के कारण उनके पदों के संग्रह को 'राग- प्रकाश' नाम दे दिया। साहित्येतिहास लेखकों ने 'राग प्रकाश' के स्थान पर 'श्याम सखे की पदावली' का ही उल्लेख एवं विवेचन किया है।

विषयवस्तु की दृष्टि से पदावली के पदों को पांच श्रेणियों में विभक्त किया जा सकता है-राम सीता विषयक पद, 2- हनुमान विषयक पद, 3- देवी विषयक पद, 4-पार्वती शंकर सम्बन्धी पद, 5- शान्त रस प्रधान पद।

**राम सीता विषयक पद :**

पदावली के आरम्भ के 308 पदों में सीता राम के सौन्दर्य, राम विवाह, राम के प्रति अयोध्या और मिथिला की नारियों का प्रेम, विरह और प्रमोदवन में होने वाली उनकी दानलीला तथा रासलीला का सरस चित्रण किया गया है। पदावली का आरम्भ राम-विवाह जैसे मधुर प्रसंग से हुआ है। मधुरोपासक होने के कारण भक्त श्यामसखे की दृष्टि सीताराम के 'बनी-बना' रूप की बांकी झांकी उतारने में संलग्न दिखायी पड़ती है। वह दोनों की शोभा का वर्णन करते अघाता ही नहीं। दूलह रूप में शोभायमान राम की छटा को भक्त ने जनकपुर की एक सखी के रूप में मनोयोगपूर्वक निहारा है और हृदय पर पड़े हुए भावों को यथावत पदों में उतार दिया है-

देखु सखी छवि श्याम सुन्दर की।
मीन-मानिक सिरमौर बिराजै रतन मंडप तर दामिनी दमकी।
उर बनमाल केशरिया जामा कच कुंचित बिच नागिन लटकी।
एक से एक सखी मिथिलापुर रघुनंदन छवि देखत अँटकी।
श्याम सखे दम्पति छवि निरखत लेत लाहु लोचन हिय हरखी।। 25 ।।

और कभी उसकी दृष्टि युगल छवि पर पड़ती है तो उसकी मन-मयूर सा नृत्य कर उठता है-

'मण्डप तर राजे हो सीताराम।
राम कुमार नवल भल बनरा दुलहिन नई ललाम।
मनिगन भूषन मनिगन खम्भा गूँथे दाम।
डग प्रतिबिम्ब लखावति सखिया कहि कहि सिय पिय नाम।
चन्द्रमुखी सुभ सौज लिये कर जिनके बसि सिय श्याम।
श्यामसखे लियो राम सलोना बिन गथ केर गुलाम।। 26।।

राम का विवाह हो जाने पर राम की सरहजें और सीता की सखियाँ उनसे नाना प्रकार के व्यंग्य विनोद करने लगती हैं। कोई सखी ताली बजा बजाकर गाने

लगती है कोई उनकी चादर छीनने लगती हैं और कोई चुपके से उन्हें काजल लगा देती हैं-

रघुवर काहें आये ससुररिया।
कोई सखि गावैं ताल बजावैं कोई सखि छीने चदरिया।
उझकनि उझकि झरोखा झाँकित कोई सखि लावै कजरिया।
श्यामसखे ससुरारि पियारी सरहोजी मारै नजरिया।
(पदावली - 36)

और राम के रूप पर हुई दिवानी कोई अपनी अभिलाषाएँ व्यक्त करती हैं-

शाहजादे बने को हँसि हँसि नाच दिखाओंगी।
अतर गुलाल सुगंध मसाले नरमि उबटि नहवाओंगी।
जोबन जोर मदन बिरहानल सींचि सनेह जुड़ावोंगी।
श्यामसखे सुनु राम पियारे दासी मैं तोरी कहावोंगी।। 41।।

विवाहोपरान्त जब राम अयोध्या जाने लगे तो मिथिला की नारियाँ विरहाकुल होकर उनके साथ जाने के लिए राम से विनम्र अनुरोध करने लगी। सीता की अनन्ता सखी ने राम से कहा-

बनरे सँवालिया रे हमहूँ चलब तोरे साथ।
पैंया परि परि कहति अनंता चीर पिय कंकन हाथ।
विमला सहित बिहार करायब सुनू रसिया सिय नाथ।
श्याम सखे तोरे महल टहल करि निसुदिन रहब सनाथ।। 51।।

परन्तु राम सीता को लेकर अयोध्या चले गये और मिथिला की नारियाँ उनके विरह में तड़पती रह गयीं। अयोध्या पहुँचने पर सीता राम का भव्य स्वागत हुआ। सासुओं द्वारा सीता की आरती उतारना, पुरवासी स्त्रियों का नवेली दुल्हन सीता का दर्शन करके धन्य होना आदि प्रसंगों का श्यामसखे ने बड़ा ही मनोरम वर्णन किया है।

इसके बाद कवि ने राम वन गमन और मार्ग में ग्रामवासियों के स्नेह और सौहार्द का मार्मिक चित्रण किया है। राम वन जाने लगे तो अयोध्या वासियों का हृदय हूक मारकर रो उठा। उन्होंने राम के साथ वन चलने के लिए अनुरोध किया तो उन्होंने रोक दिया परन्तु जब राम का रथ जाने लगा तो उनका रहा-सहा धैर्य भी जाता रहा। वे निश्चय करने लगे-

अब रथ फेरि हों हम जाय।
बालपन ते हितू हमारे राम लखन सदाय।
बातें जो जो भई हमसे देब सुरति जनाय।
हमहि देखि कृपाल कोमल तुरत मिलिहैं धाय।

जानकी हमरी सनेही प्रेम पूरन ताप।
करब कोटि उपाय फेरन लाल धरि-धरि पाय।
चलहु दश दिशा अवध नागरि शोक लोक बिहाय।
वचन श्यामसखे न मानब हमहुँ बनहिं सिधाय।। 54 ।।

उन्होंने निश्चय कर लिया कि पहले हाथ-पैर पर गिरकर वे राम को लौटने के लिए विवश करेंगे परन्तु यदि वह नहीं लौटेंगे तो लोक शोक की तिलांजलि देकर वे भी उन्हीं के साथ वन चले आयेंगे। क्योंकि राम के बिना अयोध्या में रहना व्यर्थ है। जहाँ राम हैं वहीं सारा सुख है।

इसके अनन्तर पाँच-छह पदों में श्यामसखे ने सीताहरण और राम बिरह का संक्षिप्त परन्तु हृदयसंवेद्य वर्णन किया है। वनवास की अवधि पूरी करने के बाद जब राम अयोध्या आये तो चारों ओर हर्ष और उल्लास का मनोरम वातावरण छा गया। राम राजा हो गये और सीता महारानी परन्तु यहीं से भक्त ने अपनी भावना के अनुकूल रामचरित्र को नया मोड़ दे दिया। राम के ऐश्वर्य रूप को छोड़कर वह उनकी मधुर लीलाओं के सरस गीत गाने लगा। अब राम राजा न होकर अयोध्या की गलियों के छैला बनकर स्त्रियों पर डोरे डालने लगे। जिनके साथ बचपन में आँख मिचौली खेली थी उन्हीं के साथ यौवनलीला भी करने लगे। एक सखी स्पष्ट शब्दों में राम से कहती है-

रघुवर छाँडु हो लड़िकइयाँ।
लड़िकइयाँ गति हम तुम जाने अब वह बातैं नहियाँ।
पुरजन परिजन को जग नातो लाज बचावन चहियाँ।
श्यामसखे जो अब तुम चाहो चलिये कुंजन महियाँ।।78।।

जाहिर है कि सखी राम की छेड़खानी से न तो नाराज हैं और न ही उसका विरोध करती हैं बल्कि 'जग नातो और लाज' को देखते हुए वह उसकी सारेआम इस प्रकार की छेड़खानी से असहमति भर व्यक्त करती हैं। वह चाहती है, दोनों कुजों में चलकर यौवन रस को निर्द्वन्द्व पियें। वह राम के साथ 'यारी' निभाने के लिए प्राणपण से तैयार हैं। राम की छवि को देखकर वह तन-मन की सुधि भूल गयी हैं, सासु-ननद का डर उसके हृदय से निकल गया है और लोकलज्जा को वह तिलांजलि दे बैठीं है-

'रामगुमानी भुलानी छवि देखि कै।
चित चंचल नित लगाई रहतु हैं जुलफीन लट लटकानी की।
छुट गई डर सासु ननद की छुट गई निज कुलकानी की।
श्यामसखे विसरत नहीं सजनी कुण्डल कुच अरूझानी की।
(पदावली - 90)

असल में हुआ यह था कि वह पनघट पर पानी भरने गयी थीं, वहीं पर राम ने ऐसा जादू किया कि वह सब कुछ भूल कर उन्हीं पर कुर्बान हो गयी-

'पनिघट पर हमकों मोहि लई दशरथ के प्यारे सांवलिया।
जल भरत धरत कटि करकि गई, सरेखत सारी सरक गई।
निखरत छवि घूँघट उघरि गई, चित चंचल ज्यों भई बावरिया।
फिर सँभरत धरि-धरि शीश घड़ा, मनमोहन बालम नजर पड़ा।
दृग लागत चौगुन चाह बढ़ा, सुधि भूलि गई घर गाँवरिया।
धरि खीचि लई पिय पीत पटा, मानो दामिनि के संग मेघ घटा।
बिनु मोल बिकी हम श्यामसखे पिय के संग दीन्हौं भाँवरिया। (प. 101)

श्यामसखे ने सैकड़ों पदों में सखियों की इस राम-प्रीति और सौन्दर्याकर्षण का मधुर चित्र खींचा है। उभय पक्षीय प्रेम होने के कारण राम और सखियों के विरह का वर्णन नहीं हुआ है केवल पूर्वानुराग के अन्तर्गत सखियों की व्याकुलता और वेदना का चित्रण हुआ है जिसमें हृदय की तीव्र अनुभूति के स्थान पर शारीरिक तड़पन की अभिव्यक्ति अधिक है।

**हनुमान विषयक पद :**

309 से 325 तक के पदों में हनुमान जी की वीरता, कृपालुता और महिमा का गुणगान करते हुए श्यामसखे ने उनसे रघुपति भक्ति की याचना की है और अपने दुःखों का निवारण करने के लिए विनीत प्रार्थना की है। भक्त को हनुमान जी पर पूर्ण विश्वास है कि वही सभी प्रकार के दुखों को दूर कर सकते हैं। वह स्पष्ट कहता है-

'हनुमत कुँवर रजाय तेहारे।
उलटत हैं पलटत पलहीं में कोई पाये नहिं रोक निकारे।
संकटहरन, सुखदायक, बंदी छोरन, वेद पुकारे।
जो सुर नर मुनि लायक नाहीं ताको करत न लावत बारे।
ध्वजा धौंस गद का लिये डोले संतन के निसु दिन रखवारे।
श्यामसखे हमरी सुधि लीजै रामसिया जी के प्रान पियारे।। (प. 310)

इसी प्रकार के भावों की अभिव्यंजना श्यामसखे ने हनुमत्‌विषयक अन्य पदों में भी की है। इन पदों में उनका हनुमानजी के प्रति दास्य-भाव व्यक्त हुआ है।

**देवी विषयक पद :**

326 से 363 तक (38 पद) के पदों में भक्त ने विविध देवियों का गुणगान किया है जिनमें जानकी, काशीवासिनी, गुंजेश्वरी, पार्वती, कान्ती, शारदा, सरस्वती,

विन्ध्यवासिनी, अन्नपूर्णा उल्लेखनीय हैं। श्यामसखे की प्रबल आकांक्षा इन देवियों के महल में उनकी 'टहलदासी' अथवा किंकरी के रूप में सेवा करने की है-

जानकी सुजानी महारानी आस रावरो परी।
माया कूप रूप छुटिबे को छवि नहिं कीजे बेगि सोई
जासों छूटै जगतांवरो।।
अगम तिहारो घर गम रसिकन मन विधि हरि नाथहु को
नहि मन जावरो।।
कीजिये मनसिवासी महल टहलदासी साखी खवासी में
सखे श्याम छवि बावरो। (पदावली - 329)

इसके अतिरिक्त उन्हें किसी प्रकार के सांसारिक वैभव की कामना नहीं है। उन्हें तो पीकदान लेकर राम सीता की 'पीक' उठाने में ही अनंत आनंद है-

'कद जानकी जानि जन हरि हौं जू।
कनक मंदिर रूचिर सैन दम्पति रहत किंकरी मानि नाम हेरि हौं जू।
करत रस रहस मिसु लालजू ते कछुक बोल विहाल सुधि मैरिहौं जू।
श्यामसखे और करजोरि पिकदान कर विहसि मुख पान-पिक गेरिहौं जू।
(पदावली -327)

श्यामसखे ने देवियों के समक्ष दीनदशा और असहयता का जो चित्रण किया है वह बहुत मार्मिक नहीं है क्योंकि एक ही भाव की सतत् व्यंजना से उसमें वर्णनात्मकता आ गयी है।

**पार्वती शंकर सम्बन्धी पद :**

364 से 479 तक (116 पद) के पदों में शिव पार्वती के विवाह और विहार का चित्रण किया गया है। शंकर जी के घिनौने भयंकर एवं कुरूप वेश को देखकर पार्वती जी की मां एकदम बौखला सी उठती हैं और वे अपनी सखियों से स्पष्ट कह देती हैं कि मैं ऐसे पगले वर से अपनी बेटी की शादी नहीं करूंगी।

ए बावरों न करब जमाई।
नख सिख करिया भसम चढ़ाये बड़े-बड़े दाढ़ भूमि फहराई। (प. 371)

एक ओर वे स्पष्ट देख रही हैं कि वर बूढ़ा है। उसका तन जर्जर हो गया है। बाल सफेद हो गये हैं और गले में सर्पों की माला पहने है। दूसरी ओर उन्हें यह भी ज्ञात है कि इसने कामदेव को भस्म कर दिया है, फलतः उसमें कामासक्ति शेष नहीं रह गयी है। अतः वे इस निष्कर्ष पर सहज ही पहुँच जाती हैं कि वह वर सर्वथा बेकार है। इसलिए उससे वे पार्वती की शादी नहीं करेंगी भले ही वे अनव्याही रह

जायँ- 'बूढ़ा न करिहौं जमाय मोरी धिय वारी रहति घर ना।
आयु तन बूढ़ा बयल तन बूढ़ा छाउर तन लपटाय,
अंकवन बाधे मोटरिया।।
नहिं मनसिज रस रीति हृदय कछु दीन्हों है मदन जराय।
श्यामसखे मोरि धिवर लायक बूढ़ा को बलि बलि जाय।
त्रिभुवन दानी अटरिया।। (पदावली - 370)

वे पार्वती से भी कहती हैं कि तुम ऐसे 'बाउर और बूढ़े' वर के साथ विवाह न करो क्योंकि मैं उसको 'परछ' नहीं सकूँगी-

'गौरी ना करोगी नाह।
कैसे हम परिछब वर बौराह।।

तब पार्वती जी उन्हें समझाती हैं कि देखो माँ सब कुछ भाग्यानुसार होता है। कर्मफल को अनिवार्य रूप से भोगना पड़ता है। हमारी तकदीर में यही 'भोलानाथ' ही थे- कहे गौरी श्यामसखे मोरे जिय चाह।
करम लिखल फल यहि भोलानाह।।

बाद में जब शंकर ने सुधर रूप धारण कर लिया तो मैना ने प्रसन्नचित्त होकर उनकी आरती उतारी और बड़ी धूमधाम के साथ पार्वती का विवाह हुआ। विवाह के समय शिव पार्वती के युगल रूप को देखकर स्त्रियाँ धन्य हो गयीं।

'सावली शिव के संग सोहै।
चित चकोर पति प्रेम पियासी बदन चंद जोहै।
शिवा को छवि बरने को है।
कोटिन रतिपति उपजत विनसत भृकुटी वर भौहैं।। (पदावली - 395)
और पार्वती के भाग्य की सराहना करने लगीं-
भोलानाथ भला वर पाई रे।
चौदह भुवन सकल सुख संपति सब तेरे घर आई रे।
सुर नर मुनि ब्रह्मादि देवता करिहैं नित सेवकाई रे।।
श्यामसखे चिरंजीव मनावत बढ़ो सोहाग सदाई रे। (पदावली - 394)

विवाहोपरान्त शिव पार्वती सुमेरू गिरि पर विहार करने के लिए चले गये और वहीं पर चौंसठ योगिनियों के साथ रासलीला करके जड़ चेतन को आनंद मग्न कर दिया- गिरिजा शिव संग विलासं।
सकल सुखद गिरि मेरू सोहवन सुन्दर वर कैलासं।
विहरति चौसठि लै संग जोगिनि करत रहत रसरासं।।
हाव भाव दृग फेरि निहेरि निकरत परसपर हासं।

निकसत सकल राग औ रागिनि डमरू वाद सुधासं।।
मोहे जीव चराचर सुरमुनि पयनिधि रमानिवासं।
श्यामसखे गनपति कर धरि-धरि रहत हमेश हुलासं।। (प. - 421)

ध्यान देने की बात है कि शिव-पार्वती के जीवन में रासलीला आदि की जो परिकल्पना की गयी है, वह रसिक सम्प्रदाय का स्पष्ट प्रभाव है। मधुरोपासक रामभक्तों में रसिक भावना का इतना प्रसार हुआ कि उसमें पार्वती शंकर तक अछूते न रह सके। उन्हें भी उसी भावना में रंग दिया।

**शान्त भाव का पद :**

पदावली के अन्त में 65 पदों में श्यामसखे ने निर्वेद भाव की अभिव्यंजना की है। निर्गुणी सन्तों की भांति उन्होंने जगत की असारता, मन की मूढ़ता, मायाग्रस्तता, अपनी अज्ञानता, दीनता और वासनाग्रस्तता का चित्रण करते हुए राम से भवबंधन से मुक्त करने के लिए विनीत प्रार्थना की है। वे स्पष्ट स्वीकारते हैं-

मो सम कोई नहिं जग अपराधी।
काम क्रोध मद रहत निरन्तर निसु दिन भजन उपाधी।
चिन्ता घेरि लियो चहुँ दिशि ते मिटि गई ज्ञान समाधी।
श्यामसखे अब राम कृपा करू बढ़ि गई व्याधि असाधी।।(पदावली - 482)

जिस प्रकार निर्गुणोपासक सन्तों ने आत्मा परमात्मा के सम्बन्ध को लेकर ससुराल और नैहर की कल्पना की है उसी प्रकार की दृष्टि श्यामसखे ने भी अपनायी है। वे स्पष्ट कहते हैं कि मैं सैंया के साथ ही ससुराल में रहूँगा क्योंकि नैहर के पांचों यारो (पंच कामेद्रियाँ) ने मुझे धोखा दे दिया है-

सैंया के संगे ससुरा में रहब पियारी।
नैहरा के पाँचों यार भये बैरी जो भी रहा सो नंनद बिगारी।
छोड़ि दियो संग की पचीसों सखियाँ पिया पिया लागी हैं रटन हमारी।
श्यामसखे हम भई हैं सुहागिनी फिरि नहिं पिसब नैहर जतसारी।(प-508)

यद्यपि श्यामसखे सगुणोपासक थे परन्तु कबीर की भांति उनके भी प्रियतम का निवासस्थान बड़ी दूर और गुह्यतम है-

चढ़ियो न जाय मोसे सैयां की अटरिया।
दश और पांच थान का लहंगा लागे मोतिन कोनरिया।
बड़ी दूर पिया के अटरिया।।
कसकि कसकि उठे कमर हमरिया।।
श्यामसखे जिय हुलसि हुलसि रहे रस

बस सैंयाजी से जोरिहौं मैं यरिया।। (पदावली - 509)

योगियों और सन्तों के प्रभाव स्वरूप उन्होंने भी 'त्रिकुटी में ध्यान' किया है और 'अलख' को जगाया है और निर्गुण निराकार का साथ करके 'सोहागिन' होने का सपना देखा है- 'चलु सखि प्रायनि मंजन कीन्हा।

त्रिकुटी सरवर बहत त्रिवेनी पाँच पचीस छोड़ि संग दीन्हा।
बिनु कर सिर पगु नयन श्रवन मुख
पियब अमीर सोहावन बीना।।
श्यामसखे सखी होब सोहागिनि
करब रहस रस रहब नवीना।।

कबीर की रहस्यवादी भावना की भी छाप उन पर स्पष्ट दिखायी पड़ती है-

बिनु जल बिनु थल बिनु कर भाई।
सहित मूलतरू देहु लगाई।।
जो तिय तन से बाहर करि तरू बोछि बोछि पल्लव झहराई।
काँचे काँच कली भल तोरब बकला एको रहन न पाई।
तर करि ऊँच मूल करि ऊपर साखा प्रति बेल धराई।
श्यामसखे यह अलख बबुर को जुगजुग बीते करत सिंचाई। (प. - 518)

श्यामसखे पर निर्गुण सन्तों का जो प्रभाव दृष्टिगोचर होता है उसका ऐतिहासिक कारण है। जिस समय श्यामसखे अयोध्या में सीताराम के कीर्तन में तल्लीन थे उसके कुछ ही वर्ष पूर्व निर्गुण पंथी पलटू दास निर्गुण ब्रह्म के भजन गा चुके थे और उनका साहित्य सन्तों के अध्ययन मनन का अंग बन चुका था। इसलिए एक ही जमीन पर पल्लवित पुष्पित होने वाली दो भक्ति धाराओं पर एक दूसरी का प्रभाव पड़ना स्वाभाविक था। यहीं पर संकेत रूप में इतना और बता देना अभीष्ट समझता हूँ कि पलटू दास भी सीताराम की सगुणोपासना से अप्रभावित नहीं रह सके बल्कि जिस राम को कबीर ने निर्गुण निराकार और दशरथ सुत से भिन्न मानकर उसकी उपासना की पलटू दास ने उसे दशरथ-सुत और ब्रह्म का अवतार मानकर उसकी लीलाओं का भी गान किया।

### अभिव्यक्ति सौष्ठव

श्यामसखे की पदावली का अध्ययन करने पर स्पष्ट पता चलता है कि वे भावाभिव्यंजना के आग्रही थे न कि कलात्मकता के। भगवान के प्रति हृदय में अन्तर्निहित अपने भावों को उन्होंने सीधी सादी अवधी भाषा में व्यक्त कर दिया है

उसके लिए उन्होंने किसी अलंकारिक छटा अथवा उक्ति वैचित्र्य का कोई सहारा नहीं लिया और न ही यह उन्हें अभीष्ट था। संतों का जीवन बड़ा सीधा-सादा और अनलंकृत होता है। यही वजह है श्याम सखे की भाषा में हमें पर्याप्त सादगी देखने को मिलती है परन्तु वह शक्तिहीन अथवा लचर नहीं है। एक ही पद काफी होगा-

मन बसि करि लियो अवध विलासी।
दशन दाम मन काम पूरकर मटकनि मंद हँसीन सुखमासी।
चिकने चिकुर-मुकुर कपोल ढिंग लटकनि कुंडल वलनि विभांसी।
मदन मीन अहिगन विलोकि के नाचत गावत खंजन मासी।
पैगु पोखराज पदमावलि यंत्रावलि गज रिपु नख भांसी।
मानहुँ नील कंठ सुक कोकिल निविसे निसि वारिद तर डासी।
धर सिसु रूप ईश मुनिगन जहाँ खेलत मगन रहत अनिवासी।।
श्यामसखे कमला शिव दासिनि भृकुटी विलोकत करत नवासी।(प - 104)

श्याम सखे की भाषा पर पंजाबी भाषा का भी प्रभाव देखने को मिलता है। अनुमान किया जा सकता है कि भ्रमणशील प्रवृत्ति के कारण श्यामसखे कुछ काल तक पंजाब में रहे हों अथवा यह भी हो सकता है कि उधर ही उनकी जन्मभूमि रही हो। पदावली के कविपय पदों पर पंजाबी का गहरा प्रभाव उक्त दोनों अनुमानों को काफी बल प्रदान करता है-

सो देखो आली बनरा हमारे जिय भाँवदा।
चलोरी चलो मिलि देखन जैये जनक भवन छवि छाँवदा।
राम बने सिर लाली रंग पगिया उर गजरा छवि लावँदा।
श्यामसखे सानू रूप लोभानी अब घर किसविधि जावँदा। (प. - 24)

**अथवा**

सानूँ दीलों बिच बसंदावे बसंदा क्यों मांडा जो तरसाबंदा नहिं आँवदा।
तोरी गोसन सी जुल्फ ने बेदरदी मांडा पीर न जाना श्यामसखे हँसदा फँसदा।(प. 296)

इसी प्रकार कुछ पदों में भोजपुरी की क्रियाओं का सफल प्रयोग हुआ है-

उत्तर दिशा से जोगी यक अैलनि बूढ़ बयस बूढ़े चढ़ी बयलनि।
अहैं सखी हे हिमागिरि के घरे अैलनि डमरू बजौलनि ना।
राजसुता लैके गोडवाँ धरौलनि ढिग बैठाइ के कर देख लौलनि।
आहे सखि गौरी छवि निरखि लोभै लिनि धूनिया रमौलनि ना।
मैना बूढ़ लखि अति रिसिअैलनि काहै बूढ़ा पर तिलक चढ़ौलनि।
आहे सखी हे गिरजा महि के बुझौलनि साज सजौलनि ना।

मंडप तर वर दुलही बैठोलनि, सुर मुनि गन मिलि दुंदुभी बजौलनि।
आहे सखी गिरिजा शिव वर पालनि श्यामसखे गौलनि ना।(प. - 376)

जिस प्रकार अपनी अभिव्यक्ति को सक्षम बनाने के लिए श्यामसखे ने विविध भाषाओं को निःसंकोच अपनाया है उसी प्रकार देशी विदेशी शब्दों से भाषा की व्यंजनाशक्ति को भी प्रभावपूर्ण बनाया है। उनकी भाषा तद्भव बहुला होते हुए भी तत्सम शब्दावली से रहित नहीं है। एकाध पदों में तत्सम शब्दों का सुष्ठु रूप देखने को मिलता है-

'सदा जैति कपिराज किंजल्क सन्निभ वदन सदन छवि कदन रिपु रावनारी।
कोटि कंदर्प सम तेज रविद्रयुत छटा कोटि ससि सदृश्य वर ब्रह्मचारी।
देव क्रीट कुंडल ललित अलक कुंचित कलित शत्रु दल दलन कटि घंटधारी।
अरून लंगोट अति मोट छंटा जुगल पादुका जलज पद पाद चारों।
देहि हनुमान पर प्रीति नित अपनी श्यामसखे शरण तन रक्षपालं।(प-317)

इसी प्रकार बादशाह, जुल्फ, तरवार, सरदार, दिल, दिलदार, सेहरा, महल, जामा, शाहजादा, मसाला, नजर, मजेदार, अदा, जुलुम, ताज गुलामी, जादू, देवानी, कलेजा जैसे अरबी-फारसी के शब्दों का सहज रूप से प्रयोग हुआ है। लोक भाषा में घुलमिल जाने के कारण इन शब्दों की विजातीयता भी समाप्त हो गयी है और वे हिन्दी की निजी सम्पत्ति से प्रतीत होते हैं-

नजर तोरा लागो रे बाँकेयार।
सुनु रघुवर दिलदार।।
सिरिस कुसुम मन सिज रस बोरे तिरछी तकनि तोहार।
रही न हाल सुनो दिलजानी होइ गई कलेजे पार।
दिन लागे रहि जात न मोसे वाही काम कटार।
श्यामसखे गरवां कब लगिहौ सुनु रसिया सरदार।(प. - 259)

अलंकारों से अभिव्यक्ति सौष्ठव की भी वृद्धि होती है परन्तु यह तभी संभव है जब उनका प्रयोग सहज एवं स्वाभाविक हो। अलंकार का सायास प्रयोग अभिव्यक्ति को रसहीन एवं अरूचिकर बना देता है। आराध्य युगल की छवि का चित्रण करते समय श्यामसखे ने सहज रूप से उत्प्रेक्षा, रूपक और प्रतीप अलंकारों का प्रयोग किया है। ये उनके प्रिय अलंकार हैं अथवा यह कहें कि उनकी वाणी के सहज व्यापार हैं-

आज बनरा दिल बसि गये रे।
इन नवल पिया की झमकि चाल मुसकनि मुरनि पंज दृग नारिन।
जादू सो पढ़ि के मुख डारिन

कनकलता छवि धाम कसौटी उर में कसि गये रे।
सेहरा लट मुख पर झुकि आये, वक्र भौंह कजरा छवि छाये।
उड्गन मानो नागिनी छाना ससि में फँसे गये रे।
एकै संग दियो बैठाई, ललना लली लाल छवि छाई।
श्यामसखे सैंया रूप विलोकति दामिनि लसि गये रे।।(प - 21)

इसी प्रकार 'राम वनवास' पर उनका प्रस्तुत सांग रूपक कलात्मक एवं भावपूर्ण है-'देखि नगर पगु धरत सम्हारे।

शोक समुद्र सुमन्त खेवैया विरह जहाज कठौत विचारे।
केकइ वचन भँवर भयदायक रघुवर मनपल मन पियारे।।
ज्ञान विराग योग जप सद्गुन पथिक राम सिय मुनिजन भारे।
तरल तरंग त्रिविध दुख जन मन रघुपति कृपा दक्षिन दिसि ठाढ़े।।
श्यामसखे लै विरह मजूरी जननि कर कर दै डारै। (पदावली - 52)

श्यामसखे के पदों की एक महत्वपूर्ण विशेषता यह है कि उनमें लोकधुनों की मिठास विद्यमान है। वे विविध राग-रागनियों के ज्ञाता थे इसलिए अपने पदों को यथोचित राग-रागिनी एवं तालों में निबद्ध करके प्रस्तुत किया है। पदावली में भैरवी, सिंधु, गौरी, टोडी, खमाइच, कलंगड़ा, त्रिवन, मारू, जोगिया, धनाश्री आदि रागिनियों का सफल प्रयोग किया है। खमाइच रागिनी में निबद्ध निम्नलिखित पद द्रष्टव्य है-

पूरो आज सोहाग तोहार।
मिथिलापुर तिय कहत सिया जू सो राई लोन उतार।।
सुन्दर श्याम दाम घन मूरति पायो प्रिय भरतार।
श्यामसखे हमहूँ संग लागब निज निज काज विसार।।(प. 28)

श्यामसखे की पदावली के उपर्युक्त विश्लेषण के परिप्रेक्ष्य में यह निःसंकोच रूप से कहा जा सकता है कि उन्होंने रामभक्ति धारा में सृजित पद साहित्य को अपने अमूल्य पदों से न केवल समृद्ध किया है बल्कि उसकी श्री वृद्धि भी की है। **ध्यान देने की बात यह है कि हिन्दी साहित्येतिहासों में रामभक्ति साहित्य के अन्तर्गत कुछ गिनु चुने साहित्यकारों की ही चर्चा होती रहती है। रसिक भक्ति काव्य धारा में श्याम सखे की पदावली जैसी अनेक पदावलियाँ हैं जिनका अभी तक पर्याप्त विश्लेषण-विवेचन नहीं हुआ है। अनुसंधानकर्ताओं को इस दिशा में पहल करनी चाहिए। मेरा निश्चित विश्वास है कि उक्त पद साहित्य में विवेच्य पदावली अपना महत्वपूर्ण स्थान रखती है।**

❑

# रामचरित मानस के प्रख्यात टीकाकार महात्मा अंजनीनन्दन शरण

महात्मा अंजनीनन्दन शरण का नाम अयोध्या के ऐसे सन्त महात्माओं में स्मरणीय है, जिन्होंने भगवद्-भक्ति के साथ ही उत्कृष्ट कोटि की साहित्यिक सर्जनाएँ भी की हैं। इनका जन्म संवत् 1940 के लगभग लखनऊ में एक कायस्थ परिवार में हुआ था। इन्होंने प्रारम्भिक शिक्षा-दीक्षा कानपुर में समाप्त कर इलाहाबाद विश्वविद्यालय से बी.ए., एल.एल.बी. किया और बाँदा जिले में वकालत करने लगे। ये अपने समय के गण्यमान वकीलों में से थे। तेरह वर्ष के वकालतीय जीवन में इनको कभी भी असफलता नहीं प्राप्त हुई, परन्तु इनका मन प्रापंचिक पेशे में नहीं लगता था। इनकी रुचि निरन्तर जगद्शरणदाता के प्रति उन्मुख होती रही, जो चित्रकूट निवासी श्री राम नारायण ब्रह्मचारी के सत्संग से इतनी बलवती हुई कि एक दिन वकालत छोड़कर रामधाम में रहकर प्रभु का भजन करने के लिए चल पड़े। सन् 1922 के आसपास ही ये अयोध्या चले आये।

अयोध्या आगमन से पूर्व इनका हिन्दी ज्ञान अत्यल्प था, क्योंकि इनकी शिक्षा फारसी और अंग्रेजी में हुई थी। यहाँ पर महात्मा राम सुन्दर दास जी से स्वामी नाभाकृत भक्तमाल का सांगोपांग अध्ययन किया, जिससे हिन्दी का अच्छा ज्ञान हो गया। अयोध्या में जानकी घाट पर पं. रामबल्लभ शरण की रामायण कथा हुआ करती थी। उसे सुनने ये नित्यशः जाया करते थे और उनके बतायी गयी टिप्पणी को नोट करते जाते। इसी प्रकार इन्होंने विख्यात रामायणी महात्मा रामबालक दास से भी मानस कथा को सुना, जिससे मानसाध्ययन की बलवती इच्छा जागृत हुई, जिसके लिए मानस की तमाम टीकाओं और आलोचनाओं का समयक् अध्ययन किया। इसी समय इन्होंने रूपकला जी से मंत्र-दीक्षा ली। रूपकला जी रसिक भक्त थे, अतः उन्होंने रसिक-भावनारूप इनका नाम शीतला सहाय सावंत से परिवर्तित करके 'जनकुसता शरण' रख दिया, परन्तु कालान्तर में इन्होंने अपना नाम 'अंजनीनन्दन शरण' रख लिया। यद्यपि ये इन तीनों नामों से जाने जाते हैं, परन्तु इनका 'अंजनीनन्दन शरण' नाम ही बहुश्रुत एवं विख्यात है। गुरु के रसिकोपासक होने

के बावजूद ये रसिकोपासक नहीं थे। इनकी भावना दास्यभाव की थी और राम को स्वामी मानकर उनकी निरन्तर सेवा करते थे। संत-सेवा और संत-प्रसादी प्राप्त करना इनका नित्य कर्म था। मणि पर्वत पर रहने वाले मानस-तत्वान्वेषी, वेदान्तभूषण, रामायणी, महात्मा राम कुमार दास जी (वर्तम।न) ने अपने **'भक्तमाल भास्कर'** में इनके विषय में एक छप्पय लिखा है, जो इनके जीवन पर पर्याप्त प्रकाश डालता है-

यथा-

त्यागि वकालत सन्त शीत, परसादहि पावत।
अवधवास नित करत रामसिय, छबि ध्यावत।।
रचि 'मानस पीयूष' कथकड़ी बहुत बनाये।
विनय 'पियूषहु' लिखित सन्त यश चित्त लगाये।।
श्री तुलसीकृत काव्य अरू भक्त-माल में परम रूचि।
श्री अंजनीनन्दन शरण रूपकला प्रिय शिष्य शुचि।।

(छन्द-संख्या 136)

महात्मा अंजनीनन्दन शरण का नाम हिन्दी साहित्य में एक उद्‌भट टीकाकार के रूप में शीर्षस्थ है। इन्होंने तुलसीदास जी के रामचरित मानस पर 'मानस पीयूष' नाम की जो विशाल टीका लिखी है, वह अभी तक की प्रकाशित समस्त मानस टीकाओं में अप्रतिम है। 'मानस पीयूष' के अतिरिक्त 'विनय पीयूष' हनुमान बाहुक की पीयूष वर्षिणी टीका लिखकर इन्होंने तुलसी साहित्य को परखने की नवीन एवं शोधपूर्ण दृष्टि प्रदान की है, जिससे जनसामान्य से लेकर उच्च कोटि के विद्वानों तक का कल्याण हुआ है। सम्प्रति ये 'कवितावली-पीयूष' लिखने में व्यस्त थे परन्तु दैवयोग से वह अधूरी ही रह गई और ग्यारह अगस्त 1970 को विदेह होकर रामजी की दिव्य साकेत लीला में प्रविष्ट हो गये। इनकी उत्कृष्ट कोटि की साहित्यिक सेवाओं के लिए साहित्य-सम्मेलन, प्रयाग ने 9 अगस्त 1970 को तुलसी जयन्ती के शुभारम्भ में इनको 'साहित्य-वाचस्पति' की उपाधि से विभूषित किया था। उक्त उपाधि को लेकर महात्मा की आत्मा चिरशांति में निमग्न हो गई। लगता है, यही हम देहधारियों की उनकी ससम्मान विदाई थी। इनको 'विनय पीयूष' पर भी उत्तर प्रदेश सरकार ने 1000रुपये का पुरस्कार प्रदान किया था।

'मानस पीयूष' की रचना करके महात्मा अंजनीनन्दन शरण ने हिन्दी-टीका-साहित्य में एक नवीन शैली का सूत्रपात किया। अभी तक मानस-सम्बन्ध ी जितनी टीकाएँ उपलब्ध होती थीं, वे अधिकाशतः एकांगी, अपूर्ण और मतवाद की प्रचारिका के रूप में लिखी गई थीं, जिनमें 'मानस' को सच्चे अर्थों में समझने में अत्यन्त क्लिष्टता होती थी, क्योंकि इन टीकाओं से एक दृष्टिकोण का परिचय मिलता था, जिनमें 'मानस' का वास्तविक अर्थबोध अस्पष्ट हो जाता था। तत्कालीन

रामायणियों और कथावाचकों ने इस क्षेत्र में विशेष गड़बड़ी फैला रखी थी, क्योंकि वे मानस की व्याख्यायें अपनी मति के अनुरूप उसके शब्दों को तोड़-मरोड़ कर करते तथा मनचाहा अर्थ निकालते, जिससे श्रोता समाज चकित होकर उनके पांडित्य की दाद देता और उनको अपनी इष्ट सिद्धि प्राप्त होती। मानस के इन व्याख्याकारों की कथा शैली उपदेशात्मक, पण्डिताऊपन से संयुक्त होती और भाषा ग्रामीणपन से अलंकृत। महात्मा अंजनीनन्दन शरण ने इन्हीं कथाकारों की परम्परा में रहते हुए भी एक नया रास्ता अपनाया, जो उनसे नितान्त भिन्न था। उन्होंने मानस से सम्बन्धित सम्पूर्ण टीकाओं, आलोचनाओं और टिप्पणों को परिश्रमपूर्वक एकत्र करके समस्त के प्रकाश में मानस की उचित व्याख्या करने का प्रण लिया, जिसकी प्रेरणा उन्हें रूपकला जी से भी मिली थी। अपने समय तक के प्राचीन एवं अर्वाचीन टीकाकारों और व्याख्याकारों की प्रकाशित एवं अप्रकाशित टीकाओं तथा टिप्पणों को 'मानस पीयूष' में लाकर संग्रहीत कर दिया, जिससे मानस पीयूष टीकाओं का एक संग्रह ग्रंथ बन गया। इसमें काशी के सुप्रसिद्ध रामायणी पं. राम कुमार दास जी, पं. बल्लभ शरण जी, बंदन पाठक, राम बालक दास जी के प्रकाशित एवं अप्रकाशित टिप्पणी, रामचरण दास, संत सिंह पंजाबी, ज्ञानी, जिहृवा, स्वामी, हरि प्रसाद, हरिदास, रामबख्श, शिवलाल पाठक, बैजनाथ, विजयानन्द त्रिपाठी, रामदास गौड़, लाला भगवान दीन, राज बहादुर लोमगाड़ा, आचार्य शुक्ल, पं. यादव शंकर जी, श्री नंगे परमहंस आदि की व्याख्याओं एवं आलोचनाओं के भावों को अपनी भाषा में व्यक्त किया, परन्तु सबका नाम उनके भावों के सम्मुख दे दिया गया है। सर्वप्रथम उन्होंने व्याख्यातव्य का शब्दार्थ, उसका वास्तविक अर्थ, तदन्तर तत्सम्बन्धित विभिन्न टीकाकारों के भावों को क्रमशः उद्घृत करके समानान्तर पंक्तियों को देते हुए उसकी विस्तृत व्याख्या प्रस्तुत की। इसके साथ ही बीच-बीच में आने वाली प्रामाणिक अवान्तर कथाओं को भी उद्धृत कर दिया है। इसके अतिरिक्त व्याख्येय की दार्शनिक, धार्मिक एवं साहित्यिक विशेषताओं को भी उद्घाटित किया है। कहने का तात्पर्य यह है कि **यह टीका उन टीकाओं से भिन्न है और विशिष्ट है जो कोरे पद-पदार्थ के ज्ञान के आधार पर लिखी जाती हैं। यह टीका ऐसी है जिससे साधारण पाठक भी लाभान्वित होंगे और सुधी विद्वान भी। शब्दार्थ, पद्यार्थ, अन्तर्कथाएँ, समानान्तर उक्तियाँ, अन्य टीकाओं के मत, पाठ-भेद आदि देकर मर्मज्ञ टीकाकार ने कुछ भी अविवेचित नहीं छोड़ा है।** (देवेन्द्रनाथ शर्मा)

वास्तव में 'मानस पीयूष' हिन्दी टीका जगत में एक अद्भुत घटना है, जिसने अपनी ओर सबका ध्यान आकृष्ट कर लिया है। इसकी लोकप्रियता और महत्ता उतनी ही है, जितनी रामचरित मानस की। यदि मानस अपने ढंग का एक

निराला अद्भुत एवं महत्वपूर्ण उपजीव्य ग्रंथरत्न है तो मानस पीयूष भी टीका-बलाहकों में दिव्य हंस के समान है। इसकी लोकप्रियता का सबसे बड़ा कारण यह है कि इसमें पाठक को भक्ति, साहित्यिक, हठयोग, वैज्ञानिक, साम्प्रदायिक, असाम्प्रदायिक, सामाजिक एवं मर्यादावादी आदि सभी दृष्टिकोणों की व्याख्यायें एक ही जगह पर मिल जाती हैं। उनकी टीकाओं में प्रत्येक संभावित शंकाओं को प्रमाणपूर्वक समाधित किया गया है। संस्कृत श्लोकों की काव्यशास्त्रीय शल्य-परीक्षा को देखकर उन्हें एक विज्ञ काव्यशास्त्री की संज्ञा देने को बाध्य होना पड़ता है।

**'मानस पीयूष'** के समान ही संग्रह टीका के रूप में उन्होंने **'विनय-पीयूष'** भी लिखा है जो 'मानस-पीयूष' से कहीं ज्यादा प्राजंल एवं परिष्कृत है। उन्होंने 'मानस पीयूष' में जिस संग्रहात्मक टीका शैली का सूत्रपात किया था, वह 'विनय-पीयूष' में बहुत ही परिमार्जित हो गई है और इसमें भावों की पकड़, उनकी गहरी व्याख्या तथा भाषा की स्वच्छता भी देखने को मिलती है। विनय पत्रिका आध्यात्मिक एवं साहित्यिक दृष्टिकोण से एक उत्कृष्ट रचना है, जिसमें मानस की अपेक्षा अधिक काव्यात्मकता एवं दार्शनिक गहराई है, परन्तु टीकाकार ने उतनी ही सतर्कता के साथ उनकी विद्वत्तापूर्वक व्याख्या भी प्रस्तुत की है। यह छः हिलोरों में प्रकाशित हुई है। 'विनय-पीयूष' की ही परम्परा में 'कवितावली पीयूष' भी लिखी जा रही थी, परन्तु आकस्मिक निधन से वह अधूरी ही रह गई। उनकी 'हनुमानबाहुक की पीयूष वर्षिणी टीका' संग्रहत्मक न होकर स्वतंत्र विवेचन है, परन्तु शब्दार्थ, पद्यार्थ, समानान्तर पंक्तियां देना और पाठशोध आदि विशेषताओं से यह भी अलंकृत है। इसमें संग्रहात्मकता के अभाव का कारण है हनुमानबाहुक विषयक अधिक व्याख्याओं का न प्राप्त होना और महात्मा का अयोध्या से बाहर न जाने का संकल्प ले लेना। सन् 1934 के आसपास से वे अयोध्या-फैजाबाद से बाहर नहीं गये। इन दो कारणों से हनुमानबाहुक उनके स्वतंत्र चिन्तन का ही प्रकाश हो सका है। यत्र-तत्र उपलब्ध मतों को दे दिया गया है।

उपर्युक्त विश्लेषण से यह स्पष्ट है कि अंजनीनन्दन शरण जी ने मानस-कथाकारों और रामायणियों की व्यास-शैली का परित्याग करके आलोचकों की व्याख्या-शैली को अपनाया। उन्होंने अपनी टीकाओं में संग्रहात्मकता को स्थान देकर 'टीका कोष' बनाने का उत्कृष्ट प्रयास किया। भाषा को ग्रामीणीपन, शब्दों के असमर्थ एवं अशुद्ध प्रयोग की न्यूनताओं से विमुक्त कर खड़ी बोली का प्राजंल रूप प्रदान किया। यद्यपि कहीं-कहीं अशुद्ध एवं ग्रामीण शब्द प्रयोग में आ गये हैं, परन्तु वे असावधानीवश।

इसके अलावा उन्होंने उपजीव्य ग्रंथ की सही व्याख्या प्रस्तुत की है, किसी मतवाद के घेरे से रहित, फिर भी उनकी व्याख्यायें अधिकांशतः विशिष्टताद्वैत मतानुकूल हैं। वास्तव में महात्मा अंजनी शरण में हमें पाठशोधक, आलोचक एवं व्याख्याकार की विशेषताएँ दृष्टिगोचर होती हैं। उनके निधन से अयोध्या ने एक महात्मा और हिन्दी साहित्य ने एक उद्‌भट टीकाकार को खो दिया जिसकी क्षति अपूरणीय है। यद्यपि उनका 'जरामरण' से ग्रस्त शरीर यहाँ नहीं है, परन्तु 'मानस पीयूष' की यशःकीर्ति के साथ वे चिरस्मरणीय रहेंगे।

❑

# अवध के धार्मिक सम्प्रदाय

'अवध' अयोध्या का अपभ्रंश है। कुछ लोग 'अवध' को तत्सम में ही स्वीकार करते हुए इसका सम्बन्ध राम की वनवास अवधि से लगाते हैं, परन्तु वह केवल तर्क मात्र है वस्तुसत्य नहीं। निश्चय ही 'अयोध्या' शब्द ही कालान्तर में लोकभाषा के प्रभावस्वरूप विकृत होकर 'अवध' हो गया। गोस्वामी तुलसीदास ने इसका व्यवहार 'अयोध्या' के ही अर्थ में किया है-

अवध प्रभाव जान तब प्रानी।
जब उर बसहिं रामधनु पानी।।

यहाँ उल्लेख्य यह है कि गोस्वामी तुलसीदास ने रामचरित मानस में सर्वत्र 'अवध' को अयोध्या के पर्याय के रूप में ही प्रयुक्त किया है। अवधी भाषा में लिखित रामचरित मानस में 'अयोध्या' का 'अवध' हो जाना आश्चर्यजनक नहीं प्रत्युत स्वाभाविक है। साहित्य जगत में यद्यपि 'अवध' अयोध्या के लिए प्रयुक्त होता रहा परन्तु राजनीतिक स्तर पर इसकी प्रतिष्ठा अवध प्रान्त के रूप में रही। अकबर से पूर्व के शासकों के समय में अवध एक जागीर थी पन्तु उसने अपने शासनकाल में जागीरदारी व्यवस्था को समाप्त करके सूबेदारी प्रथा चलायी और देश को बारह सूबों में विभक्त किया जिनमें अवध एक प्रमुख सूबा था। उस समय अवध की सीमाएँ इस प्रकार थीं-उत्तर में हिमालय की पर्वत श्रेणी, पूर्व में बिहार प्रांत, दक्षिण में इलाहाबाद सूबे की मानिकपुर सरकार और पश्चिम में कन्नौज सरकार। अवध की ये सीमाएँ मुहम्मद शाह के समय तक यथावत रहीं परन्तु बाद के नबाबों के समय में इनमें परिवर्तन हो गया।

आज के अवध की स्थिति प्राचीन अवध से काफी भिन्न है। सम्प्रति अवध में 12 जिले हैं-फैजाबाद, गोण्डा, वहराइच, सीतापुर, प्रतापगढ़, बाराबंकी, हरदोई, उन्नाव, रायबरेली, खीरी और लखनऊ। प्रस्तुत लेख में अवध के धार्मिक सम्प्रदायों की चर्चा इसी 'अवध' को दृष्टि में रखकर की जा रही है।

उपर्युक्त विश्लेषण के संदर्भ में हमारी दृष्टि सहज रूप में इस तथ्य की ओर आकृष्ट हो जाती है कि 'अवध' ने 'अयोध्या' के कारण ही इतनी प्रतिष्ठा अथवा

महत्ता प्राप्त की है। अयोध्या आदिकाल से ही सुख-समृद्धि सम्पन्न एवं प्रतिष्ठित नगरी रही है जिसकी भूरि-भूरि प्रशंसा वाल्मीकि ने भी अपनी रामायण में की है। यह नगरी भारतीय संस्कृति का प्रमुख केन्द्र रही है। यहीं पर भारतीय संस्कृति के मूलभूत तत्वों के प्रतिष्ठापक मनु, पृथु, दिलीप, रघु, दशरथ और राम जैसे महापुरुषों ने जन्म लिया और अपने चारित्रिक आदर्शों से समस्त विश्व में भारतीय संस्कृति के परमोज्ज्वल रूप को प्रस्तुत किया, जिसका गुणगान करते हुए विदेशी तक अघाते नहीं हैं। मर्यादा पुरुषोत्तम भगवान राम की जन्मस्थली होने के कारण यह नगरी सदा से लोगों के आकर्षण का विषय रही है वह चाहे कोई शासक हो या धार्मिक। इसका सबसे बड़ा सबूत यह है कि शाहजूरन गोरी जैसे हमलावरों ने भी भारत में पैर रखते ही अयोध्या के वैभव को नष्ट करने और उसे हस्तगत करने का ख्वाब देखा और यह भी कहा जाता है कि बाबर ने यहाँ की रामजन्म भूमि के मंदिर को ध्वस्त करके मस्जिद बनवायी। यही नहीं हिन्दुओं के प्रमुख तीर्थस्थल इस अयोध्या को मुसलमानों ने आदम की अवतार भूमि कहा और **'खुर्द मक्का'** के नाम से अभिहित करके उसे मुस्लिम भूमि बनाने में कोई कोर कसर उठा नहीं रखी। यहाँ के सभी प्रमुख स्थानों के नामों का इस्लामीकरण उनकी इसी मनोवृत्ति का ज्वलंत प्रमाण है।

अयोध्या सदा से एक धर्मप्राण नगरी रही है। यही कारण है हिन्दुस्तान में बौद्ध, जैन, हिन्दू, इस्लाम, ईसाई आदि जितने देशी-विदेशी धर्म प्रचलित हुए उन सबका अयोध्या से न्यूनाधिक सम्बन्ध बना रहा। कहा जाता है कि गौतम बुद्ध ने अयोध्या में 16 वर्ष रहकर अपने धर्म-सिद्धान्तों का प्रचार किया था। वे वर्षाकाल में अयोध्या में रहा करते थे। लोकश्रुति है कि अयोध्यावास के समय एक बार उन्होंने अपनी दतून एक स्थान पर गाड़ दी थी, बाद में वही एक विशाल वृक्ष बन गया। इस जनश्रुति में कितना सत्यांश है इसका पता लगाना कठिन है परन्तु इससे यह अनुमान लगाया जा सकता है कि गौतमबुद्ध का अयोध्या से घनिष्ठ सम्बन्ध रहा। गुप्त काल में अवध में बौद्धधर्म का विशेष प्रभाव रहा क्योंकि उसके शासकों ने बौद्ध धर्म के प्रचार-प्रसार के लिए काफी कार्य किया था। इसी तरह जैनधर्म का भी अवध प्रदेश से घनिष्ठ सम्बन्ध रहा है। जैन ग्रंथों से ज्ञात होता है कि जैनों के चौबीस तीर्थकरों में से पाँच का जन्म अयोध्या में हुआ था। ये हैं-आदिनाथ, अजितनाथ, अभिनन्दन नाथ, सुमतिका और अनन्त नाथ। इनके नाम से अयोध्या में पांच जैन मंदिर भी विद्यमान हैं। अयोध्या में 'आदिनाथ का मंदिर' मुरई टोले में एक ऊँचे टीले पर बना हुआ है। शाहजूरन गोरी ने सबसे पहले इसी मंदिर को ध्वस्त किया था। इसी के समीप शाहजूरन की मस्जिद भी बनी हुई है।

अयोध्या में पाँच जैन मंदिरों से स्पष्ट ज्ञात होता है कि प्राचीन काल में यहाँ जैन धर्म का प्रबल प्रभाव था। अयोध्या से कुछ दूर 'सुहावल' में भी एक जैन मंदिर है। यहाँ पर समय-समय पर जैनी लोग आते रहते हैं। अवध के अन्य जिलों में भी जैनियों का प्रभाव रहा है। उन जिलों के गजेटीयरों से पता चलता है कि सीतापुर, हरदोई, सुल्तानपुर, रायबरेली तथा फैजाबाद में जैन साधु रहा करते थे परन्तु उनकी संख्या अधिक नहीं थी। दरअसल चौदहवीं शताब्दी के बाद भारतीय धर्म साधना में वैष्णव धर्म के अभ्युदय से रामधाम 'अवध' में अन्य धर्मों का प्रभाव क्षीण हो गया।

**रामानन्द सम्प्रदाय**

स्वामी रामानन्द जब उत्तर भारत में प्रमुख तीर्थों का भ्रमण करके विरोधियों को शास्त्रार्थ कर पराजित कर रहे थे और जबरदस्ती मुसलमान बना लिये गये हिन्दुओं को कण्ठी-माला पहनाकर उन्हें शुद्ध करके 'वैष्णव' बना रहे थे तभी अवध की ओर भी आये थे। अवध रामभक्ति का प्रमुख केन्द्र था इसलिए यहाँ उनका आना परमावश्यक भी था। इस संदर्भ में भविष्य पुराण में एक श्लोक मिलता है जिसमें रामानन्द के अयोध्या आगमन का उल्लेख हुआ है। उसमें कहा गया है कि रामानन्द के प्रभावस्वरूप अयोध्या में ऐसे अनेक हिन्दुओं को मंत्रपूत करके पुनः हिन्दू बनाया गया जो मुगल शासकों की धार्मिक असहिष्णुता के फलस्वरूप मुसलमान बना लिये गये थे। तात्पर्य यह कि अवध में रामभक्ति का साम्प्रदायिक प्रचार करने का श्रेय रामानन्द को दिया जा सकता है। यद्यपि यह सही है कि रामानन्दाचार्य आदि रामभक्त भी रामधाम के दर्शनार्थ इधर आते रहे हैं परन्तु उन्होंने सम्प्रदाय के प्रचार-प्रसार के लिए वैसा कार्य नहीं किया जैसा कि रामानन्द ने। रामानन्द जी के बाद यदि रामभक्ति को किसी ने जन-जन तक पहुँचाया तो केवल गोस्वामी तुलसीदास ने। विश्वविख्यात प्राप्त इस महात्मा को अपनी गोद में पाने का सौभाग्य अवध भूमि को प्राप्त है। गोस्वामी जी ने अयोध्या की ही पावन भूमि में आकर अपने विश्व प्रसिद्ध महाकाव्य रामचरित मानस की रचना का श्री गणेश करके मर्यादा पुरुषोत्तम भगवान रामचन्द्र के पुनीत चरित्र से भारतीय जनता को अवगत कराया जो उसके लिए भवसागर से निस्तरण का प्रमुख सेतु बन गया। गोस्वामी जी ने अपनी रचनाओं के माध्यम से रामभक्ति का प्रचार-प्रसार किया। उन्होंने रामभक्ति का संदेश न केवल अवध में प्रत्युत भारत के कोने-कोने में पहुँचा दिया। उस समय अवध प्रान्त रामानंदी वैष्णवों का प्रमुख केन्द्र बन गया था। यद्यपि रामानंदी साधु अवध के विभिन्न जिलों में बिखरे हुए थे परन्तु रामधाम अयोध्या की ओर उनकी दृष्टि निरन्तर लगी रहती थी यही वजह है कि अयोध्या में रामजन्म भूमि पर जब

भी हिन्दुओं और मुसलमानों का संघर्ष हुआ अवध के कोने-कोने से महात्माओं ने आकर अपने इष्टधाम की सुरक्षा की।

मुगल शासनकाल में अवध प्रान्त को मुगलों की धार्मिक असहिष्णुता और दसनामी गोसाई के अत्याचार का शिकार होना पड़ा। यह अत्याचार औरंगजेब के शासनकाल में अपनी चरम सीमा पर पहुँच गया परन्तु कालान्तर में औरंगजेब की मृत्यु के बाद न केवल औरंगजेब का आतंक समाप्त हुआ बल्कि नृशंस मुगल शासन का ही अन्त हो गया। मुगल शासन के पतन से धार्मिक असहिष्णुता धीरे-धीरे समाप्त होने लगी। उधर जयपुर में रामानंदी गद्दी के आचार्य बालानंद ने दस नामी गोसाइयों के अत्याचार से वैष्णवों को मुक्ति दिलाने के लिए सैनिक स्तर पर संघर्ष किया जिसमें उन्होंने चारों सम्प्रदायों के वैष्णवों को संगठित किया, जिसमें रामानंदी वैष्णवों ने विशेष तत्परता और उत्साह दिखाया। बालानंद के निर्देशानुसार जगह-जगह पर रामतीर्थों में वैष्णवों के अखाड़े स्थापित हुए। शस्त्रास्त्र से सुसज्जित वैष्ण्वों की एक बड़ी तादाद तैयार हुई और ईंट का जवाव पत्थर से देने लगी। अयोध्या में भी इस प्रकार के सात अखाड़े स्थापित हुए जिनमें निर्वाणी, संतोषी, खाकी, निर्मोही, दिगम्बरी, महानिर्वाणी और निरालम्बी उल्लेखनीय है। इन अखाड़े में चीमटाधारी साधु होते थे और अपने चीमटे से ही विरोधियों को मार-मार कर ध्वस्त करते थे। परिणाम यह हुआ कि थोड़े ही समय बाद अवध में दसनामी गोसाइयों का आतंक समाप्त हो गया। इधर अवध में नवाबी शासन हो जाने से अवधवासी जनता को कुछ धार्मिक सहिष्णुता मिली और रामभक्ति का सुखद वातावरण पनपने लगा।

### रसिक सम्प्रदाय

नवाबी शासन की सहिष्णुता और गोसाइयों के आतंक की समाप्ति से अवध प्रान्त में जो रामभक्ति धारा प्रवाहित हुई वह परम्परागत मर्यादावादी रामभक्ति न होकर महात्मा अग्रदास द्वारा प्रवर्तित 'रसिक भक्ति' थी। यह एक आश्चर्यजनक तथ्य जरूर है कि जिस भूमि पर स्वयं मर्यादा पुरुषोत्तम राम ने जन्म लिया और जहाँ बैठकर गोस्वामी तुलसीदास ने उनके मर्यावादी चरित्र का गुणगान किया वही कालान्तर में रसिक भक्ति के माधुर्य से ओतप्रोत हो गयी। इसका ऐतिहासिक कारण है। दरअसल रामतीर्थों में जब भक्ति के लिए उचित वातावरण मिला तब महात्मा अग्रदास के नेतृत्व में माधुर्य रामभक्ति की एक तीव्र लहर आयी जिससे अवध प्रदेश अप्रभावित न रह सका। रामजन्म भूमि होने के कारण अवध प्रान्त के इधर-उधर बिखरे हुए रामभक्त अयोध्या में ही आकर राम की माधुर्य लीलाओं का गान करने लगे और देखते-देखते अयोध्या में अनेक रसिक गद्दियाँ स्थापित हो गयीं। जिनमें

बड़ा स्थान, लक्ष्मण किला, रसिक निवास, हनुमन्निवास, तपसी की छावनी, रूपकला कुंज, जयपुर मंदिर अयोध्या, दरबार लाल साहब, साकेत राममहल, नयाघाट, बड़ी छावनी, जानकी घाट, राजघाट, नृत्य राघवकुंज की रसिक गद्दियाँ उल्लेखनीय हैं जिनमें महात्मा राम प्रसाद बिन्दुकाचार्य, रामचरण दास, रसिक अली, मुगलानन्य शरण, उमापति कोबिद, रसरंग मणि प्रभृति सैकड़ों ख्याति प्राप्त महात्मा हो चुके हैं। सम्प्रति अयोध्या और अवध में राम की मधुरोपासना का ही प्रचार-प्रसार है।

### निर्गुण सम्प्रदाय

उत्तर भारत में रामानंद के ही दो शिष्यों द्वारा पृथक्-पृथक् सगुण एवं निर्गुण भक्ति का प्रचार हुआ। उनके शिष्य अनंतानंद के माध्यम से राम की सगुणोपासना प्रचलित हुई और कबीर ने निर्गुणोपासना का प्रचार किया। कबीर ने निर्गुण निराकार की उपासना पर बल दिया। उसे घट-घट में विद्यमान बताकर उसकी उपासना को सहज एवं सरल बताया तथा धार्मिक आडम्बरों की कटु निंदा की। इसके साथ ही कबीर ने समाज के तथाकथित उच्च वर्गों पर काफी व्यंग्य किया और उनकी छूआछूत की भावना पर कठोर प्रहार किया। फलस्वरूप वे निम्न वर्गीय लोगों के अगुआ के रूप में भी आगे आये जिसका परिणाम यह हुआ कि 'तू कस बाभन हम कस सूद' कहता हुआ निम्नवर्गीयों का एक विशाल समूह निकल पड़ा जो निर्गुण ब्रह्म का उपासक था और धार्मिक एवं सामाजिक रूढ़ियों का मूलोच्छेदक। यही समुदाय बाद में चलकर 'निर्गुण सम्प्रदाय' के रूप में प्रख्यात हुआ। इस निर्गुण सम्प्रदाय का प्रभाव समूचे भारत पर पड़ा और अवध प्रदेश भी उससे अछूता न रह सका। यद्यपि यह क्षेत्र राम की सगुणोपासना का केन्द्र था परन्तु अयोध्या, बाराबंकी, फैजाबाद, बहराइच, रायबरेली जैसे जिलों में निर्गुण पंथी साधक भी उत्पन्न हुए। कोटवा जिला बाराबंकी में 17वीं शताब्दी में **जगजीवन साहब ने 'सत्तनामी'** सम्प्रदाय को संगठित किया। ये अपने समय के बड़े ही ख्याति प्राप्त महात्मा थे। उनकी सिद्धियों के विषयों में जन साधारण में नाना प्रकार की दन्त कथाएँ प्रचलित हैं जो उनके महत्व को दिग्दर्शित करती हैं। जगजीवन साहब की साधना-भूमि कोटवा में अब भी कार्तिक और वैशाख के महीनों में मेला लगता है जो जनता के हृदय पर पड़े हुए उनके प्रभाव की अमिट छाप का द्योतक है। जगजीवन दास के ही शिष्य गंभीरदास ने अंबाला (पंजाब) में जाकर सत्तनामी सम्प्रदाय का प्रचार किया तथा उनके एक शिष्य शिवादास ने अमृतसर में इस सम्प्रदाय को प्रतिष्ठित किया। तात्पर्य यह कि निर्गुण सम्प्रदायान्तर्गत पल्लवित होने वाले इस सम्प्रदाय की अनेक शाखायें हैं जो भारत के अधिकांश भागों में फैली हुई हैं। **दूलनदास, सिद्धादास,**

**पहलवान दास** जैसे महात्मा इसमें हो चुके हैं। **भीखा साहब** के शिष्य **गोविन्द साहब** ने फैजाबाद जिले के अहिरौली नामक स्थान पर रहकर निर्गुण भक्ति का प्रचार शुरू किया। कहते हैं कि अपने भाई के कटु वचनों को सुनकर ये घर-बार छोड़कर भ्रमण करने लगे। जगन्नाथपुरी जाते समय इनकी भेंट भीखा साहब से हुई। उनके साथ सत्संग करके इन्हें पर्याप्त शक्ति मिली और इन्होंने उन्हें गुरू मान लिया। बाद में ये अहिरौली आ गये। अपनी तपस्या और साधना से इन्होंने काफी ख्याति अ़र्जित की। इन्हीं के नाम पर अहिरौली 'गोविन्द साहब' नाम से प्रसिद्ध हो गया। अयोध्या के प्रमुख निर्गुणोपासक संत पलटूदास इन्हीं के शिष्य थे।

पलटूदास ने अयोध्या को अपनी साधना भूमि बनायी। वे एक निस्पृह, उदार, कर्मठ एवं तपस्वी सन्त थे। यह ध्यान देने की बात है जो स्थान सगुणरामोपासकों का प्रधान केन्द्र है वहीं पर पलटू दास ने भी निर्गुण निराकार का प्रचार किया। यह उनके साहस और सिद्धि का परिचायक है। पलटू दास को सगुणोपासकों का विरोध नहीं सहना पड़ा ऐसी बात नहीं है- कहा तो जाता है कि अयोध्या के सभी वैरागियों ने मिलकर पलटू दास को जीवित जलाने की कोशिश की थी, लेकिन इस सबके बावजूद पलटू दास ने अयोध्या को छोड़ा नहीं। जिस जगह पर पलटू दास ने तपस्या की थी आजकल वह स्थान 'पलटू दास का अखाड़ा' के नाम से प्रसिद्ध है।

पलटू दास एक पहुँचे हुए संत थे। उनकी तपस्या और सिद्धि का ही यह परिणाम हुआ कि उनके बाद उनके अनुयायियों ने उनके नाम से एक पृथक पंथ चला दिया जो अब स्पष्ट रूप से 'पलटू पंथ' के नाम से जाना जाता है। पलटू दास गुलाल पंथ से संबंधित थे। उन्होंने अपने नाम से कोई पंथ नहीं चलाया लेकिन उनके महत्व को देखते हुए उनके शिष्यों ने पलटू पंथ का निर्माण कर लिया। पलटू दास के प्रभाव स्वरूप इस पंथ को बड़ी ख्याति मिली और यह पंथ आजमगढ़, कानपुर, बलिया, कलकत्ता, जौनपुर, सुल्तानपुर, प्रतापगढ़, रायबरेली, रीवां, देवरिया, लखनऊ, गोण्डा आदि जिलों में बड़े वेग से फैल गया। इस पंथ से संबंधित अयोध्या, फैजाबाद और बाराबंकी में अलग-अलग शाखाएँ भी स्थापित हो गयी हैं जिनका संबंध 'पलटू दास का अखाड़ा' से बना हुआ है परन्तु उनके महंत अलग-अलग हैं।

अवध में निर्गुण सम्प्रदाय के उक्त प्रचार-प्रसार के संदर्भ में इतना और जान लेना आवश्यक है कि रामभक्ति के प्रधान क्षेत्र में फलने-फूलने के कारण इस पंथ पर सगुणोपासना का भी पर्याप्त प्रभाव पड़ा है। प्रसिद्ध निर्गुणोपासक कबीर ने जिस राम को निर्गुण निराकार कहकर दाशरथि राम से भिन्न कहा था उसी को पलटू ने निर्गुण निराकार कहते हुए भी 'दाशरथि राम' से अभिन्न बताया-

पूरन ब्रह्म  धन्य भाग  अवध में पधारी।
पलटू दास तीनों लोक अवध में भिखारी।।

यहीं नहीं उन्होंने राम और कृष्ण की बड़ी ही भावभीनी आरती उतारी है और उनके दीन बन्धुत्व, शरणागति वत्सलता तथा लीला की भूरि-भूरि प्रशंसा की है। पलटू की निर्गुणोपासना में यह परिवर्तन रामभक्ति के प्रभाव का स्पष्ट उदाहरण है।

**सूफी सम्प्रदाय :**

अवध में न केवल भारतीय धर्म साधनाएँ पल्लवित पुष्पित हुईं बल्कि ईरान से आने वाला सूफी सम्प्रदाय भी यहाँ की जमीन की उर्वरा शक्ति को प्राप्त कर काफी फला-फूला। भारत में सूफियों के चिश्तिया सम्प्रदाय का ही विशेष प्रभाव रहा है और इसी से सम्बन्धित कई ख्याति प्राप्त सूफी संत यहाँ हुए हैं जिनमें कुछ तो अवध भूमि के गौरवशाली सन्त हैं। चौदहवीं शताब्दी के प्रसिद्ध सूफी सन्त मौलाना दाऊद (मुल्ला दाऊद) इसी प्रदेश के रायबरेली जिले के डालामऊ के निवासी थे। ये शेख जुनैनुद्दीन के शिष्य थे। ये हिन्दी की 'प्रेमाख्यानक' सूफी काव्य-परम्परा के प्रथम कवि हैं, जिन्होंने 'चंदायन' जैसे प्रेरणादायक ग्रंथ की रचना की।

मुल्लादाउद के ही समकालीन फैजाबाद के किछौछा नामक ग्राम के प्रसिद्ध सूफी मीर सईद अशरफ थे। महाकवि जायसी ने अपने 'आखिरी कलाम' में इनकी बड़ी प्रशंसा की है और कहा है कि सैयद अशरफ जैसे पीर में जो मन-चित्त लगाता है उसकी इच्छाएँ पूरी हो जाती हैं-

जो अस पुरूसै मनचित्त लाए। इच्छा पूजै आस तुलाए।।

सूफी सन्तों में जिनका नाम अत्यन्त ख्याति प्राप्त है वह है मलिक मुहम्मद जायसी। ये रायबरेली जिले के जायस नगर के रहने वाले थे। यहीं पर उन्होंने अपने विश्व प्रसिद्ध ग्रंथ 'पदमावत' की रचना की-

जायस नगर धरम अस्थानू। तहँवा यह कवि कीन्ह बखानू।।

यह जायस नगर रायबरेली जिले में है। जायसी के पहले इसका नाम 'उद्यान नगर' था लेकिन जायसी के वहाँ रहने और साधना करने के फलस्वरूप लोगों ने उसे 'जायसनगर' कहना आरम्भ कर दिया। यह तथ्य जायसी की सिद्धि और ख्याति का द्योतक है। उस समय जायसी की गणना सिद्ध फकीरों में की जाती थी। कहते हैं कि जायसी के शिष्य पद्मावत के अंशों को गा-गाकर भीख मांगा करते थे। इस संबंध में यह किंवदन्ती चली आ रही है कि एक बार अमेठी के राजा राम सिंह ने उनके शिष्यों को निम्नलिखित पंक्तियाँ गाते हुए सुना-**कँवल जो विगसा मानसर, छारहिं मिलइ सुखाइ/अबहुँ बेलि फिरि पलछै जौ पिय सींचहुँ आइ।।**

बाद में जब राजा को इसके रचयिता का नाम मालूम हुआ तो उन्होंने जायसी को अपने पास बुलाकर बड़ा सम्मान किया और राजा ने उन्हें अपने दरबार में बुला लिया। कहते हैं उसी वर्ष जायसी का स्वर्गवास हो गया। राजा ने अमेठी के पास ही उनकी कब्र बनवा दी जो अभी भी मौजूद है।

जायसी के अलावा अवध में **कासिम शाह, शेख निसार, ख्वाजा अहमद, शेख रहीम** जैसे ख्यातिनामा सूफी सन्त हुए हैं जो न केवल साधक थे बल्कि उच्चकोटि के साहित्यकार भी थे। कासिम शाह बाराबंकी जिले के दरियाबाद नामक स्थान के रहने वाले थे। इन्होंने 'हंस जवाहिर' नामक प्रेमाख्यानक काव्य की रचना की। इसी प्रकार **'युसुफ जुलेखा'** के रचनाकार **शेख निसार** फैजाबाद के **शेखपुर** नामक गांव के रहने वाले थे। इन सन्तों ने अन्य सम्प्रदायों की भांति अपने मत का घूम-घूम कर प्रचार ही नहीं किया बल्कि अपनी साधना और सिद्धि से एक ओर लोगों को प्रभावित करते रहे तो दूसरी ओर सरस काव्यों के माध्यम से अपनी विचारधारा को प्रेम की सरसता से सिक्त करते रहे।

उपर्युक्त विवेचन से एक तथ्य आसानी से समझ में आता है कि भारतीय संस्कृति में विभिन्नता में एकता स्थापित करने की जो प्रमुख विशेषता हम लक्षित करते हैं वह अवध प्रान्त में स्पष्ट रूप से परिलक्षित होती है। यहाँ की जमीन पर देशी विदेशी सभी धर्म साधनाएँ फली-फूलीं और यहाँ की जनता को आध्यात्म के मार्ग पर चलकर वास्तविक जीवन को पाने का उपदेश दिया। यह हर्ष का विषय है कि अवध में अवध विश्वविद्यालय की स्थापना हो गयी है। विश्वास है कि विश्वविद्यालय अवध भूमि की महत्ता को ध्यान में रखते हुए उसके नष्ट वैभव और गौरव को उच्च कोटि के अनुसंधानों और उपलब्धियों से पुनजीर्वित करेगा।

❑

# कृष्ण भक्ति : उदय और विकास

कृष्ण भक्ति के उदय और विकास को रेखांकित करते समय यह तथ्य विशेष रूप से ध्यान में रखना जरूरी है कि भारत के सभी क्षेत्रों में इस भक्ति का सूत्रपात न तो एक निश्चित समयावधि में हुआ है और न ही इसके विकास की रूपरेखा एक जैसी है। विभिन्न क्षेत्रों में इसका विकास भिन्न-भिन्न परिस्थितियों में हुआ और इस पर तत्कालीन सामाजिक, राजनीतिक एवं सांस्कृतिक परिस्थितियों का प्रभाव भी पड़ा। यह बात सुस्पष्ट रूप से विदित है कि दक्षिण के आचार्यों ने उत्तर भारत में भक्ति धारा को प्रवाहित किया इसलिए स्वाभाविक रूप से यह माना जाता है कि भक्ति का सोता पहले दक्षिण में फूटा और बाद में स्वामी रामानन्द के प्रयत्न से यह उत्तर भारत में प्रशस्त धारा के रूप में (जिसे भक्ति आन्दोलन कहा जाता है) तीव्र वेग से प्रवाहित हुआ। यह भक्ति धारा (भक्ति आन्दोलन) पहले तो निर्गुण भक्ति के रूप में, बाद में कृष्ण भक्ति और राम भक्ति के रूप में उत्तर भारत में प्रवाहित हुई।

मध्य युग में भक्ति आन्दोलन के प्रारम्भ होने से बहुत पहले भारत में कृष्ण भक्ति का श्रीगणेश हो चुका था। अनुमान है कि लगभग 600 ई.पू. एक ऐसा उपासना प्रधान सम्प्रदाय स्थिर ढंग से विकसित हो रहा था जो प्रारम्भ में वृष्णि-वंशीय क्षत्रियों की सात्वत नामक जाति तक सीमित था। 'सात्वत' का संबंध देवकी पुत्र कृष्ण से बताया जाता है। 'सात्वत धर्म' का सम्बन्ध उस वैष्णव धर्म या भागवत धर्म से स्थापित किया गया है जो परब्रह्म के विष्णु रूप में और विष्णु के कृष्ण के रूप में अवतार लेने की अवधारणा के साथ विकसित हुआ। ईपू चौथी शताब्दी में पाणिनि की 'अष्टाध्यायी' के 'वासुदेवार्जुनाश्याँवुन' सूत्र से वासुदेव के उपासक 'वासुदेवकों' का प्रमाण मिलता है। वासुदेव को ही कृष्ण कहा गया है। विद्वानों ने वेदोक्त अंगीरस कृष्ण और 'महाभारत' के नारायण रूप वासुदेव के बीच सीधा संबंध न मानते हुए भी यह स्वीकार किया है कि महाभारत काल में इनमें सामंजस्य स्थापित हो गया। 'महाभारत' के समय तक अध्यात्म तत्व के देवता नारायण, ऐतिहासिक पूज्य पुरुष

वासुदेव, वैदिक देवता विष्णु एकाकार होकर महाभारत युद्ध के महान योद्धा, कुशल राजनीतिक, कर्मयोगी और तत्ववेत्ता कृष्ण में समन्वित हुए और पुराणों ने अपने नाना आख्यानों से वासुदेव, नारायण, हरि, भागवत और विष्णु के अवतार के रूप में श्रीकृष्ण की प्रतिष्ठापना कर दी। इस प्रतिष्ठापना में सबसे बड़ी भूमिका श्रीमद्भागवत पुराण की रही है जो कृष्ण भक्ति संबंधी विभिन्न सम्प्रदायों की दार्शनिक मान्यताओं का अक्षय स्रोत रहा है। महाभारत और पुराणों में कृष्ण को 'सात्वतर्षक' कहा गया है जिससे कृष्ण के कृष्णि-वंशीय सात्वत होने की सूचना मिलती है। इससे यह प्रमाणित होता है कि सात्वतों के कुल-धर्म को लोकधर्म बनाने का सतत् उद्योग हुआ जो 'भागवत पुराण' की मदद से 'भागवत धर्म' में फलीभूत हुआ। इस भागवत धर्म ने जो वैष्णव धर्म कहा जाता है, गुप्तकाल में अपने संघटित स्वरूप को प्राप्त किया। यह भी पता चलता है कि 500 ई. तक भागवत धर्म के प्रथम उत्थान काल में ही इसके प्रचार-प्रसार के लिए विपुल पौराणिक साहित्य तैयार हो गया था और रामायण एवं महाभारत को भी वैष्णव धर्म के श्रेष्ठ ग्रंथों के रूप में मान्यता मिल चुकी थी।

उपर्युक्त तथ्यों के परिप्रेक्ष्य में यह बात कही जा सकती है कि वैदिक ऋचाओं में कृष्ण का उत्तरोत्तर विकास हुआ और भागवत धर्म की स्थापना के साथ ही कृष्ण भक्ति का वह साम्प्रदायिक स्वरूप तैयार हुआ जो दक्षिण के आचार्यों के विचार-मंथन एवं चिन्तन के फलस्वरूप एक परिपुष्ट दार्शनिक आधार के साथ भक्ति आंदोलन के रूप में पहले दक्षिण में बाद में (पन्द्रहवीं शताब्दी) उत्तर भारत में तीव्र गति से फैला।

### कृष्ण भक्ति का साम्प्रदायिक विकास

भागवत धर्म या वैष्णव धर्म में अवतारवाद की महत्वपूर्ण प्रतिष्ठा हुई और कृष्ण को परब्रह्म का अवतार माना गया। 'महाभारत' के शान्ति पर्व में वैष्णव यज्ञ के असली उपास्य का नाम नारायण बताया गया है और कहा गया है कि नारायण विष्णु से अभिन्न हैं और वही वासुदेव भी हैं तथा वही दुरात्मा कंस का नाश करने के लिए द्वापर और कलियुग की संधि में मथुरा में जन्म लेंगे। 'भाग्वत पुराण' के अनुसार भगवान बैकुण्ठ आदि धामों में तीन रूपों में निवास करते हैं-स्वयं रूप, तदेकात्म रूप और आवेश रूप। श्री कृष्ण चन्द्र भगवान के स्वयं रूप हैं, तदेकात्म रूप में उनके विभिन्न अवतार आते हैं जैसे मत्स्य, बाराह, कूर्म आदि। यही श्रीकृष्ण के विविध लीलावतार हैं। ज्ञान, शक्ति आदि के विकास द्वारा भगवान जिन महत्तम जीवों में आविष्ट होकर रहते हैं, उन्हें आवेश रूप कहते हैं जैसे नारद, शेष, सनक आदि। गीता में श्रीकृष्ण ने स्पष्ट रूप से कहा है कि जब-जब धर्म की ग्लानि होती

है, अधर्म का अभ्युत्थान होता है, तब-तब मैं अपने आपको मनुष्य रूप में सृष्ट करता हूँ। भगवान के तीन प्रकार के अवतार होते हैं-पुरुषावतार, गुणावतार और लीलावतार। पुराणों में इन अवतारों की विस्तृत विवेचना की गयी है जिनका सार रूप यह है कि भगवान कृष्ण अपने भक्तों के कल्याण के लिए इस धरती पर नाना रूप में अवतार लेते हैं। वे निर्गुण रूप में रहते हुए भी सगुण रूप धारण करते हैं। कृष्ण भक्तों ने भगवान की दो प्रकार की लीलाएँ मानी हैं-निर्गुण लीला एवं सगुण लीला। यही क्रमशः उनकी अप्रकट एवं प्रकट लीलाएँ हैं। कृष्ण भक्तों की अगाध आस्था उनकी सगुण लीला में ही रही है। उनके अनुसार परब्रह्मस्वरूप श्रीकृष्ण नित्य लीला बिहारी और रास-रस रसिक हैं। वे वृन्दावन में गोपियों के साथ लीला में रत रहते हैं। मथुरा और द्वारिका उनके मुख्य धाम हैं। ब्रज उनकी क्रीड़ा भूमि है और वृन्दावन उनकी रासस्थली।

उपर्युक्त विवेचन से स्पष्ट है कि प्रारम्भ में श्रीकृष्ण की उपासना में जो अवतार भावना सन्निहित थी, पुराणकाल में उसी का विस्तार हुआ और आचार्यों ने विभिन्न भक्ति शास्त्रों की रचना करके कृष्ण भक्ति का साम्प्रदायिक स्वरूप संघटित किया। प्रारम्भ में कृष्ण भक्ति का उदय दक्षिण के आलवार भक्तों में हुआ। दक्षिण के आलवार भक्तों की परम्परा नवीं शताब्दी तक अविच्छिन्न रूप से चलती रही। उनकी भक्ति में प्रपत्ति की भावना और भगवान के अनुग्रह का सबसे अधिक महत्व है। आलवारों की संख्या 12 मानी जाती है। इनके भावपूर्ण गीत तमिल के 'प्रंबधम्' में संकलित हैं जिसे 'तमिलवेद' कहा जाता है। इन आलवार भक्तों में गोदा या अण्डाल नाम की एक प्रसिद्ध स्त्री भक्त थीं जिन्होंने विष्णु वासुदेव या नारायण तथा उनके अवतारों राम और कृष्ण के प्रति अनन्यभाव का प्रेम प्रकट किया है तथा कृष्ण और गोपियों की आनंद क्रीड़ाओं का तन्मयतापूर्वक वर्णन करते हुए उनके प्रति दास्य, वात्सल्य और माधुर्य भाव की भक्ति भावना प्रकट की है।

आलवारों की भक्ति भावपूर्ण रचनाओं में भक्ति के साधन पक्ष का उद्घाटन हुआ है, उनमें उसका शास्त्रीय स्वरूप स्पष्ट नहीं है। नवीं-दसवीं शताब्दी में तमिल प्रदेश में ऐसे आचार्यों का आविर्भाव हुआ जिन्होंने भक्ति का शास्त्र तैयार किया और कृष्ण के दार्शनिक स्वरूप को गंभीरतापूर्वक उद्घाटित किया। इस दृष्टि से रंगनाथ मुक्ति और यमुनाचार्य के नाम उल्लेखनीय हैं। यमुनाचार्य ने 'गीतार्थ संग्रह', 'सिद्धिमय', 'महापुरुष निर्णय' जैसे ग्रंथों की रचना करके विशिष्टाद्वैत सिद्धान्त का समर्थन, विष्णु की श्रेष्ठता का प्रतिपादन, मायावाद का खण्डन और पांचरात्र सिद्धांत की वैदिक प्रामाणिकता सिद्ध की। इनके बाद **मध्वाचार्य** और **निम्बार्काचार्य** ने इस दिशा में उल्लेखनीय कार्य किया। मध्वाचार्य ने 'ब्रह्म सम्प्रदाय' की स्थापना की और

कर्नाटक तथा दक्षिणी महाराष्ट्र में कृष्ण भक्ति का प्रचार किया। **निम्बार्काचार्य** ने (बारहवीं शताब्दी), जो दक्षिण के रहने वाले थे, अपने मत का प्रचार वृन्दावन में किया। कहते हैं कि स्वयं देवर्षि नारद ने इन्हें गोपाल मंत्र की दीक्षा देकर कृष्णोपासना का उपदेश दिया था। **'दशलोकी', 'श्रीकृष्ण स्वराज', 'प्रपन्न कल्पबल्ली'** जैसी रचनाओं के माध्यम से इन्होंने कृष्ण भक्ति का प्रचार किया। इस तरह दसवीं से तेरहवीं-चौदहवीं शताब्दी तक आचार्यों ने कृष्ण भक्ति का शास्त्रीय स्वरूप परिपुष्ट किया और दक्षिण भारत में उसके लिए वातावरण बनाया, इसके बाद बल्लभाचार्य, गोसाई हित-हरिवंश, स्वामी हरिदास, चैतन्य महाप्रभु आदि ने कृष्ण भक्ति आन्दोलन के रूप में न केवल भागवत धर्म (वैष्णधर्म) को समय के आवश्यतानुसार नवीन रूप प्रदान किया बल्कि उसे भारतव्यापी बना दिया। अब तक जो भक्ति धारा दक्षिण में सरसता का संचार करके लोक जीवन को पावन कर रही थी, वह उत्तर भारत में भी लोकानुरंजन करके कृष्ण भक्तों का उत्साही दल तैयार करने लगी। सोलहवीं शताब्दी में कृष्ण चैतन्य के विद्वान शिष्य रूप गोस्वामी, सनातन गोस्वामी और जीव गोस्वामी ने कृष्ण भक्ति को शास्त्रीय आधार प्रदान करने का स्तुत्य प्रदान किया। रूपगोस्वामी कृत **'उज्जवल नीलमणि'** और **'हरिभक्ति रसामृत सिन्धु** तथा **सनातन गोस्वामी** कृत **'पदसंदर्भ'** जैसे ग्रंथों से कृष्ण भक्ति का जो स्वरूप तैयार हुआ उस पर साहित्य शास्त्र की रस परिपाटी की गहरी छाप है। अभिप्राय यह है कि सुदूर अतीत में व्यक्तिगत उपासना का मार्ग बनी हुई कृष्ण भक्ति सोलहवीं शताब्दी तक न केवल देशव्यापी हो गयी बल्कि विभिन्न आचार्यों के चिन्तन के फलस्वरूप शास्त्रीय आधार भी पा गई। कृष्ण भक्ति का समृद्ध भक्ति शास्त्र तैयार हुआ और इसी के साथ ही अनेक कृष्ण भक्ति संबंधी सम्प्रदाय भी बने जिनकी चर्चा आगे की जायेगी।

### कृष्ण भक्ति में राधा तत्व का समावेश

कृष्णभक्ति संबंधी अनेक सम्प्रदायों में राधाकृष्ण की युगलोपासना का विधान है और यह माना जाता है कि राधा भक्ति के बिना कृष्ण भक्ति अधूरी है क्योंकि राधा के बिना कृष्ण भी अधूरे ही हैं। तात्पर्य यह है कि कृष्ण भक्ति के सम्प्रदायों में राधा को श्रीकृष्ण की परम शक्ति माना जाता है। उल्लेखनीय यह है कि कृष्ण की आठ पटरानियों-**रूक्मिणी, जाम्बवती, सत्यभामा, कालिन्दी, सत्या, मित्रवृन्दा, भद्रा, लक्ष्मणा में राधा** का कहीं नाम नहीं है। इनके अतिरिक्त श्रीकृष्ण की जिन सहस्त्रों रानियों का उल्लेख मिलता है, उनमें भी राधा का नामोल्लेख नहीं है। ऐसी स्थिति में स्वाभाविक रूप से यह प्रश्न उठता है कि कृष्ण के साथ राधा का कब और

कैसे सम्बन्ध हो गया और वे कैसे इतनी महत्वपूर्ण शक्ति के रूप में प्रतिष्ठित हो गयीं इस सम्बन्ध में विद्वानों ने काफी छानबीन की है। कुछ विद्वान तो ऋग्वेद में भी राधा की उपस्थिति स्वीकार करते हैं। लेकिन वस्तुस्थिति यह है कि कृष्ण भक्ति के आधार ग्रंथ 'भागवत पुराण' में भी राधा का स्पष्ट उल्लेख नहीं हुआ है। श्रीमद्भागवत के 'निरस्ता साम्पातिशयेन राधसा, स्वधामनि ब्रह्मणि रंस्यते नमः' के 'राधसा' और 'अनयाऽराधितो नूनं भगवान हरिरीश्वर' के 'अनयाऽराधितो' के आधार पर विद्वानों ने भागवत में 'राधा' के उल्लेख का संकेत दिया है और माना है कि इसी से कृष्णभक्ति में राधा भावना का समावेश हुआ। वैसे उपर्युक्त उल्लेखों के अन्य अर्थ भी निकाले जाते हैं और यह प्रश्न भी किया जाता है कि उन उल्लेखों के आधार पर ही यह कैसे मान लिया जाय कि इसका सम्बन्ध उन्हीं राधा से है जो कृष्ण की आह्लादिनी शक्ति हैं। भास के नाटक 'बालचरित' और हाल की गाहा-सतसई (राधिका) का स्पष्ट उल्लेख है। 'गाहा सतसई' ईसा की प्रथम शताब्दी की रचना मानी जाती है। इसमें यह भी कहा गया है कि यह प्राकृत की करोड़ों कथाओं से चुनकर संग्रह रूप में तैयार हुई है। इससे यह पता चलता है कि 'गाहा सतसई' में उल्लिखित होने के पूर्व ही 'राधा' लोक गीतों के माध्यम से लोक जीवन में प्रतिष्ठित हो गयी थीं। 'गाहा सतसई' के बाद जयदेव सिंह के 'गीत गोविन्द' में जो बारहवीं शताब्दी की रचना है, राधा कृष्ण की शृंगारी लीलाओं का माधुर्यपूर्ण वर्णन हुआ है। इन सब उल्लेखों से यह पता चलता है कि राधा का नाम धीरे-धीरे कृष्ण के साथ जुड़ा और बाद में वह कवियों के शृंगारी वर्णनों की सामग्री बना। **साम्प्रदायिक साहित्य में राधा और कृष्ण का सम्बन्ध स्थिर करने का कार्य निम्बार्काचार्य ( बारहवीं शताब्दी) ने किया। उन्होंने वृषभानु नंदनी और राधा को एक मानते हुए राधा को कृष्ण की शाश्वत पत्नी के रूप में प्रतिष्ठित किया।** इसके बाद पद्मपुराण, ब्रह्म पुराण, नारदपांचरात्र, राधातंत्र आदि ग्रंथों में 'राधा महिमा' का भरपूर वर्णन हुआ और वे कृष्ण की परमशक्ति के रूप में इस तरह मान्य हुई कि लोगों को यह सोचने की जरूरत ही नहीं रही कि राधा और कृष्ण का सम्बन्ध कितना ऐतिहासिक है, कितना कल्पित और कितना साम्प्रदायिक। चैतन्य महाप्रभु बल्लभाचार्य, हितहरिवंश जैसे आचार्यों ने राधा कृष्ण की युगलोपासना पर बल देकर राधा को कृष्ण से एकदम अभिन्न कर दिया। आगे चलकर ऐसे भी सम्प्रदाय बने जिन्होंने राधा और कृष्ण की युगलोपासना पर बल देते हुए भी राधा को अधिक महत्व दिया। 'राधा बल्लभी सम्प्रदाय' में राधा ही मुख्य मानी गईं हैं। कृष्ण भक्ति में राधा भावना के विकास के मूल में अन्यान्य तत्वों के साथ वज्रयानियों और शाक्तों की वाममार्गी साधना (उनकी पंचमकारी साधना) की अनुप्रेरणा तो है ही, चौथी एवं पांचवीं शताब्दी में

प्रचलित शिव-पार्वती और विष्णु-लक्ष्मी पूजा का भी बहुत बड़ा योगदान है। जब महादेव के साथ उनकी परम आह्लादिनी शक्ति पार्वती उनसे संयुक्त एवं अभिन्न थीं, तब श्रीकृष्ण इस आह्लादिनी शक्ति से रहित होकर एकांगी कैसे रहते फलतः आचार्यों ने श्रीमद्भागवत की 'परमाराधिका' गोपी का नाम 'राधा' करके उन्हें श्रीकृष्ण की परम शक्ति के रूप में प्रतिष्ठित कर दिया।

राधा-कृष्ण की युगलमूर्ति के दर्शन पांचवीं-छठीं शताब्दी में निर्मित देवगिरि और पहाड़पुर की मूर्तियों में होते हैं। इससे यह पता चलता है कि इस समय तक राधाकृष्ण के युगल रूप की कल्पना लोकजीवन में साकार हो चुकी थी। भक्ति के आचार्यों ने बाद में उसे 'राधाकृष्ण' के रूप में दार्शनिक स्तर पर प्रतिष्ठित किया।

**लीला भावना :**

कृष्णभक्ति में लीला भावना की प्रधानता है। कृष्ण भक्तों ने महाभारत के राजनीतिक योद्धा, कुशल राष्ट्रनायक और 'गीता' के 'कर्मयोगी' कृष्ण के स्थान पर ब्रज के बाल गोपाल, कुंज बिहारी और वृन्दावन रास रसिक लीला पुरुषोत्तम श्रीकृष्ण को ही अपना आराध्य बनाया। इन भक्तों की मान्यता है कि श्रीकृष्ण भक्तों पर अनुग्रह करने की इच्छा से अपनी लीला कीर्ति का विस्तार करते हैं। उनकी लीला का और कोई प्रयोजन नहीं, लीला ही उसका प्रयोजन है।

## भारत के विभिन्न क्षेत्रों में कृष्ण-भक्ति का प्रचार-प्रसार

'कृष्ण भक्ति के उदय और विकास' पर प्रकाश डालते हुए यह रेखांकित किया गया है कि दसवीं से तेरहवीं शताब्दी तक कृष्ण भक्ति सम्बन्धी आन्दोलन दक्षिण भारत में चलता रहा। वहां की कृष्णभक्ति में प्रपत्ति की भावना और भगवान के अनुग्रह का विशेष महत्व है। चौदहवीं शताब्दी में दक्षिण का भक्ति आन्दोलन शास्त्रीय एवं आध्यात्मिक रूप से परिपुष्ट होकर उत्तर भारत की ओर आया। उत्तर भारत में इसको नवीन रूप में प्रचारित करने का श्रेय स्वामी रामानंद को है। रामानंद की भक्ति भावना समन्वयवादी थी उसमें सगुण और निर्गुण दोनों भक्ति धाराओं के लिए गुंजाइश थी, इसलिए उत्तर भारत में उनकी दो प्रकार की शिष्य परम्पराएं स्थापित हुईं-एक निर्गुण मतावलम्बियों की थी जिसके प्रसिद्ध संत कबीर दास हैं और दूसरी सगुण मतावलम्बियों की थी जिसके प्रसिद्ध महात्मा गोस्वामी तुलसीदास हैं। इस तरह उत्तर भारत में रामानन्द ने वैष्णव धर्म की सगुण शाखा का जो प्रसार किया, उसकी ही महत्वपूर्ण कड़ी के रूप में आगे चलकर वल्लभाचार्य के प्रयत्नों से कृष्णभक्ति शाखा का विकास हुआ जिसके अन्यतम कवि और भक्त सूरदास हुए।

इसके साथ ही उत्तर भारत में बल्लभ सम्प्रदाय, माधव सम्प्रदाय, राधा बल्लभ सम्प्रदाय, सखी सम्प्रदाय तथा गौड़ीय सम्प्रदाय जैसे अनेक कृष्ण भक्ति सम्बन्धी सम्प्रदायों का संघटन हो गया जिनसे पूरा उत्तरी भारत कृष्ण भक्ति की सरस धारा से रससिक्त हो गया। चौदहवीं शताब्दी से कृष्णभक्ति की यह सरस धारा इतने वेग से चली कि देखते-देखते उत्तर भारत ही नहीं, समूचा देश ही इसके मधुर जल से प्लवित हो गया। महाराष्ट्र, गुजरात, राजस्थान, पंजाब, उत्कल, आसाम और बंगलादेश में फैलकर इस कृष्ण भक्ति ने समूचे भारत को राधाकृष्ण की मधुर केलियों के दिव्यानंद से परिपूर्ण कर दिया।

उल्लेखनीय है कि भारत के विभिन्न क्षेत्रों में कृष्णभक्ति का प्रसार भिन्न-भिन्न समयों एवं परिस्थितियों में हुआ। तमिल क्षेत्र में यह 11वीं शताब्दी में आंध्र में ग्यारहवीं-बारहवीं शती में, महाराष्ट्र में तेरहवीं शती में, गुजरात में पंद्रहवीं शती में, हिन्दी प्रदेश में पंद्रहवीं-सोलहवीं शती में, बंगाल में पंद्रहवीं शती में, मिथिला में चौदहवीं शती में असम में पंद्रहवीं शती के मध्य में तथा उड़ीसा में पंद्रहवीं-सोलहवीं शती में इस भक्ति धारा ने बड़े वेग के साथ जनमानस को आन्दोलित किया। कश्मीर और पंजाब में भिन्न परिस्थितियों के कारण क्रमशः सत्रहवीं और अट्ठारहवीं शताब्दी में इसका विकास हुआ। कृष्ण भक्ति के इस व्यापक प्रचार-प्रसार से भारतीय जनता मध्य युग में लीला पुरुषोत्तम श्रीकृष्ण के रस-संकीर्तन में आनंदमग्न हो गयी।

मध्यकालीन कृष्णभक्ति धारा पर क्षेत्र विशेष की मानसिकता और परिस्थिति के प्रभाव स्वरूप विभिन्न क्षेत्रों की भक्ति चेतना में थोड़ा-बहुत अन्तर परिलक्षित होता है। तमिल के आलवार भक्तों में गोपी का राधाभाव तो है किन्तु 'राधा' नाम का उल्लेख नहीं है। राधा के स्थान पर गो-चरवाहों की जाति की एक कुमारी 'नप्पिन्ने' का उल्लेख मिलता है जिसे कृष्ण ने सात जंगली बैलों को वश में करके वरण किया था। 'नप्पिन्ने' को कृष्ण के मामा की लड़की बताया गया है। तेलगु क्षेत्र (आंध्र प्रदेश) में शैव धर्म की प्रधानता के कारण यहां की कृष्णभक्ति पर उसका प्रभाव पड़ा जिसके कारण 'तिक्कन्ना' जैसे भक्त कवि को हरि और हर (विष्णु और शिव) में अभेद स्थापित करना पड़ा। आलवारों के प्रभावस्वरूप तेलगु कृष्णभक्ति में राधाभाव की प्रतिष्ठा हुई। यहां अष्टमहिषियों की प्रधानता भी स्वीकार की गई और राधा को शक्ति एवं सामान्य नायिका, दोनों रूपों में चित्रित किया गया। कन्नड़ क्षेत्र की कृष्ण भक्ति पर तेलगु कृष्ण भक्ति का व्यापक प्रभाव है लेकिन कन्नड़ क्षेत्र की कृष्ण भक्ति मर्यादित है। इसमें राधा अनुपस्थित हैं। मलयालम क्षेत्र की कृष्ण भक्ति में भी उदात्तता एवं मर्यादावाद की प्रधानता है। यहां 'राधा' की जगह 'लीला' गोपी का उल्लेख मिलता है जो रूप गर्विता है और कृष्ण के प्रेम में उन्मत्त रहती है। वैसे

सोलहवीं शताब्दी से मलयालम के कृष्णभक्ति काव्य में राधा का उल्लेख होने लगा। 'तुंचत्तु एवत्तच्छन' और 'पून्तानम् नम्पूत्तिरि' जैसे कवियों ने राधा को विशेष महत्व दिया किन्तु राधा या गोपी भाव को महत्व न देकर राधा-कृष्ण के मर्यादित दाम्पत्य प्रेम को ही प्रतिष्ठित किया।

महाराष्ट्र के 'खारकरी सम्प्रदाय' में कृष्ण भक्ति का जो विकास हुआ उसमें ज्ञान और भक्ति में अविरोध माना गया है। यहां भक्ति मूल है, वैराग्य उसका फूल है और ज्ञान-फल लेकिन जीवात्मा और परमात्मा की अद्वैतता के लिए प्रेम को अनिवार्य माना गया है। गुजरात क्षेत्र की कृष्ण भक्ति में भी समन्वयशीलता और मर्यादित प्रेम व्यंजना की ही प्रधानता है। पुष्टि सम्प्रदाय के दयाराम जैसे कवि ने अवश्य राधा को अज्ञात यौवना, मानवती, क्रिया-विदग्धा और आगमपतिका जैसी नायिकाओं के रूप में चित्रित किया है लेकिन इसे अधिक प्रसार नहीं मिल सका।

बंगाल में विकसित कृष्ण भक्ति में शाक्तों, बौद्ध-सहजियों और योगियों के विचार घुले-मिले हैं। बौद्ध सहजियों के प्रभावस्वरूप बंगाल में वैष्णव सहजिया मत का विकास हुआ जिसमें सहजिया के 'पूजा' और 'उपाय' का स्थान क्रमशः 'राधा' और 'कृष्ण' ने ले लिया। बंगाल की कृष्ण भक्ति में राधा की आह्लादिनी शक्ति के रूप में प्रतिष्ठा, गोपियों के विविध भेद एवं उनकी तात्विक व्याख्या, राधा की अष्टसखियों एवं मंजरियों (सखियों) की कल्पना, परकीया प्रेम का महत्व, रामभक्ति के 'रागात्मिका' और 'भेद' भक्ति को मूल रस के रूप में प्रतिष्ठित उज्ज्वल रस की परिकल्पना आदि बातें चैतन्य महाप्रभु की ही देन है।

उड़ीसा में कृष्ण भक्ति का विकास बौद्ध धर्म के क्रोड़ से हुआ है। इस भक्ति धारा पर जयदेव और चैतन्य महाप्रभु की गहरी छाप है। उड़िया वैष्णव भक्ति में जातिगत एकता की भावना अन्य स्थानों की अपेक्षा अधिक प्रबल है। बौद्ध धर्म चेतना का वैष्णव धर्म चेतना में अन्तरण और दोनों के संश्लेषण से अपेक्षाकृत अधिक उदार और प्रगतिशील कृष्णभक्ति भावना के विकास को उड़िया कृष्णभक्ति की निजी विशेषता के रूप में रेखांकित किया जा सकता है।

असम में कृष्णभक्ति का विकास शाक्य धर्म की गुह्य साधना के समानान्तर हुआ। इसमें प्रारम्भ में दास्य भावना और निर्गुण ईश्वरोपासना की प्रधानता रही, बाद में गोपियों की प्रेम-भावना और सगुण-भावना का भी समावेश हुआ। इस प्रकार असमिया कृष्ण-भक्ति में सगुण-निर्गुण में समन्वय और मर्यादित श्रृंगार भावना के दर्शन होते हैं। मणिपुर में शैव-धर्म के प्रभाव स्वरूप कृष्ण-भक्ति में परकीया भावना का विकास हुआ जो चैतन्य महाप्रभु के प्रभावस्वरूप और प्रगाढ़ हो गयी। रासलीला को मणिपुरी नृत्य में ढालकर कई प्रकार के रास प्रचलित हुए

जैसे **महारास, पुंजरास, बसन्तरास, नित्यरास, दिवारास, नर्तनरास, अष्टगोपी और अष्टश्याम रास** आदि। कहा जा सकता है कि **गौड़ीय भक्ति पद्धति** को काव्य, संकीर्तन और रासलीला के माध्यम से पुनः प्रतिष्ठित करना मणिपुरी कृष्ण-भक्ति की निजी विशेषता है।

हिन्दी प्रदेशों- उत्तर प्रदेश, बिहार, मध्य प्रदेश और राजस्थान में कृष्ण भक्ति का बड़ा ही सांगठनिक विकास हुआ। इस क्षेत्र में बल्लभाचार्य, निम्बार्काचार्य आदि कृष्णभक्ति के आचार्यों ने कृष्ण भक्ति के विशेष प्रचार-प्रसार पर ध्यान दिया और कृष्ण की जन्मस्थली ब्रज एवं लीलास्थली वृन्दावन को अपनी साधना का केन्द्र बनाया। कृष्णभक्ति के तमाम सम्प्रदायों-बल्लभ सम्प्रदाय, राधाबल्लभ सम्प्रदाय, गौड़ीय सम्प्रदाय आदि ने हिन्दी प्रदेशों में अपने विचार-दर्शनों एवं उपासना पद्धतियों का काफी प्रचार किया। मुख्य बात यह है कि इस क्षेत्र की कृष्ण-भक्ति में सगुण-निर्गुण का द्वन्द्व निर्णायक रूप में चला और सूर जैसे कवियों ने भ्रमरगीतों की रचना करके निर्गुण पर सगुण की विजय दिखायी। उद्धव के ज्ञान गर्व को चूर्ण करके गोपियों के प्रेमभाव को प्रतिष्ठित किया। समूचे हिन्दी कृष्ण-काव्य पर ब्रज संस्कृति की गहरी छाप है। कहना चाहिए कि हिन्दी क्षेत्रों में जितनी व्यापकता और तीव्रता के साथ कृष्णभक्ति आन्दोलन फला-फूला उतना अन्य क्षेत्रों में नहीं।

❑

# कृष्ण भक्ति-साहित्य का अवदान

आठवीं-नवीं शताब्दी से लेकर सत्रहवीं-अट्ठारहवीं तक भारत के विभिन्न क्षेत्रों में कृष्ण भक्ति का प्रचार-प्रसार होता रहा। यह प्रचार-प्रसार भिन्न-भिन्न क्षेत्रों में भिन्न-भिन्न समयों में हुआ और उसने भिन्न-भिन्न स्थानों की सामाजिक-सांस्कृतिक विशेषताओं को आत्मसात् करके जीवन को नयी दिशा देने का कार्य किया। दक्षिण में कृष्ण भक्ति का प्रचार लोक संग्रह की भावना से हुआ, अतः वहां कृष्ण भक्ति का मर्यादित रूप अधिक पुष्ट हुआ। यही कारण है कि दक्षिण भारत में कृष्ण भक्ति प्रधान क्षेत्रों में वह श्रृंगारिकता और विलासमयता नहीं दिखाई पड़ती है जो उत्तर भारत, विशेषतः हिन्दी क्षेत्रों के कृष्ण भक्ति काव्य में दिखाई पड़ती है। इसका कारण है इस क्षेत्र में बादशाहों और नवाबों की भोग-विलासमय जिन्दगी। **समूचे कृष्ण भक्ति काव्य ने मानव जीवन के लिए जो सबसे हितकारी कार्य किया वह है मानव भावनाओं का उदात्तीकरण।** कृष्ण भक्ति काव्य ने उन मानव भावनाओं को परिष्करण और उदात्तीकरण का कार्य किया जो मनुष्य को पतन की ओर ले जाती है। परिवार के जो नाते मनुष्य के आध्यात्मिक विकास में बाधा पहुंचाते हैं, उन्हीं रूपों में कृष्ण को उपलब्ध कराकर भक्तों ने राग-द्वेष विहीन समाज का स्वरूप तैयार करने का बड़ा उपक्रम किया। कृष्ण भक्तों का गोप-गोपी समाज एक ऐसा समाज है जिसमें काम, क्रोध, मद, लोभ, मोह, ईर्ष्या की दूषित या क्षुद्र भावनाएँ हैं ही नहीं। एक अकुंठ, स्वच्छन्द, पूर्णकाम, द्वेषरहित, वर्ग विहीन समाज की संकल्पना को साकार करता है गोप-गोपी समाज, जहाँ कोई वाह्य मर्यादा नहीं है लेकिन दृढ़ आत्मानुशासन है। यह वास्तव में अपने सर्वोत्तम रूप में एक लोकतंत्रात्मक समाज है जिसके लिए किसी बाह्य तंत्र की आवश्यकता है ही नहीं। सारा गोपी समाज जिस तरह एक लक्ष्यनिष्ठ होकर बगैर स्वार्थ द्वेष के श्रीकृष्ण के प्रति अनन्य प्रीति का परिचय देता है, वह एक ऐसी आदर्श व्यवस्था है जो समता, सौहार्द और सुशीलता की भावना का पोषण करती है। पराधीनता के उस कालखण्ड में कृष्ण भक्तों ने इस आदर्श व्यवस्था को अपने भावलोक में साकार करके वस्तुजगत के दैन्य-ताप से

जनता को जड़ीभूत होने से बचाया और लोगों में एक ऐसे माधुर्य लोक की चाह पैदा की जो अविनश्वर और आनंद का अक्षय स्रोत है।

कृष्ण भक्ति साहित्य ने जीवन की जड़ता को भंग कर उसे गतिशील बनाया, उद्देश्यहीनता को दूर कर उसे ऊँचा लक्ष्य प्रदान किया और जीवन की असुन्दरता, नीरसता को मिटाकर सुषमा, सौन्दर्य और आनंद से अनुप्राणित किया। सूरदास की समीक्षा करते हुए आचार्य शुक्ल ने लिखा है कि सूर का संयोग वर्णन कोई क्षणिक घटना नहीं है, वह प्रेम संगीतमय जीवन की गहरी चलती धारा है जिसमें अवगाहन करने वाले को दिव्य माधुर्य के अतिरिक्त कुछ न मिलेगा। इसी कथन को यदि समूचे कृष्ण भक्ति पर आरोपित करके यह कहा जाय कि कृष्ण भक्ति साहित्य दिव्य माधुर्य प्रदान करने वाला साहित्य है तो अत्युक्ति न होगी।

**कृष्ण भक्ति साहित्य भाव-सम्पन्नता का साहित्य है।** यह श्रीकृष्ण की माधुर्य लीला की सरसता का आख्यान है। यह गीत, संगीत और नृत्य की समन्वित साधना का चरम फल है। इससे साफ जाना जा सकता है कि कृष्ण भक्ति साहित्य में जीवन को भाव-सम्पन्न करने, उसमें सरसता का सन्निवेश करने और गीत-संगीत एवं नृत्य की आनंद भावना का संचार करने की अद्भुत क्षमता है। इसी को लक्ष्य करके आचार्य शुक्ल ने कहा था कि राधा-कृष्ण के मधुर प्रेम-प्रसंगों और उनकी माधुर्य लीलाओं का चित्रण करके कृष्ण भक्ति कवियों ने लोगों में जीने का उत्साह जगाया या कम से कम उनमें जीने की चाह बनी रहने दी। वास्तव में कृष्ण भक्ति साहित्य जीने की चाह पैदा करने वाला साहित्य है। यह साहित्य घोषित करता है कि जीवन जीने के योग्य है। पराधीनता के उस कालखण्ड में इस साहित्य ने जीने की चाह पैदा करके अपने ऐतिहासिक दायित्व का निर्वाह किया।

**कृष्ण भक्ति साहित्य ने लोकरुचि को परिष्कृत किया।** बादशाहों-नवाबों के कामुक कृत्यों से जनता का ध्यान हटाकर श्रीकृष्ण के दिव्य प्रेम की ओर आकृष्ट किया। इसने लोगों में आध्यात्मिक चेतना भरी और गीत, संगीत एवं नृत्य के प्रति लोगों में उत्साह जगाया। इससे इन विधाओं की अभूतपूर्व उन्नति भी हुई। काव्य और संगीत में घनिष्ठ सम्बन्ध स्थापित करके कृष्ण भक्त कवियों ने काव्य और संगीत दोनों का बहुत उपकार किया। कृष्ण भक्ति साहित्य का संदेश इस दृष्टि से महान एवं उदात्त है कि इस भक्ति धारा ने लोक जीवन में सरसता का सन्निवेश किया और लोक संस्कृति के रंग में रंग कर श्रीकृष्ण को लोकजीवन का अभिन्न प्राणी बना दिया। यह कृष्ण का वह रूप था जिससे जनता डरने के बजाय प्रेम करने के लिए आतुर हो उठी। भक्तों ने यह कार्य उस समय किया जब देश की जनता पर बादशाहों के कोड़े बरस रहे थे और जनता उन्हें 'साहब' मानकर उनके चरणों

में 'बंदे' या 'गुलाम' की तरह झुकी हुई थी। **यह भारतीय धरती पर पनपी वह क्रान्तिकारी सांस्कृतिक चेतना थी जो राजा और प्रजा, भगवान और भक्त के बीच दूरी मिटाकर उन्हें एक धरातल पर अवस्थित करके प्रेममय वातावरण के सृजन के लिए क्रियाशील हुई थी और वह अपने इस उद्देश्य में सफल भी रही।**

समूची कृष्ण भक्ति धारा ने मर्यादा के बाह्य बंधनों को तो ढीला किया किन्तु आत्मानुशासन, आत्म परिष्कार और विशुद्ध प्रेम भाव को सुदृढ़ करके एक नयी मर्यादा का निर्माण किया जो राग-द्वेष विहीन समाज की संरचना का मूलाधार कहा जा सकता है। भक्तों ने जनता को ज्ञान-योग के नीरस पाठ की जगह प्रेम का सरस पाठ पढ़ाया, निराशा की जगह आशा का संचार किया, उदासी की जगह हर्षोल्लास भरा और ईर्ष्या-द्वेष की जगह आत्मीय सम्बन्धों को सुदृढ़ किया। मनुष्य की अधोमुखी प्रवृत्तियों को ऊर्ध्वमुखी बनाया और लौकिक वासनाओं की जगह आध्यात्मिक संवेगों को प्रबल करके उसके अन्तस्तल को श्रीकृष्ण के दिव्य प्रेम रस से भर दिया। गीत, संगीत एवं नृत्य की समन्वित साधना को प्रश्रय देकर इन भक्तों ने लोक-संस्कृति के विकास में अपूर्व योग ही नहीं दिया, इससे काव्य ग्रंथों में संरक्षित करने का ऐतिहासिक कार्य भी किया।

❑

# कबीर की प्रासंगिकता

किसी भी प्राचीन कवि की प्रासंगिकता का अभिप्राय यह है कि उसके बहुत सारे विचार और भाव हमारे वर्तमान को आलोकित करते हैं, साथ ही हमें आगे बढ़ने और सोचने के लिए नई चेतना प्रदान करते हैं। ऐसा करने के कारण ही वह कवि इतिहास में हमसे बहुत दूर होते हुए भी हमारे बहुत नजदीक होता है, ठीक किसी हमारे उस मित्र की तरह, जो हमारी चिन्ताओं के क्षणों में परम आत्मीय बन कर उन्हें दूर करने के उपाय सुझाता है या कम से कम उन्हें सही परिप्रेक्ष्य में समझ लेने की दृष्टि प्रदान करता है। **किसी प्राचीन कवि की प्रासंगिकता का अर्थ है- आज के सन्दर्भ में उसके विचारों की समीचीनता, उपयोगिता और आवश्यकता।** इन्हीं के कारण कोई प्राचीन कवि हमारे लिए अत्यन्त आवश्यक और प्रासंगिक हो जाता है और इनके न होने से कोई भी समकालीन कवि अनावश्यक और अप्रासंगिक हो जाता है। यहाँ यह नहीं समझना चाहिए कि किसी प्राचीन कवि की प्रासंगिकता का यह मतलब है कि वह हमारी वर्तमान की जरूरतों को पूरा करता है बल्कि इसका अभिप्राय यह है कि वह एक सर्वथा भिन्न परिप्रेक्ष्य से हमारी आज की नियति को आलोकित करके हमें नए सिर से सोचने पर मजबूर करता है।

विभिन्न युगों को इस प्रकार के नवीन आलोक से प्रकाशित करने वाला कवि ही कालजयी कवि कहलाता है जो अपने समय के सच को तो बयान करता ही है आगे के युगों की वास्तविकताओं पर भरपूर प्रकाश डालता है। ऐसी स्थिति में उस कवि की ऐतिहासिकता भी सुरक्षित रहती है। उसकी प्रासंगिकता की तलाश करते हुए हमें उसके ऐतिहासिक परिप्रेक्ष्य को भी ध्यान में रखना चाहिए और वर्तमान को अनुप्रेरित करने वाले उसके विचारों की मीमांसा भी करनी चाहिए।

**किसी प्राचीन कवि की प्रासंगिकता की तलाश करने का यही रास्ता है कि हम उसकी इतिहास-मूर्ति को भंजित-विकृत न करें, बल्कि उसकी सुरक्षा के साथ-साथ वर्तमान को नयी गति या दिशा देने वाले उसके विचारों का अनुशीलन करें और यह देखें कि उसके विचार हमारे लिए कितने पथ-प्रदर्शक**

**हैं। इस दृष्टि से जो कवि जितना ही अर्थवान् होगा, वह हमारे लिए उतना ही प्रासांगिक होगा।**

प्रासंगिकता के इस आलोक में जब हम कबीर की प्रासंगिकता पर विचार करते हैं तो यह देखकर बड़ा आश्चर्य होता है कि पन्द्रहवीं शताब्दी के कबीर के तमाम विचार बीसवीं शताब्दी के अंतिम चरण में भी बहुत अहमियत रखते हैं और हमें इतने मूल्यवान् लगते हैं कि पूरे जोश से कहना पड़ता है कि **हमें आज एक कबीर चाहिए, वह कबीर जो पैदा हुआ था पन्दरहवीं शताब्दी में लेकिन जो विचार से न केवल बहुत-बहुत आधुनिक था, बल्कि अपनी बात कहने में इतना निर्भीक था कि वह उस समय के शासक सिकन्दर लोदी से भी किंचिदपि भय नहीं खाया, किसी भी पंडित या मुल्ला को बेनकाब करने से नहीं चूका और स्वप्न में भी सत्य की राह नहीं छोड़ी, चाहे उसे मार डालने के ही प्रयत्न क्यों न हुए हों।** कबीर के सामाजिक एवं धार्मिक विचारों और तत्संबंधी उनके दृष्टिकोणों को पढ़ते हुए हमें बराबर यही प्रतीत होता है कि हम आज के किसी ऐसे रचनाकार को पढ़ रहे हैं जो आज की क्रूर परिस्थितियों का न केवल यथार्थ वर्णन कर रहा है, बल्कि उनका प्रतिकार करने, उन्हें समाप्त करने का बड़ा ही सत्यनिष्ठ हौसला बुलन्द कर रहा है। खेद है कि मध्ययुगीन कबीर आज की भयावह परिस्थितियों का मुँहतोड़ जवाब देते दिखाई पड़ते हैं लेकिन वर्तमान में कोई कवि ऐसा करता हुआ नजर नहीं आता। कहने के लिए आज के बहुत सारे कवि विरोध-धर्मी हैं लेकिन उनके साम्प्रदायिकता और धर्मोन्माद के विरोध में निर्भीकता और सत्यनिष्ठा नहीं है जो कबीर में थी। आज यदि कबीर उपस्थित होते, तो वे बड़े तीव्र स्वर में कहते-

अरे, इन दोहुन राह न पाई।
हिन्दू अपनी करै बड़ाई, गागर छुवन न देई ।
वेस्या के पायन-तर सोवै यह देखो हिंदुआई ।।
मुसलमान के पीर अवलिया मुर्गी मुर्गा खाई ।
खाला केरी बेटी ब्याहैं घरहि में करैं सगाई ।।
हिंदुन की हिंदुआई देखी, तुरकन की तुरकाई ।
कहैं कबीर सुनौ भाई साधो, कौन राह है जाई ।।

और वे यह भी पूछते -

(भाई रे) दुई जगदीश कहाँ ते आया, कहु कवने भरमाया ।
अल्लाह-राम-करीमा केसा, (ही) हजरत नाम धराया ।

फिर वे प्रेम से समझाते-

गहना एक कनक ते गढ़ना इति महँ भाव न दूजा।
कहन सुनन को दुर करि पापिन, इक नमाज इक पूजा।।
वही महादेव, वही मुहम्मद, ब्रह्मा-आदम कहिए।
को हिन्दू को तुरुक कहावै, एक जिमी पर रहिए।।

भेद-बुद्धि पैदा करने वालों पर आक्रमण भी करते-

वेद-कितेब पढे वे कुतुबा, वे मौलाना वे पाँडे।
बेगरि बेगरि नाम धराये, एक मटिया के भाँडे ।।
कहैं कबीर वे दूनों भूले, रामहिं किनहुँ न पाया ।
वे खस्सी वे गाय कटावैं, बादहिं जन्म गँवाया।।

हमारे देश में मंदिर-मस्जिद के नाम पर हिन्दुओं और मुसलमानों के बीच समय-समय पर जो विद्वेषाग्नि भड़की, अयोध्या में भीषण नर-संहार हुआ, जगह-जगह साम्प्रदायिकता का जो लावा फूटा उसमें सबने अपने-अपने ढंग से अपने स्वार्थ की रोटी सेंकी, किसी ने आध्यात्मवादी होकर, किसी ने मार्क्सवादी होकर और किसी ने धर्मनिरपेक्षवादी होकर, लेकिन कबीर जैसा साहस और सच का बल लेकर कोई यह कहने सामने नहीं आया कि तुम दोनों गलत रास्ते पर हो और तुम्हें किसी ने भरमा दिया हैं। इस प्रश्न पर विचार करते समय लोग अपने-अपने चौखटों में, खेमों में और दलों में विभक्त थे। प्रगतिशीलता का जामा पहने हुए लोगों ने भी कबीर की सी प्रगतिशीलता का परिचय नहीं दिया। मुझे यह कहने में कोई संकोच नहीं है कि पंद्रहवीं शताब्दी में कबीर प्रगतिशील होने का उद्घोष न करते हुए भी आज के प्रगतिशीलों से कहीं अधिक प्रगतिशील थे। उनकी प्रगतिशीलता का आधार था सच का स्वीकार, जीवन के प्रति सहज रुचि और व्यापक मानवतावादी दृष्टि। हमारे प्रगतिशील विचारकों, कवियों और लेखकों ने मंदिर मस्जिद के विवाद पर निष्पक्षता का परिचय नहीं दिया। उनकी प्रगतिशीलता विभाजित थी। वह चाहे प्रगतिशील हिन्दू रहे हों चाहे प्रगतिशील मुसलमान। **जब प्रगतिशीलता भी सच की बजाय हिन्दू और मुसलमान की प्रतिबद्धता में सीमित हो, तब कबीर के से स्वस्थ, निश्छल और सही दृष्टिकोण की उम्मीद करना व्यर्थ है।** कोई कह सकता है कि यहाँ पर प्रगतिशीलों की ही आलोचना क्यों की जा रही है, तो इसका साफ उत्तर यह है कि एक तो प्रगतिशीलों ने यथार्थवादी जीवन-दृष्टि सम्पन्न होने का बोध पैदा किया, दूसरे मंदिर-मस्जिद के मामले को सुलझाने के लिए सरकार के साथ ज्यादा

सहयोग किया। हम उनके सहयोग का स्वागत करते हैं, करना भी चाहिए लेकिन दुःख की बात यह है कि उन्होंने यह सहयोग निर्मल मन से नहीं किया, इसका एक प्रमाण यह है कि जब विश्वनाथ प्रताप सिंह की सरकार ने राम जन्मभूमि सम्बन्धी अध्यादेश जारी किया तो दूरदर्शन पर तमाम वामपंथी विद्वान और विचारक उसका स्वागत करते हुए दिखाई पड़े लेकिन दो दिन बाद ही दबावों के कारण सरकार ने वह आध्यादेश वापस ले लिया तो सरकार की भर्त्सना के लिए कोई आगे नहीं आया। इसके माने हैं कि इन बुद्धिजीवियों को केवल सरकार की हाँ में हाँ मिलाना ही आता है। उनका स्वार्थ राजनीतिक चालबाजों के स्वार्थ से कतई भिन्न नहीं है। यह बात कबीर में न थी। कबीर चाहते तो इनसे उनसे तालमेल करके एक को डाँटते-फटकारते और दूसरे को गोद में लेकर दुलराते, जैसा कि हमारे तमाम बुद्धिजीवी करते रहे हैं, और कर रहे हैं लेकिन कबीर ने दोनों को फटकारा क्योंकि दोनों गलत थे और आज भी राजनीतिक कुचक्रों में पड़े हुए दोनों एक ही तरह की गलतियाँ करते हुए एक-दूसरे के सामने ऐसे डटे खड़े हैं जैसे उनका एक-दूसरे से कोई-परिचय ही न हो। आज हिन्दुओं और मुसलमानों के बीच मंदिर और मस्जिद एक दीवार बन कर खड़े हो गये हैं। **क्या विडम्बना है कि भगवान को खोजते-खोजते दोनों जिस जगह पहुँचे हैं, वहाँ उन्हें भगवान तो नहीं मिला लेकिन उस मनुष्य की लाश अवश्य मिली जो उन्हीं के बीच उन्हीं की तरह सांस ले रहा था, उन्हीं की तरह उसके भी अपने सपने थे और उन्हीं जैसी उसकी भी बोली-बानी थी।**

ऐसे समय में मुझे **'आतिश'** की यह बात ज्यादा सार्थक लगती है-

बुतखाना खोद डालिए, मस्जिद को ढाइये,
दिल को न  तोड़िये, खुदा का मुकाम है।

कितना दुखद है कि लोगों ने खुदा के असली मकान को ढहा दिया। एक ऐसा मकान बनाने के लिए जो चहारदीवारों से घिरा है। जिसके दरवाजे सुबह खुलते हैं और रात में बंद हो जाते हैं। कबीर ने लोगों को उनकी इस मूर्खता से अवगत कराया था कि जिसे वे मन्दिर-मस्जिद में काबा-काशी में ढूँढ़ रहे हैं वह वहाँ है ही नहीं-

मोको कहवाँ ढूँढ़े बंदे मैं तो तेरे पास में।

वह तो मृग की नाभि में कस्तूरी की तरह सबके हृदय में विराजमान है-

कस्तूरी कुण्डलि बसै, मृग ढूँढ़ै वन माहि ।
ऐसे घट-घट राम  है, दुनिया  देखै नाहिं ।।

ध्यान देना चाहिए कि कबीर ने उस समय ईश्वर को मन्दिर-मस्जिद से हटा कर लोगों के हृदय-सिंहासन पर अधिष्ठित किया, जिस समय मन्दिर गिराकर

मस्जिदें बनाई जा रही थीं और हिन्दुओं को मुसलमान बनने के लिए बाध्य किया जा रहा था या उन्हें खुदा-विरोधी मान कर मौत के घाट उतारा जा रहा था। इतिहास का यह बड़ा ही क्रूर अध्याय था जब कबीर ने बड़ी निर्भीकता के साथ लोगों को उनके भ्रमों, पाखण्डों, गलत विश्वासों और मानव-विरोधी कार्यों के लिए फटकारा और उन्हें सत्य की राह दिखाई। लोगों को फटकारते समय उन्होंने किसी अल्पसंख्यक या बहुसंख्यक, सत्ताधारी या शासित का पक्ष नहीं लिया। कबीर की दृष्टि में दोनों गलत थे इसलिए दोनों को खरी-खोटी सुनायी। पंडित-पांडे, मुल्ला-मौलवी, हिन्दू-तुरूक जैसे सम्बोधनों से उन्होंने दोनों को सम्बोधित करके उनकी कटु आलोचना की। अपनी कटु आलोचनाओं के लिए वे प्रताड़ित हुए लेकिन सच कहने से बाज नहीं आये-

साधो, देखो जग बौराना ।
साँची कहौ तो मारन धावै, झूठे जग पतियाना ।
हिन्दू कहत हैं राम हमारा, मुसलमान रहमाना।
आपस में दोऊ लड़े मरत हैं, मरम कोई नहीं जाना।
बहुत मिले मोहि नेमी धर्मी प्रात करै अस्नाना।
आतम छोड़ पषानै पूजै तिनका थोथा ग्याना ।
पीपर-पाथर पूजन लागे तीरथ बर्न भुलाना।

बहुतक देखे पीर-औलिया पढ़ै किताब कुराना ।
करै मुरीद कबर बतलावैं उनहूँ खुदा न जाना ।
हिन्दू की दया, मेहर तुरकन की, दोनों घर से भागी।
वह करै जिबह, वाँ झटका मारै आग दोऊ घर लागी।
या विधि हँसत चलत हैं हमको आज कहालैं स्याना।
कहै 'कबीर' सुनौ भाई साधो, इनमें कौन दिवाना।

क्या यह आज का यथार्थ नहीं है ? क्या आज लोग सच कहने पर मारने नहीं दौड़ रहे हैं ? क्या दोनों आज लड़-मर नहीं रहे हैं ? क्या आज लोग तमाम ढोगों और अन्धविश्वासों की गिरफ्त में नहीं हैं ? क्या आज दोनों घरों में आग नहीं लगी है ? क्या आज दोनों दीवाने नहीं हैं ? **कहना न होगा कि 15वीं शताब्दी का यह यथार्थ आज भी अपने क्रूरतम रूप में विद्यमान है- शताब्दियों के बीत जाने के बाद और तमाम वैज्ञानिक विकासों के बावजूद अभी भी लोगों की आत्मा मन्दिर-मस्जिद और हिन्दू-मुसलमान के सीमित दायरों में कैद है। कबीर ने आत्मा को इसी कैद से छुड़ाने की कोशिश की थी, यही कोशिश आज भी**

**अपेक्षित है पर इसी के साथ कबीर जैसी निर्भीकता, निष्पक्षता और सत्यनिष्ठा भी जरूरी है।** ऐसा नहीं कि लोग इस समस्या का मुकाबला नहीं कर रहे हैं लेकिन उनके प्रयत्नों का दोष यह है कि उन्हें दोनों ओर का सच बराबर-बराबर दिखाई नहीं पड़ रहा है। उन्हें 'गर्व से कहो कि हम हिन्दू है' का स्वर तो बहुत कर्ण-कटु लग रहा है लेकिन 'इस्लाम खतरे में है' और 'अल्ला हो अकबर' के नारे और औरतों की जाँघों पर गरम सलाखों से 'पाकिस्तान जिन्दाबाद' के ठप्पों से उपजी चीखें नहीं सुनाई पड़ रही हैं। इस तरह के पक्षपातपूर्ण और द्वेष भरे वातावरण को कोई कबीर ही मिटा सकता है या इसका ठीक-ठीक सामना कर सकता है। इस अंधे और पेट के धन्धे में लिप्त जग को कबीर के शब्दों में यह बताने की जरूरत है कि वह पूर्ण पुरुष, जो सगुण-निर्गुण से परे है, वह उन्हीं हृदयों में निवास करता है जिनमें शील, संतोष, दया, त्याग, सहानुभूति, निश्छलता, सत्य और मानवीय गुण होते हैं-

साँच बराबर तप नहीं झूठ बराबर पाप ।
जाके हृदय साँच है ताके हृदय आप ।।

उसके लिए मन्दिर में घण्टा बजाने, मस्जिद में बाँग देने, जटा बढ़ाने, गंगा नहाने, वेद-कुरान पढ़ने, छापा तिलक लगाने, धूनी रमाने और बकरा की हत्या करने की जरूरत नहीं है। यदि आज का हिन्दू-मुसलमान इस सत्य को आत्मसात कर ले तो हमारे देश में धधकती ज्वाला बड़ी आसानी से शान्त हो सकती है। कबीर ने अपने समय की इस ज्वाला को अपने उपदेशों से शान्त किया था। आज भी उसी उपचार की जरूरत है। 'अल्ला हो अकबर' के जवाब में 'जय श्री राम' कहने या हिन्दू के मुकाबले 'पक्का' मुसलमान हो जाने से साम्प्रदायिकता की प्रचण्ड ज्वाला शान्त न होगी। दोनों को यह समझना होगा कि वे एक-दूसरे की किस्मत है, एक-दूसरे के सगे-सम्बन्धी हैं, हमवतन है, हमजबाँ हैं और हमसफर हैं।

यहाँ पर यह भी विचारणीय है कि साम्प्रदायिकता की यह समस्या क्या कबीर-युग जैसी ही है या इसमें कोई परिवर्तन हुआ है ? वास्तव में यह समस्या और जटिल हुई है। कबीर के समय में शासक मुसलमान थे। वे इस्लाम का प्रसार करने और लोगों को मुसलमान बनाने की स्पष्ट और नृशंस नीति पर चल रहे थे, उनका साथ दे रहे थे मुल्ला और मौलवी। आज यह स्थिति इतनी स्पष्ट नहीं है। आज शासन की बागडोर संभालने वाले बगुला भगत हो गये हैं- वे न हिन्दू हैं न मुसलमान, लेकिन अपनी सत्ता की कुर्सी इन्हीं पर टिकाये हुए हैं। कहने के लिए हमारा संविधान धर्मनिरपेक्ष और जातिरहित शासन का आदेश देता है लेकिन हकीकत में आज की राजनीति धर्म, भाषा, जाति और सम्प्रदाय के आधार पर चल रही है। जब तक राजनीति इन अलगाववादी आधारों से मुक्त न होगी, तब तक हिन्दू-मुसलमान

की समस्या बनी ही रहेगी। इसके लिये हिन्दू-मुस्लिम जनता को दीक्षित करने की जरूरत है। समस्या कट्टरता से नहीं, सहृदयता से सुलझ सकती है लेकिन यह सहृदयता दोनों ओर होनी चाहिए। हिन्दुओं को समझना चाहिए कि यह देश मुसलमानों का भी है, इसके लिए बहादुर शाह 'जफर', अशफाकउल्लाह खाँ जाने कितने मुसलमानों ने कुर्बानी दी है। दूसरी तरफ मुसलमानों को अपने देशभक्त पूर्वजों की तरह आज भी वतनपरस्ती का प्रमाण देना चाहिए। उन्हें हिन्दुस्तान की हवा और मिट्टी में एक रस होने के साथ-साथ, जो कि उनकी किस्मत है, इस देश के सुख-दुख में भागीदार होना चाहिए और यहाँ के जल अन्न को ग्रहण करके किसी दूसरे देश के प्रति भक्ति दिखाकर, उसके भारत विरोधी षड्यंत्रों में शामिल होकर नमकहरामी का उदाहरण नहीं प्रस्तुत करना चाहिए। हिन्दुओं और मुसलमानों को कबीर के इस उपेदश का मनन करना चाहिए-

हिन्दू तुरुक की एक राह है, सतगुरु इहै बताई ।
कहहिं 'कबीर' सुनहु हो संतो, राम न कहेउ खुदाई ।।

**कबीर ने आडम्बर और अंधविश्वासरहित, अन्तःसाधना प्रधान और मानवीय गुणों से परिपूर्ण धर्म का जो स्वरूप हमारे सामने प्रस्तुत किया, वही आज की भी आवश्यकता है और तभी यह कहना भी सार्थक हो सकता है-'मजहब नहीं सिखाता आपस में बैर करना।' वह मजहब नहीं, हैवानियत है जो दूसरे का सिर कलम कर देने का ओदश देता है या जो मनुष्यता की निर्मम हत्या पर अपना साम्राज्य-विस्तार करता है।**

धर्म के इस रूप ने ही मनुष्यता पर कहर बरपा है और आज भी वही कर रहा है। यह मानव-धर्म नहीं पशु-धर्म है, हालाँकि पशुओं में भी ऐसी नृशंसता और निर्ममता शायद ही मिले जैसी नृशंसता तथाकथित धर्मनिष्ठों में दिखाई पड़ती है। कबीर ने धर्म के इस हिंसक रूप का जमकर विरोध किया था क्योंकि वे जानते थे कि **'खसी' और 'गाय' काटने की क्रूरता पर टिका हुआ धर्म स्वभावतः जीवनविरोधी होता है। 'खसी' और 'गाय' काटते-काटते लोग मनुष्य को काटने कटाने को धर्म में आसानी से तब्दील कर लेते है। ऐसा इतिहास में हुआ है, आज भी हो रहा है और यदि धर्म को इस बिन्दु से न हटाया गया तो भविष्य में भी यही होता रहेगा।** धर्म से कठमुल्लापन खत्म होना चाहिए। इसे व्यक्तिगत साधना और आत्मोन्नयन चारित्रिक विकास एवं आत्म-मुक्ति का साधन बनाना चाहिए न कि मनुष्य-मनुष्य के बीच की कोई ऐसी दीवार जिसे एक बनाये, दूसरा गिराये और तीसरे-चौथे उसे फिर बनाने और गिराने के लिए खुद लड़ मरें और मनुष्यता को

सर्वनाशी ज्वालामुखी में झोंक दें। पूछा जा सकता है कि **सर्वनाश के इस दूह पर कौन पण्डित घंटा बजायेगा और कौन मुल्ला बांग देगा** ? बुद्धिजीवियों को चाहिए कि कबीर की तरह निर्भीक जनता को उत्प्रेरित करे कि वह धर्म के ठेकेदारों और धर्म की राजनीति करने वालों से इस प्रश्न का उत्तर पूछें। वह समय आ गया है जब जनता इस सवाल को पूछ करके ही लोगों को सत्य मार्ग में प्रवृत्त कर सकती है, कोई दूसरा नहीं। जनता को चाहिए कि धर्म, भाषा और जाति के आधार पर जो वोट माँगे, इनके नाम पर संगठित होकर दूसरे पर आक्रमण के लिए उकसाये और इनसे सम्बन्धित कुछ भोले सपने दिखाकर जन-मन को रिझाये, उसे वह अपना रहनुमा न चुने, साथ ही उसका सामाजिक बहिष्कार भी करे।

धार्मिक ढोंगों और अत्याचारों के साथ-साथ कबीर के समय में ब्राह्मण शूद्र की जातिगत खाई भी बड़ी गहरी और चौड़ी थी। एक ऊँचा था, दूसरा नीच। एक सुखी-सम्पन्न था, दूसरा विपन्न और दीन-हीन। ऊँचे आसन पर पण्डित था और उससे बहुत नीचे-एकदम नंगी धरती पर शूद्र। कबीर ने इस सामाजिक विषमता, अन्याय और अत्याचार का जमकर विरोध किया और लोगों को समझाया कि दोनों में तत्त्वतः कोई भेद नहीं है -

एकै बूंद एकै मल-मूतर, एक चाम एक गूदा ।
एकै जोतिथैं सब उत्पन्ना को बाहमन को सूदा ।।

ब्राह्मण समाज वेदपाठी और जनेऊधारी होने के कारण अपने को श्रेष्ठ और पूज्य कह रहा था और शूद्रों को इनसे वंचित करके उन्हें नीच और अस्पृश्य मान रहा था। कबीर ने ऐसे ब्राह्मण को ललकारा और कहा-

जो तु ब्राह्मन ब्राह्मनी जाया।
आन मार्ग है काहे न आया।।

यह ब्राह्मण समाज भी नृशंस, अत्याचारी और कसाई है, यह कहने से भी कबीर हिचके नहीं-

संतो पांडे निपुन कसाई।
बकरा मारि भैंसा पर धावें, दिल मँह दरद न आई।।

लोगों की काली करतूतों का पर्दाफाश करके और अविवेकपूर्ण भेदभाव का विरोध करके कबीर ने समाज में समतावादी जीवन-दृष्टि का प्रसार किया। आश्चर्य की बात है कि जिस मसले को कबीर ने बड़े तर्कों के साथ हल करने की कोशिश की, वह आज भी उससे अधिक भयंकर रूप में विद्यमान है। पिछले दिनों मण्डल

आयोग की सिफारिशों के सन्दर्भ में जिस तरह का आरक्षण-विरोध उभरा और जिस तरह से तमाम किशोरों ने आत्महत्यायें कीं, उससे साफ पता चलता है कि हमारे समाज में विद्वेष की अग्नि अभी भी विद्यमान है, इस अग्नि को और हवा दे रहे है हमारे राजनेता। वे अपनी कुर्सी को बरकरार रखने के लिए या सत्ता को प्राप्त करने के लिए किस हद तक गिर सकते हैं। इसका प्रमाण है उनका मण्डल कमीशन को आनन-फानन में लागू करना। आरक्षण की समस्या ने सवर्ण-अवर्ण के बीच जो जातिगत विद्वेषाग्नि प्रज्वलित की है, वह हमारे समाज के लिए अभिशाप सिद्ध होगी। **जिस समय देश में समता के सिद्धान्त पर सर्वोदय का विधान किया जाना चाहिए था उस समय हिन्दू-मुसलमान, सवर्ण-अवर्ण या अगड़ा-पिछड़ा का भेदभाव पैदा करके देश को रसातल में भेजने और उसे भीषण गृहयुद्ध में झोंकने की घिनौनी कोशिश हुई।** इस संदर्भ में भी कबीर की ही संतुलित एवं समदृष्टि की जरूरत है। **सामाजिक आर्थिक विषमता को दूर करने का यह तरीका कतई स्वस्थ नहीं है कि एक को धकेल कर नीचे कर दिया, दूसरे को उस पर बैठा दिया जाय, या एक का सब कुछ छीनकर विपन्न कर दिया जाय और दूसरे को उससे लाभान्वित कर दिया जाय।** यदि जनता के उत्थान, सुख और समृद्धि की चिन्ता हमारे सत्ताधारियों को है तो उन्हें चाहिए कि जनता में भेद-विष का प्रसार किये बगैर सबकी उन्नति का मार्ग तलाशें। लेकिन दिक्कत यह है कि सत्ताधारी यह चाहते ही नहीं कि जनता सुखी और समृद्ध हो। उनकी तो मंशा यह रहती है कि वह लड़ती रहे और वे अपना उल्लू सीधा करते रहें। बुद्धिजीवियों का कर्त्तव्य है कि वे कबीर की तरह जनता को वस्तु सत्य से अवगत करायें और उसमें यह विवेक बुद्धि पैदा करे कि वह राजनेताओं की कठपुतली न बनें। दरअसल आज का बुद्धिजीवी भी अवसरवादी, स्वार्थी और सत्तालोलुप हो गया है, इसीलिए कबीर की सी समदृष्टि, तर्कशीलता, सत्यनिष्ठा और निर्भीकता के साथ अन्याय और अत्याचार का विरोध करने के लिए वह अपने सुविधा सम्पन्न कक्ष से बाहर नहीं आ रहा है।

**कबीर में जो फक्कड़ता, अक्खड़ता और मस्ती थी, वह उन्हें अपना घर जला देने के बाद मिली थी, यहाँ तो घर जोड़ने की माया इतनी प्रबल है कि अपने हित के अलावा और कुछ सूझ ही नहीं रहा है।** कबीर अपने समय के संत ही नहीं, वह प्रखर बुद्धिजीवी थे जिसकी निगाह लोकहित पर होती है, जो बड़ी तार्किकता के साथ अत्याचार और अन्याय का विरोध करता है और जिसे बदले में कुछ पाने की चाह नहीं होती है।

वर्तमान सामाजिक, राजनीतिक एवं धार्मिक जीवन में जिस तरह अनीति, भ्रष्टाचार, द्वेष, दम्भ और हत्या मारकाट का दृश्य दिखाई पड़ रहा है, उससे निपटने

के लिए कबीर की-सी निर्मल दृष्टि, निर्भीकता, निष्पक्षता, तार्किकता और वस्तुनिष्ठता की जरूरत है। उनकी जैसी क्रान्तिकारी भावना और जनहित की स्वच्छ चेतना ही हमें वर्तमान के दाह से बचा सकती है। बहुत पहले 'कबीर' की देन और उनकी आवश्यकता का आकलन करते हुए आचार्य हजारी प्रसाद द्विवेदी ने लिखा था-**'आज शायद यह सत्य निबिड़ भाव से अनुभव किया जाने वाला है कि सबकी विशेषताओं को रखकर मानव-मिलन की साधारण भूमिका नहीं तैयार की जा सकती। जातिगत, कुलगत, कर्मगत, संस्कारगत, विश्वासगत, शास्त्रगत, सम्प्रदायगत बहुतेरी विशेषताओं के जाल को छिन्न करके ही वह आसन तैयार किया जा सकता है जहाँ एक मनुष्य दूसरे से मनुष्य की हैसियत से ही मिले। जब तक यह नहीं होता, तब तक अशान्ति रहेगी, मारा-मारी रहेगी, हिंसा प्रतिस्पर्द्धा रहेगी। कबीरदास ने इस महती साधना का बीज बोया था।'**

हमें यह सच स्वीकार करना चाहिए कि हमने कबीर की उस महती साधना के बीज को अंकुरित ही नहीं होने दिया जिसका परिणाम हम अपने चारों ओर की मारकाट और हिंसा-प्रतिस्पर्द्धा के रूप में देख रहे हैं। यदि हम एक स्वस्थ सुख-शान्तिपूर्ण मानवीय समाज चाहते हैं तो हमें कबीर की उस महती साधना को फलवती करना होगा।

साहित्य-सृजन की दृष्टि से भी कबीर हमारे प्रेरणा-स्रोत हैं। मैं इस सन्दर्भ को ज्यादा विस्तार न देकर केवल इतना कहना चाहता हूँ कि कबीर ने साहित्य में जिस तरह अनुभव का सच लिखा, जो लोकचिन्ता दिखाई और भाषा शिल्प में जो यथार्थ चेतना विकसित की, वह किसी भी साहित्यधारा को प्राणवती और वेगमयी बनाये रखने के लिए जरूरी है। कबीर ऐसे संत कवि थे जिन्होंने अपने यथार्थ से अपनी राह निकाली, किसी प्रशस्त पुण्य-पंथ पर आँख-मूँद कर नहीं चले, इसीलिए सबको फटकारने, दुत्कारने के बावजूद वे सर्व-समादृत हुए और समाज को ओजस्वी रचनाएँ दे सके।

❑

# पद्मावत की कथानक रूढ़ियाँ

वैसे तो किसी प्रबंधकाव्य की कथानक रूढ़ियों का अध्ययन यह जानने के लिए अधिक महत्वपूर्ण हो सकता है कि उसके रचनाकार ने इनके उपयोग से प्रबंधकथा को कितनी सरस, प्रवाहपूर्ण एवं मार्मिक बनाया है किन्तु जायसी के 'पद्मावत' की कथानक-रूढ़ियों का विश्लेषण उसके कथा-शिल्प के सौन्दर्य को समझने में सहायक होने के साथ ही एक महत्वपूर्ण तथ्य यह भी रेखांकित करता है कि मुसलमान कवि होने के बावजूद उन्हें भारतीय जनजीवन, धर्म, संस्कृति और साहित्य की कितनी गहरी जानकारी थी और उसके प्रति उनमें कितना अनुराग था। भारतीयता तो जायसी की रग-रग में भरी हुई थी। यह उनकी भारतीयता का ही तकाजा था कि उन्होंने हिन्दू घराने की लोकप्रचलित प्रेम कथा को अपने प्रबंध काव्य का आधार बनाया और उसमें भारतीय साहित्य की चिरपरिचित कथानक रूढ़ियों का सन्निवेश करके उसके प्रति दुहरी आस्था व्यक्त की।

कथानक रूढ़ि का तात्पर्य ऐसी कथाओं या घटनाओं से है जो साहित्य में एक ही तरह से बार-बार प्रयुक्त होकर एक ही साँचे में ढले हुए किसी विचार या तथ्य को रेखांकित करती है। इसे यो कहा जा सकता है कि एक जैसे विचार या विश्वास कथा-कहानियों में बार-बार प्रयुक्त होकर कथानक रूढ़ियों का रूप धारण कर लेते हैं।[1] शिप्ले का कहना है कि मोटिफ या साहित्यिक अभिप्राय अपनी लघुता में भी एक पूर्ण कहानी छिपाये रहते हैं।[2] तात्पर्य यह कि कुछ कथा प्रसंग या खण्ड दीर्घकाल तक साहित्य में प्रयुक्त होते-होते एक तरह की रूढ़ि का रूप धारण कर लेते हैं। समर्थ रचनाकार के हाथों में पड़कर ये कथानक रूढ़ियाँ नयी अर्थवत्ता भी प्राप्त करती रहती हैं। यहाँ यह उल्लेखनीय है कि साहित्यिक कथानक रूढ़ियों का आदिस्रोत लोक कथाएँ ही हैं जो लोकमानस से उद्भूत होकर शिष्ट या अभिजात्य साहित्य तक पहुँचती है।

कथानक रूढ़ियों की दृष्टि से हमारा प्राचीन साहित्य बहुत समृद्ध है। संस्कृत, प्राकृत और अपभ्रंश की आख्यायिकाओं में प्रयुक्त कथानक रूढ़ियों का ही

व्यवहार हिन्दी के मध्यकालीन प्रबंध काव्यों में हुआ है। हिन्दी में सर्वप्रथम आचार्य हजारी प्रसाद द्विवेदी ने कथानक रूढ़ियों के अध्ययन की ओर विद्वानों का ध्यान आकृष्ट किया और उनके महत्व पर प्रकाश डाला। उन्होंने स्पष्ट किया कि कथानक रूढ़ियों के अध्ययन से प्रबंध कथा के मर्म और शिल्प को समझने में तो मदद मिलेगी ही, साथ ही अनेक भ्रान्तियों का भी निराकरण होगा। पृथ्वीराज रासो और पद्मावत में प्रयुक्त कथानक रूढ़ियों ने उनकी ऐतिहासिकता पर जो आवरण डाल रखा है उसे हटाकर ही उनकी ऐतिहासिकता अनैतिहासिकता की परीक्षा की जा सकती है।[3]

'पद्मावत' की कथा में कथानक रूढ़ियों का प्राचुर्य है। कहना चाहिए कि कथानक रूढ़ियाँ ही उसकी आधारशिला हैं। इसके पूर्वार्द्ध की कथा का ढाँचा इन्हीं रूढ़ियों से ही निर्मित हुआ है। इसमें सिंहलद्वीप, रानी पद्मावती की कहानी, हीरामन तोते का प्रणय दूतत्व, नायक का योगी वेश में सात समुद्र की यात्रा, पार्वती द्वारा अप्सरा वेश में रत्नसेन के प्रेम की परीक्षा, शंकर द्वारा आशीर्वाद की प्राप्ति, शिवमंडप में नायिका पद्मावती से नायक की भेंट, आकाशवाणी, स्वप्नदर्शन आदि विभिन्न कथानक-रूढ़ियों को संयुक्त करके ऐसी रोचक कथा तैयार की गयी है कि उसे पढ़ते समय न तो पाठक का मन ऊबता है और न ही किसी रूढ़िपालन का एहसास ही उत्पन्न होता है। जायसी ने बड़े कौशल से इन सबको अन्तर्ग्रथित करके एक कथा धारा का अभिन्न अंग बना दिया है साथ ही इन पर अपनी भावना, कल्पना और विचारधारा का एक नया रंग भी चढ़ा दिया है। 'पद्मावत' के उत्तरार्द्ध की कथा में ऐतिहासिक इतिवृत्त के सम्मिलित हो जाने के बावजूद कथानक रूढ़ियों की संकुलता समाप्त नहीं हुई है। इसमें भी कवि ने समुद्री तूफान द्वारा नायक के जहाज का टूटना, नायक नायिका का एक-दूसरे से बिछुड़ जाना, अलौकिक शक्ति के द्वारा प्रेम मिलना, लक्ष्मी द्वारा रत्नसेन की परीक्षा लेना, नागमती को अदृश्य शक्ति के द्वारा पति के आने की सूचना देना, राघव चेतन द्वारा रत्नसेन और पद्मावती के दाम्पत्य संबंध को समाप्त करने की साजिश करना, अलाउद्दीन का पद्मावती को शीशे में देखकर मूर्छित होना, कुंभवनेर के राजा देवपाल द्वारा पद्मावती को फुसलाने के लिए दूती भेजना, शाह के द्वारा पद्मावती को जोगिन बनाने का असफल षड्यंत्र करना आदि कथानक रूढ़ियों को समाविष्ट करके कथा में रोचकता और रोमांचकता की सृष्टि करने में जहाँ अद्भुत कुशलता दिखायी है वहीं कथा के स्वाभाविक विकास और चरित्रों के शील निरूपण में भी इनसे बड़ी सहायता प्राप्त की है। पद्मावत की इन कथानक रूढ़ियों को देखते हुए यह द्वन्द्व नहीं रह जाता कि इसकी कथा ऐतिहासिक है या अनैतिहासिक क्योंकि ये रूढ़ियाँ किसी इतिहास की घटनाएँ न होकर लोक कथाओं की मूल सम्पत्ति है जो संस्कृत-प्राकृत और अपभ्रंश भाषाओं के

साहित्य से होती हुई पद्मावत तक पहुँची है। पद्मावत की इन कथानक रूढ़ियों में ऐतिहासिकता एक क्षीण सूत्र का कार्य करती हुई प्रतीत होती है पर वह इतनी क्षीण भी नहीं हैं कि उसकी एकदम उपेक्षा कर दी जाय क्योंकि इससे जायसी का देशकाल बोध अभिन्न रूप से जुड़ा हुआ है। जायसी ने उपर्युक्त कथानक रूढ़ियों को 'पद्मावत' में अपने ढंग से नियोजित किया है इसीलिए परम्पराभुक्त होती हुई भी ये रूढ़ियाँ नये अर्थ-सौन्दर्य से समृद्ध हो गयी हैं। उन्हें यदि हम कथानक रूढ़ि ही मानकर सामान्य दृष्टि से देखेंगे तो पद्मावत का बहुत सारा सौन्दर्य हमारी समझ में न आ सकेगा या हम उससे अनभिज्ञ रह जायेंगे।

कहा जा चुका है कि कथानक रूढ़ियों पर विशेष ध्यान न देने के कारण ही पद्मावत के अध्ययन में विद्वानों को कुछ भ्रातियों का शिकार होना पड़ा है। 'सिंहलद्वीप' की ऐतिहासिकता और भौगोलिकता पर मूड़ मारना इसी तरह की भ्रान्ति का परिणाम कहा जा सकता है। इस संदर्भ में डॉ. नामवर सिंह का यह कथन उल्लेखनीय है-**'सिंहलद्वीप भी एक मोटिफ है जो पता नहीं कब से कवियों के रोमैटिक देश का प्रतीक बनकर रहा है। वह इतना मनोरम देश है कि उसमें सभी स्त्रियाँ पद्मिनी ही होती हैं। इसकी ऐतिहासिकता और अनैतिहासिकता को लेकर बहस करना बेकार है।'** [4] दरअसल पद्मावत की पूरी कथा ही एक लोक प्रचलित कथा का साहित्यिक रूपान्तर है। उसमें **रत्नसेन, अलाउद्दीन, दिल्ली** जैसे जो पात्र और स्थान आये हैं वे जायसी की ऐतिहासिक चेतना और कवि कौशल के प्रमाण हैं। जायसी का अभीष्ट किसी ऐतिहासिक इतिवृत्त का वर्णन करना न था। वे तो लोकमानस में विद्यमान लोक कहानी के माध्यम से अपनी आध्यात्मिक विचारधारा को जन-जन तक सुगमतापूर्वक पहुँचाना चाहते थे। इसके लिए यदि कुछ ऐतिहासिक व्यक्तियों या स्थानों या घटनाओं का सहारा ले लिया तो सिर्फ इसलिए कि कथा अविश्वसनीय न प्रतीत हो। जायसी ने सिंहलद्वीप का जैसा वर्णन किया है उसको पढ़कर उस जैसे किसी देश के इस धरा पर होने का विश्वास नहीं उत्पन्न होता। वह ऐसा देश है जहाँ सब कुछ अपने उत्कृष्टतम रूप में विद्यमान है वह चाहे महल हो या उपवन, मनुष्य हो या पशु पक्षी। वहाँ की तो सभी स्त्रियाँ पद्मिनी स्वरूपा ही हैं वह चाहे कोई परिहारिन ही क्यों न हो . . . .

पानि भरइ आवहि पनिहारी। रूप-सुरूप पद्मिनी नारी।।
पदुम गंध तेन्ह अंग बसाहीं। भँवर लागि तेन्ह संग फिराही।।
लंक सिंहनी सारंग नैनी। हंसगामिनी कोकिल बैनी।।

जायसी लिखते हैं कि जिसकी पनिहारिनें ऐसी हैं, वह पद्मिनी कैसी होगी इसकी कल्पना की जा सकती है-

मानहु मैन मुरति सब, अछरी बस अनूप।
जेन्हिकी ये पनिहारी सो रानी कोई रूप।।

यही नहीं सिंहलगढ़ का जो वर्णन किया गया है वह तो उसे अलौकिक देश ही सिद्ध करता है-

नवौ पँवरि पर दसौं दुआरू। तेहि पर बाज राज घरियारू।।
घरी सो बैठि गने घरियारी। पहर-पहर सो आपनि बारी।।
जबहि घरी पूजी वह मारा। घरी-घरी घरियार पुकारा।।
परा जो हाँड जगत सब डाँडा। का निचिंत माँटी कर भाँडा।।

ये पंक्तियाँ किसी लौकिक स्थान का स्थूल परिचय नहीं देती। ये तो अध्यात्म रहस्य से भरी हुई हैं। इसलिए इनके सहारे किसी स्थूल अर्थ तक पहुँचने की कोशिश न केवल व्यर्थ है बल्कि गलत भी है।

जायसी का सिंहलद्वीप लोकप्रचलित कथा के सिंहलद्वीप और नाथ पंथी योगियों के सिंहलद्वीप का मिश्रित रूप है इसीलिए उसमें एक ओर लोककथा के अनुरूप अलौकिकता और वस्तुओं की उत्तमता है तो दूसरी ओर नाथ सम्प्रदाय की आध्यात्मिक गूढ़ता भी भरी हुई है। बीच-बीच में जायसी ने सूफी भावना का भी पुट दे दिया है-

नवौ खण्ड नव पँवरी औ तहँ वज्र केवार।
चारि बसेरे जो चढ़ै सत सौ उतरै पार।।

सिंहलद्वीप की पद्मिनी की कहानी भी एक लोक प्रचलित कथानक रूढ़ि ही है। इसलिए उसे कोई ऐतिहासिक नायिका मानना और उसके साथ ऐतिहासिक रत्नसेन के विवाह की प्रामाणिकंता को खोजना व्यर्थ की माथापच्ची है। यह पद्मावती तो पृथ्वीराज रासो के 'पद्मावती समय' में भी मौजूद है। वहाँ भी एक विदग्ध तोता उसके प्रणय संदेश को पृथ्वीराज चौहान तक पहुँचाता है और दोनों के प्रणय-संबंध को सफल बनाने में महत्वपूर्ण भूमिका अदा करता है। पद्मिनी की ये सभी प्रणय गाथाएँ अवध में लोकप्रचलित पद्मिनी की कहानी से उद्भूत हैं। जायसी ने उसे अपने रंग में रंग कर सामान्य प्राणी के स्तर से उठाकर ब्रह्म का प्रतीक बना दिया है। जिसको पाने के लिए रत्नसेन रूपी साधक कठिन तप या साधना करता है। यहाँ ध्यान देने योग्य तथ्य यह है कि रत्नसेन ऐतिहासिक व्यक्ति हैं। वे चित्तौड़ के राजा है। जायसी ने अपनी अद्भुत काव्य प्रतिभा से काल्पनिकता और ऐतिहासिकता का ऐसा मणिकांचन संयोग उपस्थित किया है कि यह काव्यत्व की दृष्टि से किंचिदपि खटकता नहीं, हाँ कोरी इतिहास बुद्धि वालों को यह तथ्य अवश्य भ्रमित-विस्मित करता है।

सूफी सन्त होने के कारण जायसी ने स्वभावतः अपनी अनेक कथानक रूढ़ियों पर आध्यात्मिकता का गहरा रंग चढ़ाया है। वास्तविकता यह है कि उन्होंने लोक प्रचलित भारतीय कहानी को अपनी सूफी विचारधारा के प्रसारार्थ चुना ही था। इसीलिए उनके पद्मावत की नायिका जहाँ सूफी भावना के अनुकूल परमेश्वर का प्रतीक बन गयी है वहीं पर उस परमेश्वर से रत्नसेन रूपी साधक की भेंट कराने के कारण हीरामन तोता भी धार्मिक गुरू बन गया है। लोककथाओं में और हमारे भारतीय साहित्य में भी प्राचीन काल से ही हंस, शुक, कपोत आदि पक्षी प्रणय दूत या संदेशवाहक के रूप में चित्रित किये जाते रहे हैं। ऐसा करने का शायद कारण यह रहा हो कि ये निष्पक्ष और निःस्वार्थ भाव से दूतकार्य के लिए अत्यधिक विश्वसनीय समझे गये हों। नल दमयन्ती के बीच, एक दूसरे को बिना देखे-मिले, प्रेम संबंध स्थापित कराने में हंस ने जो भूमिका निभायी है उससे कम महत्वपूर्ण कार्य जायसी के हीरामन तोते नहीं किया है बल्कि कहना यह चाहिए कि जायसी के हीरामन ने प्रणय दूतत्व में जैसी विदग्धता, निपुणता का परिचय दिया है वह दुर्लभ है। जायसी ने बहुत सोच-समझकर उसका परिचय देते हुए लिखा है-

सुआ एक पद्मावति ठाऊँ। महापंडित हीरामनि नाऊँ।।
दैयं दीन्ह पखिहि असि जोती। नैन रतन मुख मानिक मोती।।
कंचन वरन सुआ अति लोना। मानहुँ मिला सोहागहिं सोना।।

पाण्डित्य और सौन्दर्य का जिसमें समन्वय होगा वह संसार में कठिन से कठिन कार्य सम्पन्न कर लेगा, इसमें संदेह नहीं किया जा सकता। इस तोते ने क्या नहीं किया ? जिस पद्मावती के योग्य कोई वर नहीं मिलता था उसे रत्नसेन जैसा पति दिया और नागमती जो अपने को विश्वसुन्दरी मानकर गर्वित रहा करती थी, उसकी आँखों से 'रकत' के आँसू ढुलकवाया। 'पद्मावत' में हीरामन तोते की भूमिका काफी महत्वपूर्ण है। उसकी कथा से एक तो पद्मावत की कथा का मार्मिक विकास हुआ है दूसरे जायसी ने बड़ी सरलता के साथ साधना जगत में गुरु के महत्व को प्रतिपादित कर दिया है। कबीर ने पहले ही कह दिया था कि-'बलिहारी इन गुरू की जो गोविन्द दियो बताय।' जायसी के इस हीरामन तोते पर भी हमें इसी भाव से 'बलिहार' होना पड़ता है। उसने रत्नसेन रूपी साधक को न केवल परब्रह्म रूपी पद्मावती का पता बताया बल्कि यथेष्ट रूप में उसका मार्ग निर्देशन करके उससे भेंट करायी। यदि हम 'गुरू सुआ जेहि पंथ दिखावा' वाले अंश को 'पद्मावत' में प्रक्षिप्त मान लें तो भी हीरामन तोते के पथ प्रदर्शक गुरू रूप में कोई फर्क नहीं पड़ता। रत्नसेन ने तो उसे स्पष्टतः अपना गुरू स्वीकार किया है-

पूँछ राजै कहु गुरू सुवा। न जावौं आजु कहाँ दिन उवा।।
बदल बास सीतल लै आवा। क्या डहत जनु चंदन लावा।।

'पद्मावत' की पूर्वार्द्ध कथा का वृहदंश हीरामन तोते से घनिष्ठ रूप से जुड़ा हुआ है। इस ग्रंथ में इसके महत्व को इसी से जाना जा सकता है कि वह उसके पाँच खण्डों- सुआ खण्ड, बनिजारा खण्ड, नागमती सुआ खण्ड, राजा सुआ खण्ड, पद्मावती सुआ खण्ड में मुख्य पात्र की भूमिका में है। वह अन्य ग्रंथों की भाँति वक्ता, श्रोता भेदिया या मात्र संदेशवाहक नहीं है बल्कि उसकी अपनी अहमियत है, उसका भी अपना एक विशिष्ट चरित्र है। वह बड़ा ही संवेदनशील जीव है। यह संवेदनशीलता जायसी की ही है जो उनके हीरामन के अतिरिक्त अन्य पक्षियों में भी उतर आयी है। तभी तो आधी रात के सन्नाटे में नागमती के करुण-रुदन को सुनकर जब कोई कुछ नहीं बोलता तो उनका 'विहंगम' पूछ उठता है-

फिरि फिरि रोइ न कोई डोला। आधी रात विहंगम बोला।।
तै फिरि फिरि दाधै सब पाँखी। केहि दुख रैनि न लावसि आँखी।।

तब नागमती उससे कहती है-

चारिउ चक्र उजारि भे सकसि संदेसा टेकु।
कहौं बिरह दुख आपन बैठि सुनइ दंड एकु।।

उस दुखियारी के संदेश को लेकर वह 'विहंगम' सिंहलगढ़ गया और बड़ी कुशलता से एक वृक्ष की डाल पर बैठकर आखेट के लिए आये हुए राजा रत्नसेन को सुनाकर जंगल के पक्षियों से यह कथा कहने लगा-

नगर एक हम देखा, गढ़ चित उर ओहि नाउँ।
सो दुख कहौ कहाँ लगि हम दाधे तेहि ठाउँ।।
जोगी होइ निसारा जो राजा। सून नगर जानहुँ धुंध बाजा।।
नागमती है ताकरि रानी। जरि बिरहै भै कोइलि बानी।।
अब लगि जरि होइहि भै छारा। कहि न जाइ बिरह कै झारा।।
हिया फाट वह जबहि कुहूकी। परे आँसु होइ होइ सब लूकी।।

यह सब सुनकर रत्नसेन मन में सोचने लगा-

सुनि चित उर राजै मन गुना। विधि संदेस मैं कासौं सुना।।
को तरिवर अस पंखी भेसा। नागमती कर कहै संदेसा।।

और राजा ने कहा-

राजै कहा हे सरग संदेसी। उतरि आउ मोहि मिलु सहिदेसी।।
पाँव टेकि तोहि लाबौं हियरे। प्रेम संदेस कहौ होइ नियरे।।

किन्तु वह सारी कथा कहकर फुर्र से उड़ गया। राजा ताकता रह गया-

**घरी एक राजै गोहरावा। भा अलोप पुनि दिष्टि न आवा।।**

लेकिन पक्षी को जो काम करना था, वह उसने बड़ी सफलता से पूरा कर दिया। रत्नसेन के हृदय में नागमती के लिए प्रेमाग्नि प्रज्वलित हो उठी और उसने चित्तौड़ वापस होने का निश्चय कर लिया। एक पक्षी हीरामन भी था जिसने नागमती से रत्नसेन को छुड़ाकर उसको उसकी भरी फूली फुलवारी विध्वस्त कर दी, किन्तु संवेदना के मारे इस पक्षी ने फिर से उसके प्रियतम को उससे मिला दिया। कहना न होगा कि जायसी ने लोक कथाओं से पक्षियों की इस संवेदनशीलता, सहिष्णुता और परदुखकातरता की रूढ़ि को पद्मावत की कथा में सुग्रथित करके उसे रोचक, संजीव एवं मार्मिक बना दिया है। उपर्युक्त कथा प्रसंग से पद्मावत की कथा को नयी दिशा और गति मिली है। इस प्रसंग तक आकर कथा प्रवाह भी लगभग अवरूद्ध होने को था कि जायसी ने अपनी कल्पना शक्ति से उसे नयी चेतना दे दी।

पद्मावत की अनेक कथानक रूढ़ियाँ कथा के स्वाभाविक विकास और मोड़ से जुड़ी होने के साथ ही पात्रों की चारित्रिक विशेषताओं, संस्कारों, मनोविज्ञान और विश्वासों को भी रेखांकित करती है जैसे शिव मंडप में रत्नसेन से प्रथम भेंट होने के बाद पद्मावती का स्वप्न देखना। पद्मावती ने दूसरे दिन अपनी सखियों से अपने स्वप्न का वर्णन किया-

देव पूजि जब आइउँ काली। सपन एक निसि देखिउँ आली।।
जनु ससि उदौ पुरुष दिसि कीन्हा। औ रवि उदौ पछिवंदिस लीना।।
पुनि चलि सुरुज चाँद पहँ आया। चाँद सुरुज दुहु भएउ मेरावा।।
दिन औ राति जानु भए ऐका। राम आइ रावन गढ़ छेंका।।
तस किसु कहा न जाइ विसेखा। अरजुन बान राहु गा बेधा।।
जनहु लंक सब लूसी हनू विधाँसी वारि।।
जागि उठिउँ असि देखत सखि सो कहहु विचारि।।

मनोवैज्ञानिकों का कहना है कि मनुष्य की अतृप्त इच्छाएँ या वासनाएँ ही स्वप्न के रूप में विभिन्न रूप धारण करके साकार होती हैं। पद्मावती की भी प्रबल इच्छा थी कि कोई उसके योग्य वर मिल जाय क्योंकि योग्य वर न मिलने के कारण ही उसका पिता चाहकर भी उसका विवाह नहीं कर रहा था। अचेतन मन किसी मर्यादा, सीमा या बाधा को कहाँ स्वीकार करता है। इधर यह संयोग घटित हुआ कि एक अच्छा राजा पद्मावती को शिवमंडप में देखने को मिला। हीरामन ने भी उससे उसकी तारीफ कर दी थी या यह कहें कि उसको वर रूप में चुनने के लिए समुत्सुक कर दिया था किन्तु उसको देखते ही पद्मावती उससे मिल न सकी। उसका रूप

का गर्व उसके आड़े आ गया।[5] उपर्युक्त स्वप्न इसी वासना-दमन का परिणाम था जिसकी व्याख्या करते हुए उसकी सखियों ने उसे समझाया-

सुरुज पुरुष चाँद तुम रानी। अस वर देव मिलावा आनी।।
पछिवं खंड कर राजा कोई। सो आवै वर तुम्ह कहँ होई।।
पुनि कछु जूझि लागि तुम्ह रामा। रावन सौ होइहिं संग्रामा।।
चाँद सुरुज सिंव होइ विआहू। बारि विधाँ सब बेधव राहू।।
सुख सुहाग है तुम्ह कहुँ पान फूल रस भोग।
आजु काल्हि भा चाहिअ अस सपन क संजोग।।

इस स्वप्न कथा से जहाँ लोक के स्वप्न विश्वास शुभ शकुन और पद्मावती की मानसिक दशा पर प्रकाश पड़ता है वहीं पर इससे आगे की घटनाओं का मार्मिक संकेत भी मिल जाता है।

लोक कथाओं में पार्वती शंकर को भी एक उदार देवी-देवता के रूप में चित्रित किया गया है। लोक गीतों में अक्सर पार्वती किसी दुखी व्यक्ति की दुर्दशा से दुखी होकर महादेव से उसके दुख के निवारणार्थ प्रार्थना करती हुई चित्रित की गयी है। जायसी ने भी पार्वती महेश खण्ड में इस कथानक रूढ़ि का बड़ा अच्छा इस्तेमाल किया है। यहाँ पार्वती केवल रत्नसेन को शंकर से आशीर्वाद ही नहीं दिलाती बल्कि उसके प्रेम की विकट परीक्षा भी लेती हैं जिसमें वह 100 प्रतिशत अंक प्राप्त करके उत्तीर्ण हो जाता है। यह सही है कि जिस समय पार्वती रत्नसेन की परीक्षा लेती हैं उस समय तक रत्नसेन का प्रेम पद्मावती के दर्शन के अभाव में निर्दिष्ट हुआ नहीं रहता है किन्तु हीरामन की मदद के बिना भी उसका इस परीक्षा में उत्तीर्ण हो जाना यह प्रमाणित करता है कि हीरामन से रत्नसेन ने पद्मावती के नख-शिख सौन्दर्य का जो वर्णन सुना था वह उसके हृदय में बहुत गहरे धंस गया था।

पद्मावत की उत्तरार्द्ध वाली कथा में समुद्र तूफान के द्वारा नायक के जहाज को भग्न कर नायक नायिका को दैवी शक्ति से जिस तरह पुनः मिलाया गया है और लक्ष्मी के द्वारा रत्नसेन की जो प्रेम परीक्षा की गयी है वह भारतीय जीवन के आदर्शों एवं विश्वासों को भलीभाँति रेखांकित करती है। इसी तरह दूतियों के द्वारा नायिका को फुसलाने आदि की रूढ़ियों के द्वारा कवि ने सामाजिक जीवन की संकीर्णताओं पर प्रकाश डाला है। इन कथा प्रसंगों से कवि ने लोक प्रचलित, विश्वासों, मान्यताओं और रूढ़ियों को भी रेखांकित करने की कोशिश की है।

'पद्मावत' कथानक रूढ़ियों का एक वृहद कोश है। उनका अध्ययन विश्लेषण एक ओर पद्मावत के काव्य सौष्ठव को समझने में सहायक है तो दूसरे ओर उससे भारतीय जीवन के विभिन्न पहलुओं पर भी पर्याप्त प्रकाश डालता है।

इसमें कुछ कथानक रूढ़ियाँ बहुत बड़ी हैं तो कुछ बहुत छोटी हैं। लम्बी कथानक रूढ़ियों के माध्यम से कवि ने प्रबंध कथा को विस्तृत-विकसित करने का काम लिया है और संक्षिप्त कथानक रूढ़ियों से लोक विचारों, विश्वासों और मान्यताओं की अभिव्यक्ति की है। संक्षिप्त रूप से वर्णित कथानक रूढ़ियाँ सांकेतिक एवं मार्मिक हैं।

'पद्‌मावत' की कुछ कथानक रूढ़ियाँ अन्य काव्यों की अपेक्षा स्वाभाविकता और मार्मिकता से कुछ शून्य हो गयी हैं। जैसे शिवमंडप में पार्वती रत्नसेन की भेंट। रामचरितमानस में पुष्प वाटिका में राम सीता की भेंट काफी स्वाभाविक और मार्मिक है। उस स्थिति में वैसी ही भेंट हो सकती थी। 'पद्‌मावत' में पद्‌मावती को हीरामन से पता चल गया था कि उसके योग्य वर रत्नसेन है और वह मंडप में आ गया है किन्तु एक तो समाचार को पाकर उसके मन में विशेष उत्साह नहीं उत्पन्न होता है। दूसरे जब वह उसे देखती है तो एकदम निर्विकार रह जाती है। आध्यात्मिकता की दृष्टि से यह स्थिति भले ही स्वाभाविक हो किन्तु प्रेम के क्षेत्र में यह स्थिति स्वाभाविक नहीं मानी जायेगी। यही नहीं उसका प्रेमी उसके अपूर्व रूप लावण्य को देखकर मूर्छित हो जाता है तो वह चंदन से उसके वक्षस्थल पर बड़ी ही दार्शनिक पंक्तियां लिखकर चली जाती है-

**बार आइ तब गा तै सोई। कैसे भुगुति परापति होई।।**

जायसी यहाँ पर दार्शनिक विचारों की अभिव्यक्ति में इतना उलझ गये हैं कि पद्‌मावती-रत्नसेन की प्रेमकथा थोड़ी देर के लिए लुप्त हो गयी है अथवा उसकी प्रमुखता समाप्त हो गयी है। कहना न होगा कि दार्शनिकता और उपदेशात्मकता की प्रबलता के कारण इसी तरह कुछ और प्रसंगों में भी पद्‌मावत की कथा का सहज विकास अवरूद्ध हुआ है। फिर भी यह मानना ही पड़ेगा कि जायसी ने कथानक रूढ़ियों से जो प्रबंध कथा तैयार की है वह बड़ी अनूठी एवं आकर्षक है।

**सन्दर्भ :**

1. पृथ्वीराज रासो की कथानक रूढ़ियाँ- ब्रजविलास श्रीवास्तव, पृ. 24
2. दि मोटिफ इज दि स्मालिष्ट रिकागनिजवल एलिमेंट हैज गोज टु मेक अप ए कम्पलीट स्टोरी- डिक्शनरी आफ वर्ल्ड लिटरेचर, फोक टेल-शिप्ले, पृ. 247
3. हिन्दी साहित्य का आदिकाल-आचार्य हजारी प्रसाद द्विवेदी, पृ. 84
4. हिन्दी के विकास में अपभ्रंश का योग-डा.नामवर सिंह, पृ. 286
5. तोते द्वारा योगी (रत्नसेन) की प्रशंसा सुनकर वह अभिमान से भर जाती है।

    पै सुनि जोगी केर बखानू। पद्‌मावति मन भा अभिमानू।।
    कंचन जौ कसिजै कै ताता। तब जानिउ दहुँ पीत की राता।।

# गोस्वामी तुलसीदास और हमारा समय

गोस्वामी तुलसीदास भारतीय इतिहास के उस मध्य युग में हुए थे जो भारत में मुगल साम्राज्य के स्थायी रूप से प्रतिष्ठित हो जाने का काल था। कहना न होगा कि हमारे और उनके बीच लगभग चार सौ से अधिक वर्षों की दूरी ही नहीं, हमारी और उनकी सामाजिक, राजनीतिक, धार्मिक, आर्थिक एवं सांस्कृतिक परिस्थितियों के बीच भी काफी भिन्नता है। वे पराधीन भारत में विदेशी सत्ता के एकाधिकारवादी युग में थे और हम आज स्वतंत्र भारत में प्रजातंत्र की स्वच्छन्द व्यवस्था में जी रहे हैं। उनके समय में समाज का सामन्तवादी ढाँचा था, धार्मिक कट्टरता थी, चरम पर पहुँची हुई दरिद्रता और अभावग्रस्तता थी और हम स्वतंत्र समाज में वैज्ञानिक-औद्योगिक प्रगतियों से लाभान्वित धर्मनिरपेक्ष होकर आर्थिक उदारीकरण और वैश्वीकरण की तीव्र प्रक्रिया से गुजर रहे हैं। तुलसीदास के युग की तुलना में आज का मनुष्य वैज्ञानिक प्रगतियों की बदौलत ज्यादा समर्थ और शक्तिमान हो गया है। 'दिनकर' ने कुरुक्षेत्र में लिखा है-

हैं बँधे नर के करों में वारि विद्युत भाप ।
हुक्म पर चढ़ता-उतरता है पवन का ताप ।।

यही नहीं-

लाँघ सकता है मनुज गिरि-सरित -सिन्धु समान

आज हमारे सामने भौतिक दूरियों का कोई व्यवधान नहीं रह गया है। सूचना-क्रान्ति ने हमारे आँख-कान की शक्ति को अपरिमित कर दिया है। हम भले ही पूरी तरह पूँजी-सम्पन्न न हो पाये हों किन्तु हमारे भीतर सभी तरह की सुख-सुविधाओं की ललक तीव्र हो गई है। एक तरह से हम भौतिकता और उपभोक्तावादी संस्कृति की आँधी में उड़े जा रहे हैं। ऐसी स्थिति में सामान्य बुद्धि से सोचने पर सहज रूप से कहा जा सकता है कि गोस्वामी तुलसीदास और हमारे समय के बीच कोई सम्बन्ध नहीं है, इसलिए हमारे लिए तुलसीदास और उनके साहित्य की कोई सार्थकता और प्रासंगिकता नहीं है। बहुत से प्रबुद्धजन ऐसा कह

भी कर रहे हैं। कोई कह रहा है कि तुलसी-साहित्य प्रतिक्रियावादी, यथास्थितिवादी, पुरातनपंथी, अप्रगतिशील, सामंती मूल्यों का पोषक, हिन्दू समाज का पथभ्रष्टक, नारी-शूद्र निन्दक, ब्राह्मणवादी वर्चस्ववादी और पतनशील संस्कृति और सामंती जीवन-मूल्यों का सरंक्षक है, कोई कह रहा है कि तुलसीदास की अपेक्षा कबीर ज्यादा, क्रान्तिकारी, समाजवादी और समूची मानव जाति के हितैषी हैं। प्रस्तुत प्रसंग में इन सब धारणाओं को उद्धरणों के साथ प्रस्तुत करने की आवश्यकता नहीं है किन्तु इनके परिप्रेक्ष्य में तुलसी और उनके साहित्य पर विचार करने की जरूरत है।

यह स्वीकृत तथ्य है कि साहित्यकार अपने समय और समाज की उपज होता है- वह या तो अपने समय और समाज की स्थितियों से संतुष्ट होकर अपने साहित्य में उसकी सकारात्मक छवि अंकित करता है या उससे असंतुष्ट होकर उसकी आलोचना भर्त्सना करता है और यदि अधिक प्रतिभावान हुआ तो एक बेहतर समाज बनाने और उसका सपना बुनने का भी उपक्रम करता है। हमें कबीर, जायसी, सूर और तुलसी के साहित्य को इसी परिप्रेक्ष्य मे देखना-समझना चाहिए। ऐसा करके ही हम उनका सही और सार्थक मूल्यांकन कर सकेंगे और उनके साहित्य में हमारे जीवन और विकास के लिए जो श्रेष्ठ और मंगलकारी तत्त्व हैं, उन्हें सकारात्मक ढंग से समझकर ग्रहण कर सकेंगे। जो लोग कबीर और तुलसी को आमने-सामने करके एक की प्रशंसा और दूसरे की फजीहत करते हैं, दरअसल वे कलहप्रिय लोग हैं। वे इन दोनों की ऐतिहासिक भूमिका को नज़रअंदाज करके केवल अपने रंगीन चश्में से उनके यथार्थ को देखने-समझने की कोशिश करते हैं। कबीर ने अपने समय में जो किया वह उनके लिए सर्वथा उचित और आवश्यक था। लोगों की संकीर्णताओं और जड़ताओं को तोड़कर उन्हें मनुष्य के साथ मनुष्य जैसे व्यवहार करने का संदेश देकर कबीर ने अपने समय की ऐतिहासिक जरूरत पूरी की थी। यह कहना अनुचित न होगा कि कबीर ने एक कल्याणकारी समाज की संरचना के लिए झाड़-झंखाड़ हटाकर उसी तरह प्रशस्त भूमि तैयार की थी जैसे कोई नया भवन बनाने के लिए जीर्ण-शीर्ण भवन को या तो ध्वस्त करता है या उस जमीन पर जो कुछ अनावश्यक-अनर्गल पड़ा हुआ होता है, उसे बड़ी निर्ममता के साथ हटा देता है। कबीर ने अपना काम पूरा कर दिया था। कबीर उतना ही कर सकत थे, बाद में तुलसीदास ने उसी भारतीय समाज की भूमि पर लोकमंगलकारी उत्तम शासन-व्यवस्था और उदात्त मूल्य-निष्ठ समाज परिवार का भव्य भवन तैयार किया।

प्रसंगतः उपर्युक्त बातों को दृष्टिगत करने के बाद हमें यह विचार करना चाहिए कि हमारे और तुलसीदास के बीच समय और परिस्थिति का एक बड़ा अन्तराल होने के बावजूद हमारे लिए तुलसी साहित्य की कितनी प्रासंगिकता और

सार्थकता है। यदि संक्षेप में और दो टूक शब्दों में कहना हो तो, कहा जा सकता है कि अपनी कतिपय सीमाओं के बावजूद तुलसी-साहित्य आज भी हमारे लिए कई तरह से सार्थक एवं प्रासंगिक है। हम भले ही वैज्ञानिकी औद्योगिकी और प्रौद्योगिकी उन्नतियों के परिणामस्वरूप तुलसी के युग से बहुत आगे निकल आये हैं किन्तु हमारे समय के दुःख और व्यवधान उत्तरोत्तर गंभीर से गंभीरतर और जटिल से जटिलतर होते जा रहे हैं। आज दुनिया हमारी मुट्ठियों में है। हमें कहीं की भी खबर कहीं से भी कभी भी मिल सकती हैं। भौतिक दूरियाँ मिट गई हैं। 'दिनकर' के शब्दों में कहें तो कह सकते हैं-यह प्रगति निस्सीम। भूमण्डल का रहस्य जान लेने के बाद अब हम अंतरिक्ष मण्डल में पहुँच गये हैं और वहाँ भी अपनी दुनिया बनाने की जुगत में लगे हुए हैं लेकिन इस सबके बावजूद एक सचाई, जिससे हम या तो बेखबर हैं या जिस पर हम ध्यान नहीं दे रहे हैं, वह यह कि हम स्वाधीन भारत में निरन्तर पराधीन होते जा रहे हैं। देशों की टूटती हुई सीमाएँ, बढ़ता हुआ ग्लोबलाइजेशन और सम्पन्न देशों का फैलता हुआ पूँजीवाद हमारे जैसे विकासशील देशों को अपने साम्राज्य की चंगुल में लेता जा रहा है। ऋण-मेला लगाकर लोगों में ऋण बाँटा जा रहा है। लोगों को ऋणग्रस्त करके उनका जीवन-स्तर उठाने का सपना दिखाया जा रहा है। यह पूँजीवादी साम्राज्यवाद का कसता हुआ वह अदृश्य शिकंजा है जो हमें एक दिन उसी तरह आर्थिक गुलामी में जकड़ लेगा जैसे महाजन गरीबों को जकड़ते रहे हैं। यह पराधीनता मुगल साम्राज्य की अधीनता से भी भयंकर होगी, इसका हमें अनुमान नहीं है। हम यह नहीं समझ पा रहे हैं कि ऋण-ग्रस्तता दरिद्रता की जननी है। दरिद्र ऋणग्रस्त होने के लिए अभिशप्त है किन्तु दरिद्रता से बढ़कर कोई दूसरा दुख और पीड़ा नहीं है- 'नहिं दरिद्र सम दुखी न दीना।' उन्होंने दरिद्रता को भोगा भी था और देखा भी था। उन्होंने विनयपत्रिका और कवितावली में अपनी दरिद्रता का जैसा वर्णन किया है, वह बड़ा मार्मिक और कारूणिक है-

बारे ते ललात बिललात द्वार-द्वार फिर्‌यो,<br>
जानत हौं चारिफल चार ही चनक को।

'चारचने के लिए वे कहाँ-कहाँ नहीं गये, किसके-किसके सामने हाथ नहीं फैलाये, किसके-किसके पैरों पर नहीं गिरे किन्तु किसी ने उनकी ओर ध्यान तक नहीं दिया जबकि उन्होंने सुना था कि दुनिया में बड़े-बड़े धनी और दानी लोग हैं-

**द्वार-द्वार दीनता कहीं काढ़ि रद, परि पाहूँ**<br>
**है दयाल दुनी दस दिसा दुख दोष दलन-छम**<br>
**कियो न संभाषन काहू।**

दरिद्रता और अभावग्रस्तता ने उन्हें भीषण 'पेटागि' का भी बोध कराया।

पेट की आग बुझाने के लिए उन्होंने जाने किस-किस के जूठन को खाया-

**जाति के, सजाति के, कुजाति के, पेटागि बस**
**खाये टूक सबके विदित बात दुनी सो**

यह तो तुलसी का व्यक्तिगत अनुभव है किन्तु सामाजिक अनुभव भी इससे कम दारूण नहीं है। तुलसी ने अपने समाज के दीन-हीन और गरीब लोगों को दारिद्रय रूपी दावाग्नि में जलते हुए और 'पेटाग्नि बस' लोगों को अपने बेटों और बेटियों को बेंचते हुए भी देखा था। अपने और समाज के इस द्रारिद्रय-दुख के अनुभव से वे इस निष्कर्ष पहुँचे थे कि 'सबसे बड़ी है आगि पेट की।' मार्क्सवादी भी मानते हैं कि दारिद्रय दुःख और दीनता का जैसा वर्णन तुलसी ने किया है, वह अन्यत्र नहीं मिलता है, इसलिए वे यह भी स्वीकार करते हैं कि इस दृष्टि से तुलसी मार्क्सवाद के बहुत निकट पड़ते हैं। भगवान सिंह तो यह भी कहते हैं कि इस दृष्टि से तुलसी प्रगतिशील और परिवर्तनकारी हैं, कबीर यथास्थितिवादी। बहरहाल हम इस पचड़े में नहीं पड़ना चाहते। हम यह रेखांकित करना चाहते हैं कि तुलसी ने जिस दारूण दरिद्रंता और दीनता का चित्रण किया है वह पराधीनता का फल है। उनके समय में लोगों के जीने का हक तक छीन लिया गया था। लोग जैसे-तैसे जी रहे थे। ऐसा नहीं था कि लोग उद्यमी नहीं थे, किन्तु उद्यम के लिए अवसर ही न थे। जो किसानी करना चाहते थे, उनके पास खेती नहीं थी, जो व्यवसाय करना चाहते थे, उन्हें व्यवसाय करने की सुविधा नहीं थी, यहाँ तक भीख माँगकर (यद्यपि भीख माँगना कोई निदान नहीं है फिर भी जो जीना चाहते थे, उन्हें भीख भी नहीं मिलती थी। सब लोग एक दूसरे से यही कहते थे-कहाँ जाई, का करीं

**खेती न किसान को भिखारी को न भीख, बलि**
**बनिक को बनिज न चाकर को चाकरी**
**जीविका-विहीन लोग सीद्यमान सोचबस**
**कहैं एक एकन सों कहाँ जाई, का करीं।**

तुलसी ने अपने व्यक्तिगत जीवन में और अपने समाज में दरिद्रता का यह जो हृदय-विदारक संताप देखा, उससे वे भीतर तक हिल गये। उन्हें याद आये दशासन के वधकर्ता श्री राम। तुलसी ने यह समझा कि दारिद्रय भी दसानन ही है, यह आदमी को दसो दिसाओं से मारता है। इसलिए उन्होंने दशरथ-सुत राम के समक्ष हाहाकार करके प्रार्थना की कि दुनिया को (ध्यान दीजिए तुलसी का ही नहीं) इस दारिद्रय दशानन से बचाइए-

वेदन पुरान कही, लोकहू बिलोकियत
साँकरे सबै पै राम रावरे कृपा करी।
दारिद-दसानन दबाई दुनी दीनबन्धु
दुरित-दहन देखि 'तुलसी' हहाकरी।

ध्यान देने की बात है कि तुलसी पूरी दुनिया की दारिद्रयरूपी दशानन से मुक्ति चाहते हैं। यही तुलसी के रामराज्य का भी अभीष्ट है और मार्क्सवादी का भी किन्तु एक बिन्दु पर मार्क्सवादी विदक सकते हैं। तुलसी पूरे विश्वास के साथ यह मानते हैं- **एक राम-घनस्याम ही से बुझाइ आगि पेट की।**

तुलसी मानते हैं कि दुख, दारिद्रय, दीनता आदि विनाशकारी एवं कष्टदायक स्थितियों से मुक्ति दिलवाने की सामर्थ्य केवल राम में है। तुलसी का यह स्वयं का अर्जित विश्वास है किसी का दिया हुआ या सुझाया हुआ नहीं। तुलसी ने यह स्वयं अनुभव किया है कि जब वे दीन होकर लोगों के सामने हाथ फैला रहे थे और लोग उनकी याचना पर कान भी नहीं दे रहे थे, तो राम ने ही उनकी आर्त पुकार सुनी। तुलसी पर जब उनकी कृपा हो गयी तो जो लोग 'तुलसिया' कह रहे थे, वे ही उन्हें तुलसीदास या बाबा गोस्वामी तुलसीदास कहने लगे और जिसे गधे की ही सवारी बमुश्किल नसीब होती थी, वह गयंद पर सवार हो गया-

**गिनती केहि मँह जस बन घास।**
**राम जपत भे तुलसी-तुलसीदास।।**
**हौं तो सदा खर को असवार**
**तिहारोई नाम गयंद चढ़ायो।**

तुलसी का यह अखण्ड और अगाध विश्वास है कि काम, क्रोध, मद, लोभ मोहादिक से होने वाले जो भी दुख हैं, नाना प्रकार के जो भी रोग-दोष हैं, दारिद्रय जनति जो भी दुःख हैं, वे तभी तक हैं जब तक मनुष्य सम्पूर्ण रूप से राम के समक्ष अपने को समर्पित नहीं कर देता-

**तौ लौं लोभ, लोलुप ललात लालची लबार**
**बार-बार लालच धरनि धन धाम को।**
**तब लौ वियोग रोग सोग भोग जातना को**
**जुग सम लगत जीवन जाम जाम को।।**
**तौ लौं दुख-दारिद दहत अति नित तनु**

**तुलसी है किंकर विमोह कोह-काम को**
**सब दुख आपने, निरपने सकल सुख**
**जौ लौ मन भयो न बजाइ राजा राम को ।।**

इसीलिए तुलसी ने यह सुझाव दिया कि इनसे-उनसे याचना करने के बजाय राम से ही याचना करना उचित है क्योंकि संसार के सभी लोग यहाँ तक कि देवगण भी किसी न किसी के सामने याचक-मुद्रा में खड़े हैं। एक राम ही हैं। उनसे याचना करने पर याचकता ही समाप्त हो जाती है, इसलिए उन्हीं से याचना करना सार्थक और समीचीन है।

तुलसी के इस दृष्टिकोण से कुछ लोग असहमत हो सकते हैं किन्तु, जैसा कि पहले कहा गया है कि यह तुलसी का स्वानुभूत सत्य है। उनके इस विश्वास से उन्हें कोई डिगा नहीं सकता कि राम जिसे भरेंगे, उसे कोई खाली नहीं कर सकता और वे जिसे रिक्त करेंगे उसे कोई भर नहीं सकता। जिसे वे स्थापित करेंगे, उसे कोई विस्थापित नहीं कर सकता। यहाँ तक कि काल भी उसका कुछ बिगाड़ नहीं सकता। उन्हें राम की कृपा पर पूरा भरोसा है इसीलिए वे निर्द्वन्द्व और निर्भय हैं। तुलसी की निर्द्वन्द्वता और निर्भयता राम में अगाध आस्था का परिणाम है और यही उनकी स्वाधीन चेतना का भी दृढ़ आधार है। राम के भरोसे ही वे इतने स्वाभिमानी भी हो सके कि मुगल साम्राज्य में रहते हुए भी यह लिख सकें-

**जासु राज, प्रिय प्रजा दुखारी।**
**सो नृप अवसि नरक अधिकारी ।।**

मुगलकाल में प्रजा कितनी दुखी और त्रस्त थी, यह 'रामचरितमानस' के कलियुग वर्णन और 'कवितावली' के उत्तर काण्ड में सविस्तार वर्णित है।

अभिप्राय यह है कि आज हमारे लिए तुलसी इसलिए अधिक प्रासंगिक हैं कि वे हमें मानव-जीवन के उस बड़े अभिशाप से परिचित कराकर सजग करते हैं जो वे भोग चुके हैं और जिसे भोगते हुए अपने समाज को देखा है। हम पराधीनता से स्वाधीनता के युग में आ गये हैं। पराधीनता के नाना दुःख-कष्ट हम झेल चुके हैं किन्तु अब जो पराधीनता अपने हाथ पसार रही है और जैसे जाल फेंक रही है, उससे बचने और उबरने की जरूरत है। यदि तुलसी से हम इतनी भी सीख ले सकें तो हमारा कल्याण हो जायेगा।

हमारा वर्तमान समाज कई तरह की विषमताओं और असमानताओं से भरा हुआ है। समतामूलक समाज की संवैधानिक संकल्पना के बावजूद हम समाज में समता और भाईचारा को स्थापित करने में असफल और असमर्थ होते रहे हैं। जिस संविधान में जाति, धर्म और लिंग के आधार पर कोई भेद न करने का विधान है,

उसके प्रभावी होने के पचास साल बाद भी हमारे देश में उक्त आधारों पर भेद की चौड़ी और गहरी खाइयाँ क्यों बनती जा रही हैं ? क्या यही सच है कि 'मर्ज बढ़ता गया, दवा ज्यों-ज्यों की।' देश में संकीर्ण धार्मिकता और जातिवाद का बढ़ता हुआ दायरा इंसानियत को निगल जाने की स्थिति में आता जा रहा है। हम मानते हैं कि तुलसी ब्राह्मण और शूद्र में बहुत भेद करते हैं- विप्रों को पूज्य और शूदों को अपूज्य ठहराते हैं। यह उनके सोच की सीमा है जो उनके युग से और उनके संस्कारों से प्राप्त हुई हैं इसके लिए तुलसी के पक्ष में बहुत वकालत नहीं की जा सकती है, की भी नहीं जानी चाहिए किन्तु तुलसी का समाज-दर्शन का व्यावहारिक पक्ष उनके पात्रों के आचरण में प्रकट है। वही प्रमाणिक है और वही वरेण्य भी है। तुलसी खुद कहते हैं कि बिना पहचाने-ठीक से जाने-समझे, संग्रह और त्याग नहीं करना चाहिए अर्थात ग्रहण और त्याग का विवेक होना चाहिए। हमें इस विवेक का परिचय देना चाहिए। हमें रामचरितमानस के पात्रों के व्यवहार को देखकर यह समझ लेना चाहिए कि उनके ब्राह्मण-शूद्र और ऊँच-नीच का वह तिरस्कारपूर्ण भाव नहीं है जो तुलसीदास जगह-जगह प्रसंगवश नीतिवाक्य के रूप में बोलते हुए दिखाई पड़ते हैं। उनके राम शबरी के जूठे बेर खाते हैं। निषादराज को गले लगाते हैं। केवट से मित्रता और आत्मीयता दिखाते हैं। कोल, किरात, भील आदि जंगली जातियों को भी अपना बनाते हैं। और तो और, बन्दरों-भालुओं की सेना तैयार करके धर्म-युद्ध करते हैं। तुलसीदास ने लिखा है कि राम जैसा कौन और राजा है जो अपने तो नीचे बैठता है और उसके सेवक ऊँची डाल पर-

**प्रभु तरू तर कपि डार पर ते किए आपु समान।**
**तुलसी कहूँ न राम सो, साहिब सील निधान ।।**

जो लोग समतामूलक समाज की क्रान्तिकारी बाते करते हैं, उन्हें यदि अपने चपरासी की बगल में बैठना पड़े तो बड़ा नाक-भौं सिकोड़ेंगे। तुलसी के राम अधमों को अपनाने वाले, निम्न समझे जाने वालों को गले लगाने वाले ऐसे सुशील व्यक्ति हैं जिनके दर्शन-मात्र से विषमता खो जाती है। सुशीलता तुलसी के लिए परम काम्य है। राम की सर्वभूतव्यापिनी सुशीलता पर वे मुग्ध हैं। उनके मत से जो व्यक्ति राम के शील और स्वभाव को सुनकर प्रमुदित नहीं होता है, वह धूल फाँकता है-

**'सुनि सीतापति सील सुभाउ।**
**मोद न मन, तन पलक, नयनजल सो नर खेहर खाउ।।**

तुलसी ब्राह्मण-शुद्र की बातें करते हैं, किन्तु वे किसी के भी अहंकार को बर्दाश्त नहीं करते हैं। वह चाहे ऊँच हो या नीच। सामाजिक जिन्दगी में अहंकार

की विनाशकारी भूमिका होती है इसीलिए तुलसी के राम दशकन्ध के अहंकार का मर्दन करते हैं और कागभुशुण्डि से पक्षिराज गरूण को उपदेश दिलाकर उनके अहंकार का शमन करते हैं।

ध्यान देने योग्य है कि तुलसी की भक्ति-भावना उनकी वर्णाश्रमवादी समाज-व्यवस्था में एक सार्थक हस्तक्षेप करती है। जब वे समाज-व्यवस्था की बात कर रहे होते हैं तब वर्ण- धर्म की बात करते हैं, पूज्य-अपूज्य का प्रश्न खड़ा करते हैं किन्तु जब वह भक्ति की जमीन पर खड़े होते हैं तब निर्गुणी सन्तों की ही तरह समानता की बात करते हैं। उनके राम यह स्वीकार करते हैं कि उन्हें उनके भक्त ही प्रिय हैं। वे चाहे जिस वर्ण-जाति के हों। तुलसी भी मानते हैं कि भक्ति के क्षेत्र में कोई ऊँचा-नीचा नहीं है। तुलसी का समाज बन्द और पराधीन समाज था। उन्होंने सबके लिए भक्ति का द्वार खोलकर सबके लिए मुक्ति और स्वाभिमान का रास्ता प्रशस्त कर दिया। तुलसी उन सबको प्रेम, आदर और श्रद्धा का पात्र मानते हैं जो राम भक्त हैं, जिन्हें राम के पद से प्रेम है। तुलसी उनके लिए अपने चमड़े से जूता बनवाने के लिए भी तैयार हैं किन्तु जो राम को स्वीकार नहीं करते है, उनके लिए स्पष्ट शब्दों में कहते हैं-

**तजिए ताहि कोटि बैरी सम जद्यपि परम सनेही।**

उनकी मान्यता है-

**नाते-नेह, राम के मनियत सुहृद सुसेव्य जहाँ लौं।**
**अंजन कहाँ आँखि जेहि फूटै, बहुतक कहौं कहाँ लौं।।**

कुछ लोगों के लिए तुलसी की यह कसौटी स्वीकार्य नहीं हो सकती है। ऐसे लोगों को लगता है कि रामभक्त हो जाने से उनकी इन्सानियत को बट्टा लग जायेगा किन्तु जानना यह चाहिए कि **तुलसी की दृष्टि में रामभक्त होने का आशय अयोध्या की राम जन्मभूमि के मंदिर को बनाने वाले कारसेवकों से नहीं है, न ही तिलक-त्रिपुण्ड लगाकर रामनामी ओढ़ने वालों से है। उनके लिए राम एक बड़े मूल्य हैं, वे राजा भी हैं तो कृपासिन्धु हैं और भगवान हैं तो सब प्रकार के कष्टों को दूर करने वाले हैं। सबसे बड़ी बात तो यह कि तुलसी के साथ सत्य के पथ पर चलने वाले, नीति का पालन करने वाले, प्रेम और मर्यादा का सम्यक् निर्वाह करने वाले, धर्मधुरन्धर, दनुज-दल-दनल, गरीब-नेवाज, अभिमत फलदातार और मनुष्य के हर संकट की घड़ी में सर्वशक्तिमान बनकर खड़े रहने वाले हैं। यदि किसी को ऐसे राम की जरूरत नहीं है तो तुलसी भी मानते हैं कि उन्हें भी ऐसे व्यक्ति से संबंध रखने की आवश्यकता नहीं है।**

**लोक-धर्म** और **लोक-मर्यादा** की प्रतिष्ठा करना गोस्वामी जी का एक बड़ा उद्देश्य था। उनके समय में सामाजिक और धार्मिक जीवन में जिस तरह की उच्छृंखलता, उदण्डता और मर्यादाहीनता के साथ-साथ कटुता और ईर्ष्या व्याप्त थी, उसको मर्यादित करने के लिए तुलसी ने कठोर मर्यादामार्ग और समन्वय तथा सामंजस्य का रास्ता अख्तियार किया। उन्होंने सगुण-निर्गुण, शैव और वैष्णव, ज्ञान और भक्ति आदि के बीच जो सांमजस्य पैदा किया और उनके बीच गतिरोध को रेखांकित किया, वह उनकी व्यापक समन्वय भावना का ही प्रतिफल है। इसी तरह उन्होंने रामभक्ति के माध्यम से सामाजिक विषमता और एक-दूसरे के बीच विद्यमान दूरी को भी समाप्त करने का कार्य किया। आज भी हमारा समाज विद्वेषों और विघटनकारी प्रवृत्तियों से शून्य नहीं हुआ है। समतामूलक समाज की स्थापना के लिए जैसे-जैसे कोशिशें हो रही हैं, नये प्रकार की विषमताएँ और असमानताएँ पैदा होती जा रही हैं। **जब तक तुलसी की ही तरह राम भक्ति जैसी कोई नयी सामान्य भावभूमि तैयार करके लोगों में एकत्व स्थापित करने की कोशिश नहीं होगी, तब तक भारतीय समाज विश्रृंखलता के दंश से अपने को बचाने में सक्षम नहीं होगा।** तुलसी ने वर्णाश्रमवादी व्यवस्था के बीच राम भक्ति का एक ऐसा दृढ़ सूत्र निर्मित किया जिसने अमीर-गरीब, ऊँच-नीच, छूत-अछूत, स्वामी-सेवक, राजा-प्रजा-प्रजा आदि सबको समानता के धरातल पर एकत्र करके उन्हें आत्मीयता के बन्धन में बाँध कर अभिन्न कर दिया।

आजकल भारत में ही नहीं, समूचे विश्व में नारी मुक्ति आन्दोलन चल रहा है। आधुनिक शिक्षा और नये ज्ञान-विज्ञान के आलोक में स्त्रियाँ अपने स्वत्व को पहचानने लगी हैं। जिन्हें कर्तव्य के अलावा कुछ नहीं ज्ञात था, उन्हें अपने अधिकार का भी बोध हो रहा है और वे समाज में बराबरी का दावा कर रही हैं। समानता, स्वतंत्रता और अधिकार की चाह ने आज की शिक्षित नारी-समाज को पुरुष के समकक्ष खड़ा कर दिया है। दलितों की ही तरह स्त्रियों ने भी शोषण और अन्याय के खिलाफ अपनी आवाज तेज कर दी है। ऐसी स्थिति में तुलसी की नारी सम्बन्धी दृष्टि की सार्थकता को रेखांकित करना जरूरी है। तुलसी को नारी-निन्दक और नारी-विरोधी कहा जाता है। वे नारियों की स्वतंत्रता के पक्षधर नहीं है। उनकी मान्यता है कि स्वतंत्र होकर नारी वैसे बिगड़ जाती है जैसे बाढ़ के समय नदी। उनकी दृष्टि में नारी अवगुन की खान है, वह सबसे अधम और अपावनि है। तुलसी की इस धारणा से नारी को ही नहीं, किसी को भी आपत्ति हो सकती है। आलोचकों ने इस मुद्दे पर तुलसी की कटु आलोचना भी की है किन्तु यह ध्यान देना चाहिए कि तुलसी के नारी-सम्बन्धी ये विचार परम्परा से प्राप्त तो हैं ही, सामाजिक जीवन

के यथार्थ से भी उद्भूत हैं, इसी में भक्ति के साधक और बाधक तत्वों की दृष्टि भी सम्मिलित हो गयी है। जो लोग तुलसी को नारी-निन्दक कहते हैं वे या तो यथार्थ से आँख मूँदे रहते हैं या तुलसी के नारी संबंधी विचारों को उनके संदर्भों में ठीक से देखने-समझने की कोशिश नहीं करते हैं। तुलसी ने भक्ति में बाधक प्रमदा स्त्रियों की आलोचना की है। वैसे भी, शायद ही कोई प्रमदा स्त्रियों को बहुत श्रद्धा की दृष्टि से देखे। शायद स्त्रियाँ भी उसे पंसद न करें। तुलसी की दृष्टि में कौशिल्या, सुमित्रा, सीता, पार्वती, सती अनुसुइया, शबरी आदि स्त्रियाँ श्रद्धेय और पूज्य हैं। इनकी जो चरित्र-छवि तुलसी ने अंकित की है, वह स्मरणीय और प्रशंसनीय है। यदि तुलसी में नारी-मात्र के प्रति निन्दा भाव होता तो वे अनुकरणीय स्त्री-चरित्रों की अवतारणा न कर या कम से कम उन्हे बहुत सामान्य रूप से चित्रित करके छोड़ देते। तुलसी की आस्था जितनी राम में है उतनी ही सीता में भी। वे सीता और राम की युगल-वंदना करते हैं और पूरी दुनिया को 'सियाराममय' देखते हैं। यदि तुलसी की दृष्टि से नारी 'अपावनि' और 'अघ की खान ही है तो उसी नारी के विरह में उनके अराध्य राम क्यों जंगल-जंगल की खाक छानते हैं ? क्यों समुद्र पर पुल बाँधते हैं, क्यों राक्षस-दल का संहार करते हैं ? सूर की गोपियों ने ऐसे राम की प्रशंसा की है- **रावण-मार्‌या, लंका जारी, मुख देख्यो सीता को**। राम इतना बड़ा युद्ध सीता के लिए करते हैं। इसी के लिए हनुमान के 'रिनिया' बन जाते हैं। सुग्रीव से मिताई करते हैं। यह सारा आयोजन उसी स्त्री जाति की रक्षा के लिए है जो मातृशक्ति सम्पन्न है और जो सुख-दुख की सहचरी है। तुलसी के नारी विषयक विचारों की समीक्षा करने वालों को यह भी ध्यान देना चाहिए कि मध्यकाल में जब स्त्रियाँ पर्दे और घर की चहारदीवारी में कैद हो गयी थी, या अकबर के मीना बाजार की दौलत बन गयी थीं तब तुलसी ने लिखा था-

**कत विधि सृजी नारि जग माहीं।**
**पराधीन सपनेहुँ सुख नाहीं।।**

लोगों ने **पराधीन सपनेहु सुख नाही'** को तो मंत्र की तरह अपना लिया किन्तु उस अर्द्धाली को छोड़ दिया जो नारी की दुखद स्थिति का बोध कराती है। नारी की पराधीनता का दुख तुलसी के मानस में कितनी गहराई तक पैठा हुआ था, यह उक्त चौपाई से समझा जा सकता है। आज स्त्री घर और पति की पराधीनता से मुक्ति चाहती है। हो सकता है यह देखकर तुलसी की आत्मा प्रसन्न हो, किन्तु ध्यान रखने की बात यह है कि तुलसी उसकी स्वाधीनता और स्वतंत्रता, कौशल्या, सीता और सुमित्रा जैसी स्त्रियों की हदों में ही चाहते हैं। अगर आज की स्त्रियाँ अपनी स्वतंत्रता और स्वाधीनता के साथ-साथ मर्यादा और कर्तव्यबोध को भी सुरक्षित

रख सकें तो यह तुलसी के लिए ही नहीं, समूचे समाज के कल्याण की दृष्टि से एक सार्थक पहल होगी। समानता और स्वंतत्रता भी एक तरह की मर्यादा और अनुशासन की माँग करती है, बिना इनके उनका कोई मतलब नहीं रह जाता है।

तुलसी का रामराज्य एक आदर्श कल्पना है। वह लोकमंगल का एक सुखद स्वप्न है फिर भी भारत की आजादी की लड़ाई के समय महात्मा गांधी ने भी इस रामराज्य की स्थापना का ही स्वप्न देखा था। तुलसी ने अपने समय में जो भीषण दारिद्रय, नृशंस अत्याचार और भयानक अराजकता देखी थी, उसके बरक्स उन्होंने रामराज्य की कल्पना की। तुलसी के समय में अकाल, दुर्भिक्ष और महामारी की भयानक घटनाएँ घटी थीं, लोगों का जीना दुष्कर हो गया था। राजा और प्रजा के बीच कोई रागात्मक सम्बन्ध न था । एक शासक था, दूसरा शासित। शासित के सामने शासक के आदेश और इच्छा का पालन करने के अलावा और कोई चारा न था। ऐसी स्थिति में तुलसीदास ने प्रजावत्सल राजा राम की छवि तैयार की और लिखा -

**दैहिक, दैविक, भौतिक तापा।**
**रामराज नहिं कहुहिं व्यापा।।**

तुलसी के रामराज्य में सब तरह की अच्छाईयाँ हैं- न कोई दुखी, न दीन, न किसी की अल्पमृत्यु होती है, न किसी को कोई पीड़ा है- बकरी और शेर एक घाट पर पानी पीते हैं। वनों-उपवनों में हमेशा वृक्ष फले-फूले रहते हैं। बादल भी लोगों की इच्छा के अनुसार बरसते हैं। किसी को कोई दण्ड नहीं मिलता है। यह रामराज्य हमारा भी स्वप्न है। **भारतीय प्रजातंत्र राजतंत्र से भी अनिष्टकारी और नृशंस होता जा रहा है। ऐसे समय में तुलसी की राज-व्यवस्था सम्बन्धी विचारों को संकलित कर एक ऐसी आचार-संहिता तैयार करने की जरूरत है जो सत्ता-व्यवस्था में बैठे हुए लोगों को लोक-कल्याण का मार्ग दिखा सके।**

तुलसी का विचार है कि राजा को मुख की तरह होना चाहिए-

**मुखिया मुख सों चाहिए, खान-पान को एक ।**
**पालै पौसे सकल अंग, तुलसी सहित विवेक ।।**

यही नहीं, जनता से टैक्स वैसे ही वसूलना और उसे जनहित में खर्च करना चाहिए जैसे सूर्य धरती से पानी को खींचता है फिर धरती पर ही बरस देता है। जब वह पानी खींचता है तो कोई देखता नहीं है, किसी को कोई कष्ट भी नहीं होता है किन्तु जब बरसता है तो सभी आनन्दमग्न हो जाते हैं-

**बरसत हरषत लोग सब, करषत लखै न होय ।**
**तुलसी प्रजा सुभाग ते भूप भानु सौ हो ।।**

तुलसी ने बहुत मार्मिक बात कही है। सूर्य जैसा राजा प्रजा के सौभाग्य से प्राप्त होता है। **स्वराज्य के लिए संघर्ष करने वालों ने सोचा रहा होगा कि स्वतंत्रता के बाद भारतीय जनता को यह सौभाग्य प्राप्त हो जायेगा किन्तु बड़े दुख की बात है कि आज जनता के ही सेवक जनता के लुटेरे और हत्यारे हो गये हैं।** तुलसी साहित्य हमें यह सीख देता है कि अत्याचार और अन्याय के खिलाफ निर्णायक संघर्ष करना चाहिए। **राम के समय में एक लोक-शत्रु पैदा हुआ था, आज असंख्य लोक-शत्रु पैदा हो गये हैं। भारतीय जनता को एकजुट होकर उनसे संघर्ष करना है।** देखना है कि जनता इस बिन्दु पर कब संगठित होती है। भारतीय प्रजातंत्र अपनी अच्छाईयों के साथ लोककल्याणकारी रामराज्य की स्थापना की बाट जोह रहा है। देखना है वह दिन इस धरा पर कब आयेगा ?

आज हमारा समाज जिस तरह से मूल्य-विघटन और संक्रमण के दौर से गुजर रहा है, उससे प्रतीत होता है कि **वसुधैव कुटुम्बकम्** की भावना को पल्लवित-पुष्पित करने वाला यह समाज एकदम बिखर जायेगा। मूल्यहीनता, संबंधहीनता और चरित्रहीनता अपने चरम पर है। तुलसी का युग भी इसी तरह का था। अपने युग को उच्च नैतिक मूल्यों से सबंलित करने के लिए ही तुलसी ने रामकथा के पात्रों को आदर्श रूप में प्रस्तुत किया। उन्होंने घर, परिवार, समाज और राज्य सबको टूटने और बिखरने से बचाया। आज हम भौतिकता की अन्धी दौड़ में मनुष्यता को जिस प्रकार तिलाञ्जलि देते जा रहे हैं, संबंधों की ऊष्मा को खोते जा रहे हैं, स्वार्थवश अपनों को भी तिरस्कृत और प्रताड़ित कर रहे हैं, वह गहरी चिन्ता का विषय है। **मूल्यहीनता और चरित्रहीनता के इस दौर में तुलसी साहित्य जितना प्रासंगिक है, उतना शायद कोई नहीं। आज समाज को राम जैसे पुत्र, पति, भाई, स्वामी, शिष्य और सखा चाहिए। भरत और लक्ष्मण जैसा भाई चाहिए। सीता जैसी पत्नी और कौशिल्या तथा सुमित्रा जैसी सास और माँ चाहिए।** तुलसी का साहित्य इन चरित्रों को जिस भाव-गांभीर्य और उदात्त कर्तव्य एंव मर्यादाबोध के साथ हमारे चित्त में उतारता है, वह एक अद्वितीय उदाहरण है। खेद है कि ऐसे साहित्य को प्रगतिशीलता की सनक में लोग प्रतिक्रियावादी, पुरातनपंथी, और अप्रगतिशील कहकर किनारे कर देते हैं। आज जरूरत है, रामकथा के आदर्श पात्रों को समाज के बीच प्रतिष्ठित करने की। यह काम उपदेश से नहीं होगा। इसके लिए सात्विक अन्तःकरण चाहिए। यह अन्तःकरण भारतीय जनता को कब मिलेगा, कहा नहीं जा सकता किन्तु इतना तो सत्य है कि जब तक इस धरती पर मनुष्य और मनुष्यता विरोधी वातावरण है, तब तक उसकी माँग बनी ही रहेगी।

तुलसीदास की अनेक सीमाएँ हैं, उनके तरह-तरह के अन्तर्विरोध भी हैं किन्तु तुलसी ने जो साहित्य रचा है उसमें मुनुष्यता के लिए बहुत कुछ श्रेष्ठ और वरेण्य है। **डॉ. राम विलास शर्मा** का यह आकलन बहुत सही है कि **'रामचरितमानस' ने पिछली अनेक शताब्दियों मे जिन करोड़ो हिन्दी-अहिन्दीभाषियों के हृदय को स्पर्श करके उन्हें मानसिक शांति प्रदान की है और उनके जीवन को उन्नत बनाया है, उसकी तुलना मेरी दृष्टि में, संसार की किसी भी भाषा के किसी भी ग्रन्थ से नहीं की जा सकती।** कहना न होगा कि रामचरितमानस व्यक्ति, समाज, घर-परिवार और राज्य -व्यवस्था के साथ-साथ धार्मिक-सांस्कृतिक उन्नति और सुदृढ़ता के लिए जैसी भाव-भूमि और कर्तव्य-बोध तैयार करता है, वैसा विश्व का अन्य कोई ग्रन्थ नहीं कर पाता है। यही वजह है कि तुलसी-साहित्य भारत में ही नहीं, समूचे विश्व में अध्ययन मनन और श्रद्धा का पात्र बना हुआ है। इस साहित्य में भारतीय जनता का संघर्ष, उसकी आशा-आकांक्षा तो सन्निहित है ही, समूची मानवता के कल्याण का अनुपम विधान है। यह सहित्य जितना तुलसी के समय में प्रासंगिक और अर्थवान था, उतना ही आज भी है और आगे कितनी सदियों तक प्रेरणा-स्रोत बना रहेगा, कहा नहीं जा सकता। कहा जा सकता है कि **जब-तक इस धरती पर मारा-मारी रहेगी, काम-क्रोध, मद, लोभ-मोह की प्रवणता रहेगी, शोषण और अन्याय की नृशंसता रहेगी, मानवीय और रागात्मक संबंधों की उपेक्षा रहेगी, संयम, शील और सदाचार की अनेदेखी रहेगी, तब तक जीवन और समाज की कल्याणकारी स्थिति के लिए तुलसी-साहित्य अपने भाव-संबंलित उच्चादर्शों का संदेश देता रहेगा और लोग उसे सुनने-समझने तथा अपने जीवन में उतारने के लिए उत्सुक और बेचैन रहेंगे।**

❑

# चित्रकूट सभा : एक आध्यात्मिक घटना

अयोध्याकाण्ड यदि **रामचरित मानस** की कथा का मेरुदण्ड है, तो इस काण्ड का चित्रकूट-प्रसंग रामकथा की प्राणवत्ता और उसकी व्यापक लोक-स्वीकृति का दृढ़ आधार है। रामचरित मानस के अनेक मार्मिक प्रसंगों में से एक है-चित्रकूट-प्रसंग। यह अन्य प्रसंगों की तुलना में अधिक मार्मिक और भावोत्कर्ष वाला है। इस प्रसंग से मानस की कथा अत्यन्त हृदयस्पर्शी और रमणीय तो बन ही गयी है, भारतीय सभ्यता और संस्कृति को वह गरिमा और ऊँचाई भी प्राप्त हो गयी है, जिसके लिये यह संस्कृति समूचे विश्व में अलग से जानी-पहचानी जाती है।

चित्रकूट-प्रसंग की महत्त्वपूर्ण घटना है- राम को मनाने के लिए भरत का चित्रकूट जाना। उनके साथ गुरुजन-परिजन के अतिरिक्त अयोध्या की जनता भी जाती है। बाद में भरत के चित्रकूट-गमन का समाचार पाकर मिथिला-नरेश भी अपने परिजनों के साथ चित्रकूट पहुँच जाते हैं। चित्रकूट में इन दो राजसमाजों और कोल-किरात जैसी वन्य जातियों की उपस्थिति में राम को अयोध्या ले चलने के प्रस्ताव पर गम्भीर विचार-विमर्श होता है। यह विचार-विमर्श अद्‌भुत और अद्वितीय है। यह मानने और मनाने की सामान्य घटना से ऊपर उठा हुआ मानवीय सभ्यता और संस्कृति की तात्विक व्याख्या करने वाला और मानव-जीवन को नयी दिशा एवं गति देने वाला है। चित्रकूट में दो राजसमाजों और कोल-किरातों के अभूतपूर्व संगम तथा राम, भरत, वशिष्ठ, जनक आदि के उच्च विचार-विमर्श और प्रगाढ़ सम्मिलन-संलाप से मानवीय मूल्यों, आदर्शों और कर्त्तव्यों का ऐसा प्रकाश फैला कि वहाँ का सारा वातावरण एक नयी आभा के साथ जगमगा उठा। आचार्य रामचन्द्र शुक्ल ने लिखा है-**उस पुण्य समाज के प्रभाव से चित्रकूट की रमणीयता में पवित्रता भी मिल गयी। उस समाज के भीतर नीति, स्नेह, शील, विनय, न्याय आदि के संघर्ष से जो धर्म-ज्योति फूटी, उससे आस-पास का सारा प्रदेश जगमगा उठा। उसकी मधुर स्मृति से आज भी वहाँ वन-स्थली परम पवित्र है।**

चित्रकूट की इस सभा को आचार्य शुक्ल ने रामचरित मानस की एक आध्यात्मिक घटना कहा है। अपने इस मन्तव्य की विस्तृत व्याख्या करते हुए उन्होंने लिखा है-**चित्रकूट की उस सभा की कारवाई क्या थी, धर्म के एक-एक अंग की पूर्ण और मनोहर अभिव्यक्ति थी। रामचरित मानस में वह सभा एक आध्यात्मिक घटना है। धर्म के इतने स्वरूपों की एक साथ योजना, हृदय की इतनी उदात्त वृत्तियों की एक साथ उद्भावना, तुलसी के ही विशाल मानस में सम्भव थी। यह सम्भावना उस समाज के भीतर बहुत से भिन्न-भिन्न वर्णों के समावेश द्वारा संघटित की गयी है। राजा और प्रजा, गुरू और शिष्य, धर्म और भाई, माता और पुत्र, पिता और पुत्री, श्वसुर और जामातृ, सास और बहू, क्षत्रिय और ब्राह्मण और शूद्र, सभ्य और असभ्य के परस्पर व्यवहारों का उपस्थित प्रसंगों के धर्म-गाम्भीर्य और भावोत्कर्ष के कारण अत्यन्त मनोहर रूप प्रस्फुटित हुआ। धर्म के उस स्वरूप को देखकर सब मोहित हो गए- क्या नागरिक क्या ग्रामीण और क्या जंगली।**

लोग धर्म-धर्म चिल्लाते हैं, धर्म के नाम पर मार-काट करते हैं, लेकिन उसके वास्तविक स्वरूप से परिचित नहीं हैं। यदि लोग धर्म की वास्तविक पहचान करना चाहते हैं, तो उन्हे अयोध्या काण्ड के चित्रकूट-प्रसंग का गहन अध्ययन करना चाहिये। मानव जीवन में तब तक वास्तविक सुख-शान्ति नहीं आ सकती है, जब तक मानव समाज उस व्यापक मानव-धर्म को नहीं अपनायेगा, जिसकी गम्भीर विवेचना रामचरित मानस के चित्रकूट-प्रसंग में हुई है। धर्म तिलक-त्रिपुण्ड, जनेऊ-दाढ़ी के ढोग में नहीं है, वह मनुष्य के साथ मनुष्यतापूर्ण व्यवहार मे है। चित्रकूट की सभा इसी अर्थ में एक आध्यात्मिक घटना है कि यह मानव-धर्म के मूलभूत तत्वों की व्यावहारिक व्याख्या करती है और मनुष्य को सर्वमंगलकारी मनुष्यता की उस उदात्त भूमि तक ले जाने का पथ प्रशस्त करती है, जहाँ राग-द्वेष शमित हो जाते हैं और सत्य, शील, स्नेह, विनय, त्याग, करूणा आदि का आलोक चतुर्दिक परिव्याप्त हो जाता है।

चित्रकूट-प्रसंग की महत्त्वपूर्ण घटना है-राम और भरत का मिलन। यह मिलन-प्रसंग यदि किसी सामान्य कवि के हाथों में पड़ गया होता तो कोई महत्त्वपूर्ण घटना न हो पाता, लेकिन तुलसी जैसे लोकवादी कवि ने इस प्रसंग से मानवीय जीवन की ऐसी उत्कर्षपूर्ण झाँकी प्रस्तुत की कि राम-कथा समूचे मानव-समाज के लिये प्रेरणा का स्रोत बन गयी। चित्रकूट में राम और भरत का जो मिलन हुआ है, वह दो भाइयों की भेंट मात्र न होकर उच्च भावादर्शों का ऐसा सम्मिलन है, जिसकी दुनिया में कोई दूसरी मिसाल नहीं मिलती। **यह शील और शील का, स्नेह और**

**स्नेह का, नीति और नीति का मिलन है। इस मिलन से संघटित उत्कर्ष की दिव्य प्रभा देखने योग्य है। यह झाँकी अपूर्व है।** (आचार्य शुक्ल)

वास्तव में, ऐसा कभी नहीं हुआ कि जिस भाई के कारण एक भाई का राज्य छिन जाये, साथ ही वह चौदह वर्ष के लिये वनवासी भी हो जाये, उस भाई से वह ऐसे मिले जैसे कुछ घटित ही न हुआ हो। भरत को अयोध्या की जनता के साथ आता देखकर लक्ष्मण के मन में जो प्रतिक्रिया होती है और उनका प्रतिरोध करने के लिये वे जिस तरह उद्वेलित होते हैं, वह बहुत ही सहज-स्वाभाविक है और यदि राम ने उसी तरह व्यवहार किया होता तो यह दार्शनिक ऊँचाई को न छू पाता। इससे न तो राम की सर्वभूतव्यापिनी सुशीलता प्रमाणित होती और न उनके रामत्व की प्रतिष्ठापना ही हो पाती। वह मानव-जगत् में प्रेम-व्यवहार का एक नया अध्याय खोलती है और धन-पद आदि के ऐश्वर्यमय संसार को तुच्छ प्रमाणित करके मानवीय प्रेम एवं धर्म को लोकोत्तर भावभूमि प्रदान करती है। भरत का भ्रातृ-प्रेम वह अमृत है, जिसे राम ने अपने विरहरूपी मन्दराचल से मथकर सुरों और साधुओं के हित के लिये प्रकट किया है- **प्रेम अमिअ मंदरू विरहु भरत पयोधि गंभीर।**

**मथि प्रगटेउ सुर साधु हित, कृपासिन्धु रघुवीर ।।**

भरत की भायप-भगति और उनके शील-स्वभाव में जड़ को चेतन और चेतन से जड़ कर देने की अपरिमित शाक्ति है -

**होत न भूल भाउ भरत को। अचर सचर चर-अचर करत को।।**

एकमात्र चित्रकूट-प्रसंग में भरत के चरित्र की उज्ज्वलता और उदात्तता की जैसी उत्कर्षपूर्ण अभिव्यक्ति हुई है, वैसी किसी अन्य पात्र की नहीं। इस एक प्रसग में ही भरत का चरित्र पूर्णता की सीमा तक पहुँच गया है। भरत के सात्विक शील अन्तःकरण के उद्‌घाटन और उसके मानवीय गुणों के प्रकाशन में गोस्वामी तुलसीदास ने कोई कसर नहीं छोड़ी है।

चित्रकूट में राम और भरत की भेंट कोई सामान्य घटना नहीं है। यह भारतीय जीवनादर्शों की व्याख्या करने वाली और उसकी सर्वोत्कृष्टता को प्रतिपादित करके उसके प्रति स्पृहा जगाने वाली अभूतपूर्व घटना है। 'भायप-भगति' से भरे भरत केवल भ्रातृ-प्रेम का परिचय नहीं देते, बल्कि सत्य, शील, नियम और धर्म के गूढ़ रहस्यों को भी उद्‌घाटित करते हैं। यही वहज है कि भरत की चतुर्दिक् प्रशंसा होती है। जिसको भी जहाँ मौका मिलता है, वह भरत की प्रशंसा किये बगैर नहीं रहता। समूचे चित्रकूट-प्रसंग में भरत की जितनी बार और जितनी तरह से प्रशंसा हुई है, उतनी किसी अन्य पात्र की नहीं। इससे भरत के चरित्र की उज्ज्वलता लोगों के चित्त में दृढ़ता के साथ अंकित हो गयी है। चित्रकूट-सभा में भरत ने जिस तरह आत्मव्यथा

का प्रकाशन किया है, वह उनके सात्विक अन्तःकरण की पहचान कराने वाला है। उनके उस आत्म-प्रकाशन से केवल भरत का ही मन नहीं हल्का हुआ, बल्कि उपस्थित जन-समूह का भी चित्त निर्मल और कोमल हो गया। उससे मनुष्यता की वह दिव्य ज्योति फूटी, जो व्यक्ति को आत्म-पहचान कराने में समर्थ होती है। रास्ते भर भरत इसी चिन्ता में डूबे रहे कि कैकेयी के अपराध के कारण उन्हें लोकापवाद का भाजन बनना पड़ा है, लेकिन जब सभा में खड़े हुए तो आत्म-परीक्षण करते हुए बरबस कह उठे-

**सपनेहू दोस कलेस न काहू । मोर अभाग उदधि अवगाहू ।।**
**बिनु समझे निज अध परिपाकू। जारिऊँ जायँ जननि कहि काकू।।**

आगे भी कहा -

**महीं सकल अनरथ कर मूला। सो सुनि समुझि सहेऊँ सब सूला।।**

गोस्वामी जी ने लिखा है कि दुःख, प्रेम, विनय और नीति में सनी हुई भरत की इस श्रेष्ठ वाणी को सुनकर सब लोग शोकमग्न हो गये। सारी सभा में विषाद छा गया, मानो कमल-वन पर पाला पड़ गया हो। इसके बाद राम ने उनके सन्ताप को दूर करते हुए कहा-

**तात जायँ जियँ करहु गलानी। ईस अधीन जीव गति जानी।।**
**तीनि काल त्रिभुवन मत मोरे। पुन्य सिलोक तात तर तोरें।।**
**उर आनत तुम्ह पर कुटिलाई। जाई लोकु परलोकु नसाई।।**
**दोसु देहिं जननिहिं जड़ तेई। जिन्ह गुरू साधु सभा नहिं सेई ।।**

अपराधबोध और उसके परिहार की यह रीति-नीति सामाजिक जीवन को स्वच्छ और निश्छल करने वाली है। यदि राम और भरत की भेंट न हुई होती तो मानव-समाज उस दिव्य प्रभाव से वंचित हो जाता, जिसके उत्कर्ष से हृदय की मलीनता का नाश होता है। इसी प्रसंग में कुटिल कैकेयी के मनस्ताप को राम ने जिस प्रकार अपनी सुशीलता से दूर किया, वह भी मानव-व्यवहार को एक नयी दिशा देने वाला है। शुक्ल जी ने लिखा है- **चित्रकूट में राम कैकेयी से पहले मिले। क्यों? क्या उसे चिढ़ाने के लिये ? कदापि नहीं। कैकेयी से प्रेमपूर्वक मिलने की सबसे अधिक आवश्यकता थीं अपना महत्व या सहिष्णुता दिखाने के लिए नहीं, उसके परितोष के लिये। अपनी करनी पर कैकेयी को जो ग्लानि थी, वह राम ही के दूर किये दूर हो सकती थी और किसी के किये नहीं।**

चित्रकूट में जो भी घटित हुआ है, वह शील, नियम, धर्म, आदर्श, कर्त्तव्य आदि की व्याख्या करने वाला है, मानव-जीवन को सुख-शान्ति का मर्म सुझाने वाला है तथा मनुष्य को मनुष्योत्तम बनाने वाला है। व्यक्ति, परिवार, समाज, राज्य आदि

के बीच कैसे आदर्शपूर्ण रिश्ते-नाते हो सकते हैं या होने चाहिये, इसकी सीख से भरा है समूचा चित्रकूट-प्रसंग। आचार्य शुक्ल ने लिखा है-**शील और नियम आत्मपक्ष और लोकपक्ष के समन्वय द्वारा धर्म की सर्वतोमुख रक्षा रामायण का गूढ़ रहस्य है। यह धर्म के किसी एक अंग को नोच कर दिखाने वाला ग्रन्थ नहीं है।** उल्लेखनीय है कि चित्रकूट-सभा में ही राम के मुख से उक्त गूढ़ रहस्य का उद्घाटन हुआ है। भरत के मनःस्ताप को दूर करते हुए राम ने उन्हें समझाया कि राजा (दशरथ) ने सत्य और स्नेह की रक्षा में प्राण-त्याग किया है -

**राखेउ राउ सत्य मोहि त्यागी। तनु परिहरेउ प्रेम पन लागी ।।**

वचन-पालन उनका सामाजिक धर्म था, क्योंकि इससे रघुकुल-रीति की रक्षा हुई थी और पुत्र-स्नेह का निर्वाह उनका व्यक्तिगत धर्म था। लोकधर्म और स्वधर्म के इस सफल निर्वाह का जो आदर्श राजा दशरथ ने प्रस्तुत किया, वह अभूतपूर्व है। चित्रकूट-सभा न जुड़ती तो लोगों तक यह पुनीत सन्देश न पहुँच पाता और राजा दशरथ एक स्त्रैण राजा की उपाधि पाकर इतिहास के किसी उपेक्षित कोने में पड़े रह जाते ।

चित्रकूट-सभा की विशेषता यह है कि इसमें जो भी विचार-विमर्श हुआ है, उसके मूल में है लोकहित। इस सभा में व्यक्तिगत मत भी सीमित-संकुचित नहीं है। सभा की कार्रवाई शुरू होने पर विचारार्थ प्रस्ताव रखते हुए वशिष्ठ ने राम से कहा-

**भरत बिनय सादर सुनिअ, करिअ बिचार बहोरि।**
**करब साधुमत, लोकमत, नृपनय निगम निचोरि ।।**

वशिष्ठ जी चाहते तो एक वाक्य में भरत और अयोध्या की जनता की इच्छा सुनाकर राम से कह देते कि आप अयोध्या लौट चलें, इसी में सबकी भलाई है लेकिन उन्होंने ऐसा न करके 'लोकमत', 'साधुमत' और 'नृपनय' के अनुकूल व्यवहार करने का अनुरोध किया। सभा के उस विचार-विमर्श में बार-बार यह अवसर आया कि वसिष्ठ, भरत, जनक और राम में से कोई भी अपनी व्यक्तिगत इच्छा रखकर एकतरफा निर्णय करवा ले, लेकिन सबने बड़े कौशल से अपनी इच्छा भी व्यक्त की और किसी पर उसका दबाव भी नहीं पड़ने दिया। राजा जनक ने राम से कहा कि मेरा मत तो यह है कि तुम जैसी आज्ञा दो, वैसा ही सब करें।

इस पर राम ने कहा-

**राउर राम रजायसु होई। राउर सपथ वही सिर सोई ।।**

यह सुनकर जनक सकुचा गये-कहें तो क्या कहें। सारी सभा भरत का मुँह ताकने लगी। भरत ने भी बड़ी मर्यादा और विनम्रता के साथ अपनी बात कही। उनकी बातों को सुनने के बाद राम ने कहा -

सहित समाज तुम्हार हमारा। घर बन गुर प्रसाद रखवारा ।।
मातु पिता गुरु स्वामि निदेसू। सकल धरम धरनीधर सेसू ।।
सो तुम करहु करावहु मोहू। तात तरनिकुल पालक होहू ।।
सो विचार सहि संकटु भारी। करहु प्रजा परिवार सुखारी ।।

यह तो एक उदाहरण है इसका कि चित्रकूट की सभा में आत्मपक्ष को प्रस्तुत करते समय लोकपक्ष पर कितना ध्यान दिया गया है, साथ ही अपनी बात को किस मर्यादा, विनम्रता और शील-संकोच के साथ प्रस्तुत किया गया है। आचार्य शुक्ल ने लिखा है -**यदि भारतीय शिष्टता और सभ्यता का चित्र देखना हो तो इस राजसमाज में देखिये। कैसी परिष्कृत भाषा में, कैसी वचनपटुता के साथ प्रस्ताव उपस्थित होते हैं, किस गंभीरता और शिष्टता के साथ बात का उत्तर दिया जाता है, छोटे-बड़े की मर्यादा का किस सरलता से पालन होता है। सबकी इच्छा है कि राम अयोध्या को लौटें, पर उनके स्थान पर भरत वन को जाएँ, यह इच्छा भरत को छोड़कर शायद ही किसी के मन में हो। अपनी प्रबल इच्छाओं को लिए लोग सभा में बैठते हैं, पर वहाँ बैठते ही धर्म के स्थिर और गंभीर स्वरूप के सामने उनकी व्यक्तिगत इच्छाओं का पता नहीं रह जाता। राजा के सत्य-पालन से जो गौरव राजा और प्रजा दोनो को प्राप्त होता दिखाई दे रहा है, उसे खंडित देखना नहीं चाहते। जनक, वशिष्ठ, विश्वामित्र आदि धर्म तत्व के पारदर्शी जो कुछ निश्चय कर दें, उसे कलेजे पर पत्थर रखकर मानने को तैयार हो जाते है।**

लोकधर्म और लोकमर्यादा की जैसे प्रतिष्ठा रामचरित मानस में हुई है, वैसी अन्यत्र दुर्लभ है। मानस की चित्रकूट सभा में न केवल सैद्धान्तिक व्याख्या हुई है, बल्कि व्यावहारिक प्रतिष्ठापना भी की गई है। व्यापक विचार-विमर्श के बाद भरत को अयोध्या वापस करते समय राम ने देश-काल और अवसर के अनुकूल जो उपदेश पूर्ण बातें कही है, उनमें लोकधर्म और राजधर्म का सार सन्निहित है-

मोर तुम्हार परम पुरुषारथ। स्वारथु सुजसु धरमु परमारथु।।
पितु आयसु पालिहि दोउ भाई। लोक वेद भल भूप भलाई।।
गुरु पितु मातु स्वामि सिख पाले। चलेहुँ कुमग पग परहिं न खाले ।।
अस विचारि सब सोच बिहाई । पालहु अवध अवधि भर जाई ।।
देसु कोसु परिजन परिवारू। गुरू पद रजहिं लाग छरू भारू ।।
तुम्ह मुनि मातु सकल सिख मानी । पालेहु पुहुमि प्रजा रजधनी ।।

और अन्त में राजा का धर्म बताते हुए कहा-

मुखिआ मुख सो चाहिए, खान पान कहुँ एक।

**पालइ पोषइ सकल अंग, तुलसी सहित विवेक ।।**

इसके साथ ही उन्होंने कहा - **राजधरम सरबस इतनोई।**

कहना न होगा कि राम का लोकनायकत्व इसी आदर्श पर चलकर प्रतिष्ठित हुआ और सारी दुनिया में वे आदर्श राजा के प्रतीक बन गये।

चित्रकूट-सभा में उपस्थित दोनों राज-समाजों के बीच पारिवारिक सम्बन्ध था। चित्रकूट में उन दोनों समाजों के सदस्यों के बीच जो वैयक्तिक रिश्ते-नाते थे, उनकी मान-मर्यादाओं, आदर्शों और कर्तव्यों का भी निर्वाह हुआ है। इस राज-समाज में मर्यादा, शिष्टता, विनम्रता, कर्त्तव्यपरायणता आदि विशेषताएँ अपने चरम पर पहुँची हुई दिखायी पड़ती है। क्या मजाल है कि कहीं किसी से कोई चूक हो जाय। पारस्परिक व्यवहारों में कोई किसी से न्यून नहीं है- न प्रेम व्यवहार में न ही स्वधर्म-निर्वाह में। सास और बहू के बीच जिस तरह का प्रगाढ़ सेवा-भाव और प्रेम दिखायी पड़ता है, वह आज के बिखरते-टूटते परिवारों को कल्याण-पथ दिखाने वाला है। सीता ने यदि अपनी सेवा से सासुओं को वश में कर लिया, तो प्रसन्न होकर सासुओं ने भी उन्हे अपने सदुपदेश और आशीर्वाद से अभिसिंचित कर दिया-

**सीय सासु सेवा बस कीन्हीं । तिन्ह लहि सुख सिख आसिष दीन्हीं।।**

तुलसीदास की मान्यता है कि बड़ों का आशीर्वाद और छोटों की सेवा-परायणता ही मानव-समाज का कल्याण-पथ प्रशस्त कर सकती है। चित्रकूट-सभा में एकत्र पारिवारिक सदस्यों के बीच जिस तरह की कर्तव्य-भावना का आदर्शपूर्ण निर्वाह हुआ है, एक दूसरे के साथ शील-धर्म की सुरक्षा करते हुए वार्तालाप सम्पन्न हुआ है, समय और अवसर के अनुकूल बात कही गयी है और प्रतिकूल दशा में धर्म का ख्याल करते अपनी भावनाओं पर ताला लगा दिया गया, वह एक आदर्श समाज के निर्माण में सहायक है। प्रेम-विह्वल सीता ने अपने माता-पिता से मिलने पर 'समय और धर्म' का विचार करके ही धैर्य धारण किया-

**सिय पितु मातु सनेहबस विकल न सकी सँभारि ।**
**धरनिसुता धीरजु धरउ समय सुधरमु विचारि ।।**

ऐसी पुत्री को 'तापसी वेष' में देखकर राजा जनक को विशेष प्रेम और सन्तोष का अनुभव हुआ और वे बरबस कह उठे- **पुत्रि पवित्र किए कुल दोऊ। सुजस धवल जग, कह सब कोऊ।** स्वधर्म-निर्वाह में सीता जैसी कुलवधू से कभी चूक नहीं हो सकती-यह तथ्य भी गोस्वामी जी की दृष्टि से ओझल नहीं होने पाया है। राम के वन-गमन के समय सीता ने पत्नी-धर्म का निर्वाह तो किया ही, चित्रकूट में भी वे पत्नी, पुत्री और बहू के रूप में पूरी तरह खरी उतरीं। पिता के डेरे पर ही रात हो जाने के कारण सीता जिस असमंजस में पड जाती हैं, वह उनकी

मार्यादाशीलता, कर्तव्यनिष्ठा और पतिपरायणता का ही द्योतक है। उनके इस शील-स्वभाव को देखकर ही उनके माता-पिता मन ही मन उनकी सराहना करे लगे-

**कहति न सीय सकुचि मन माहीं। इहाँ बसब रजनी भल नाहीं।।**
**लखि रूख रानि जनायउ राऊ। हृदय सराहत सीलु सभाऊ।।**

चित्रकूट में दो शिष्ट शिक्षित राज-समाजों के बीच असभ्य-अशिक्षित कोल-किरातों की उपस्थिति भी कम महत्वपूर्णन नहीं है। वास्तविकता तो यह है कि उनका भी शील-स्वभाव सभ्य समाज की सभ्यता और शिष्टता में बहुत कुछ जोड़ने वाला है, भले ही राम के प्रभाव से उनके शील-स्वभाव में परिवर्तन हो गया हो, लेकिन उन्होंने जिस भाव और रीति से अयोध्यावासियों का स्वागत-सत्कार किया है, उनके प्रति जिस तरह की आत्मीयता और सरलता का परिचय दिया है वह मानवीय व्यवहार का एक स्वर्णिम अध्याय है और भारतीय आदर्श **अतिथि देवो भव** का व्यावहारिक दृष्टान्त भी है-

**कोल-किरात भिल्ल बनवासी। मधु सुचि सुंदर स्वादु सुधा-सी।।**
**भरि भरि परन पुटीं रूचि रूरी। कंदमूल फल अंकुर जूरी।।**
**सबहिं देहिं करि बिनय प्रनामा। कहि-कहि स्वाद भेद गुन नामा।।**

स्वागत-रत कोल-किरात को जब लोग उनकी वस्तुओं का दाम देते हैं, तो न केवल वे लेने से इन्कार करते हैं, बल्कि अयोध्यावासियों की सेवा का अवसर पाकर अपने को धन्य मानते हैं -

**तुम्ह प्रिय पाहुने बन पगु धरे। सेवा जोगु न भाग हमारे।।**
**देब काह हम तुम्हहिं गोसाईं। ईधन पात किरात मिताई।।**
**यह हमारि अति बड़ सेवकाई। लेहि न बासन बसन चोराई।।**
**हम जड़ जीव जीव धन घाती। कुटिल कुचाली कुमति कुजाती।।**
**पाप करत निसि बासर जाहीं। नहिं पट कटि नहिं पेट अघाहीं।।**
**सपनेहुँ धरम बुद्धि कस काऊ। यह रघुनंदन दरस प्रभाऊ।।**

जिनके कटि में भी वस्त्र नहीं है और जिनका पेट भी नहीं भरता है, उनकी सेवकाई उस सभ्य समाज के लिये एक सन्देश है, जो भर-पेट खाकर भी दरवाजे पर आये हुए लोगों का ठीक से आतिथ्य नहीं करता। **कोल-किरातों का यह प्रसंग सामान्य भारतीय जनता की साधुता, सरलता, विनम्रता, सहृदयता, उदारता और हृदय की पवित्रता का अच्छा उदाहरण है।**

चित्रकूट-प्रसंग में केवल मानवीय व्यवहारों, शील-स्वभावों और तरह-तरह के आदर्शों-कर्तव्यों की ही विवेचना और व्यावहारिक प्रतिष्ठा नहीं हुई, बल्कि अवसरानुकूल पारमार्थिक दर्शन की भी अभिव्यक्ति हुई है। माताओं से मिलते समय

राम ने कहा- **अंबु ईस आधीन जग काहु न देइअ दोषु।** यह कहकर राम ने माताओं के शोक-सन्तप्त हृदय को कुछ हल्का कर दिया-सबसे ज्यादा राहत तो मिली उस कैकेयी को जो अब तक अपराध-समुद्र में ऊभ-चुभ रही थी। **भारतीय जीवन-दर्शन की यह एक विशेषता है कि जिस बिन्दु पर पहुँच कर मनुष्य की सारी शक्ति आगे बढ़ने से जवाब दे देती है, वहाँ से वह भाग्य और ईश्वर के सहारे आगे बढ़ता है या कम से कम जीने का सम्बल प्राप्त कर लेता है। शोक और व्यथा के सघन क्षणों में उस अदृश्य सत्ता से ही जीवन-शक्ति प्राप्त करके भारतीय जीवन-धारा काल के थपेड़ों को सहती हुई आगे बढ़ती रही है। पराधीनता के क्रूरतम कालखण्ड में इसी आस्था ने उसकी अस्मिता की रक्षा की है।** सुनयना और कौशल्या की पारस्परिक बातचीत में भी कर्म की प्रधानता और ईश्वर की सर्वशाक्तिमानता पर ही बल दिया गया है-

**कौसल्या कह दोषु न काहू। करम बिबस दुखसुख छति लाहू ।।**
**कठिन करम गति जान विधाता। जो सुभ असुभ सकल फलदाता।।**
**ईस रजाइ सीस सबहीं के। उत्पति थिति लय बिषहु अमी के।।**
**देवि मोह बस सोचिअ बादी। बिधि प्रपंचु अस अचल अनादी।।**
**भूपति जियबमरब उरआनी। सोचिअ सखि लखि निज हित हानी ।।**

'राम रजाई' सर्वोपरि है, यह तत्वदर्शी मुनि वशिष्ठ जी का अभिमत है -

**अहिप महिप जहँ लागि प्रभुताई। जोग सिद्धि निगमागम गाई ।।**
**करि विचार जियँ देखहु नीकें। राम रजाइ सीस सबहीं ।।**

उल्लेखनीय है कि चित्रकूट-सभा में राम-भरत के बीच केवल अनुनय-विनय की प्रेमपूर्ण वार्ता ही नहीं हुई है, बल्कि धर्म, दर्शन, सभ्यता, सदाचार, प्रेम-व्यवहार, आदर्श, कर्त्तव्य, जीवन-जगत, राजनीति आदि जाने कितने प्रसंगों पर दार्शनिक ऊँचाई एवं गहराई के साथ विचार-विमर्शपूर्ण व्यावहारिक निदर्शन हुआ है। अकेला भरत का शील स्वभाव जाने कितने मानवीय आदर्शों और कर्तव्यों की गूढ़ व्याख्या करने वाला है। इस सभा में स्वार्थ और परमार्थ की जो भी बातें हुई हैं, वे लोकमंगलकारी हैं। भरत का समूचा जीवन धर्म का ही पर्याय है। गुरु वशिष्ठ ने कहा कि तुम जो भी सोचोगे-समझोगे, कहोगे-करोगे, वही इस धरती पर धर्म का सार होगा-

**समुझब कहब करब तुम्ह सोई। धरम सारू जग होइहि सोई।।**

चित्रकूट-सभा में भरत राम-संवाद के बहाने गोस्वामी तुलसीदास ने मानव-जीवन के कल्याण के लिये **धर्म का सार** ही प्रस्तुत किया है।

❑

# मानस में नारी

**मानस में नारी** संबंधी तथ्य दो रूपों में दिखाई पड़ते हैं। एक है नारी पात्रों का चरित्र चित्रण, दूसरा नारी विषयक विचार-दर्शन। गोस्वामी जी ने 'मानस' में जिन नारी पात्रों का चरित्र-चित्रण किया है, उनमें पार्वती, कौशल्या, सुमित्रा, कैकेयी, सीता, मंथरा, अनुसुइया, मन्दोदरी, सूर्पणखा के नाम विशेष रूप से उल्लेखनीय हैं। इन नारी चरित्रों के दो वर्ग बनाये जा सकते हैं। एक वर्ग उन स्त्रियों का है जो नारी जाति का आदर्श रूप प्रस्तुत करती हैं और दूसरा वर्ग ऐसी स्त्रियों का है जो नारी की छुद्रताओं और दुर्बलताओं से ग्रस्त हैं। पार्वती, कौशल्या, सुमित्रा, सीता और अनुसुइया प्रथम कोटि की नारियाँ हैं, जिनके उदात्त चरित्र पर भारतीय समाज गर्व करता है। पार्वती अपने तप के लिये कौशल्या और सुमित्रा उदार मातृत्व के लिये, सीता अनुपम पति-परायणता, कर्तव्यनिष्ठा एवं पतिसेवा के लिये तथा अनुसूइया अपने सतीत्व के लिये सदा सदा के लिये अविस्मरणीय बन गयी हैं। गोस्वामी तुलसीदास ने इनके पवित्र एवं उदात्त चरित्र को पर्याप्त सहृदयता एवं मार्मिकता के साथ चित्रित करके यह दिखा दिया है कि सुशील-गुण-सम्पन्न नारी के प्रति उनमें अगाध सम्मान भाव था। वे इन नारियों के चित्रण का गुणगान करते नहीं अघाते। पार्वती को वे पतिव्रता स्त्रियों में प्रथम स्थान पर गिनते हैं-

**पतिदेवता सुतिय महँ, मातु प्रथम तव रेख ।**
**महिमा अमित न सकहिं कहि, सहस सारदा सेस ।।**

गोस्वामी तुलसीदास ने उदात्त-चरित्र वाली इन नारियों- कहना चाहिये देवियों के चरित्रांकन में कोई कसर नहीं रखी है और सर्वत्र इनके प्रति आदर एवं श्रद्धा का भाव व्यक्त किया है। ऐसी स्त्रियों को उन्होंने 'मातु' से नीचे का दर्जा नहीं दिया है। जो लोग गोस्वामी जी को नारी-निंदक कहते हैं, उन्हें उनके इन नारी-चरित्रों का अध्ययन करना चाहिये। इनसे उन्हें ज्ञात हो जायेगा कि गोस्वामी जी न तो किसी कुण्ठा से ग्रस्त थे और न नारी को लेकर उनके मन में किसी तरह का पूर्वाग्रह था। हाँ, इतना अवश्य है कि नारी-निन्दा या प्रशंसा के लिये उनकी अपनी कसौटी थी,

अपने मूल्य और प्रतिमान थे। वे मूल्य, समाज-निर्पेक्ष या संकीर्ण न होकर व्यापक लोक-कल्याण की भावना से उपजे थे। यह निर्विवाद सत्य है कि मध्यकाल में लोक मंगल की चिन्ता करने वाला, उसके लिये रचनात्मक दृष्टिकोण देने वाला तुलसी के अतिरिक्त दूसरा भक्त साहित्यकार दिखायी नहीं देता। अतः तुलसी ने नारी के आदर्शों को रेखांकित करते समय समाज के व्यापक हित को सामने रखा था, इसके साथ ही उन्होंने नारी के व्यक्तिगत सुख और विकास को दृष्टि से ओझल भी नहीं किया था। उन्होंने उस सामन्ती व्यवस्था में पुरुष के अधिनायकत्व को तोड़ा था और दोनों की पारस्परिकता पर बल दिया था। रामराज्य के स्त्री-पुरुषों के धर्म और व्रत को रेखांकित करते हुये वे लिखते हैं -

**एक नारि व्रतरत सब नर झारी ।**
**ते मन वच क्रम पतिहितकारी ।।**

मजे की बात यह कि लोगों ने 'पतिहितकारी' वाली बात को गंठिया कर तुलसी को सामन्तवादी घोषित कर दिया, किन्तु राम के 'एक पत्नी व्रतधारी' वाले रूप पर ध्यान नहीं दिया। जो लोग तुलसी-साहित्य का एकांगी अध्ययन करेंगे, उनके विचारों को पूरी व्यापकता से नहीं जाँचेंगे-परखेंगे, वे इसी तरह के एकांगी निष्कर्षों पर पहँच कर उनकी आलोचना-भर्त्सना करेंगे।

गोस्वामी जी की मान्यता है कि मानव जीवन की सुख समृद्धि, अन्य बातों के अलावा स्त्री-पुरुष के पारस्परिक अनुराग और सौहार्द से ही संभव है और स्त्री का पति-परायण होना जरूरी ही नहीं, अनिवार्य भी है-

**एकइ धरम एक व्रत नेमा। काय वचन मन पति पद प्रेमा।।**

उनके इस आदर्श पतिव्रत का ज्वलन्त उदाहरण हैं सीता, जो पति से दूर रह कर एक पल भी जीना नहीं चाहतीं। राम ने वन जाते समय जब उन्हें अयोध्या में ही रह जाने का उपदेश दिया, तो सीता ने बड़ी विनम्रता के साथ कहा था-

**राखिय अवध जो अवधि लगि, रहत न जानिअहिं प्रान।**
**दीनबन्धु सुन्दर सुखद, सील सनेह निधन ।।**

यही नहीं, स्त्री-पुरुष की एकात्मता, पारस्परिकता को भी रेखांकित करते हुये कहा-**जिय बिनु देह नदी बिनु वारी। तैसिय नाथ पुरुष बिन नारी।।**

यहाँ यह स्पष्ट कर देना जरूरी है कि सीता का राम के साथ जाने का आग्रह उनके साहचर्य-सुख को प्राप्त न हो कर उनकी पति-धर्म परायणता की भावना की अभिव्यक्ति थी। वे पत्नी के उस आदर्श से अनुप्रेरित थीं जो पति को ही अपना सर्वस्व मानने की भावना को बल प्रदान करता है। पतिपरायण सीता को यह कैसे स्वीकार हो सकता था कि राम वन जाकर दर-दर भटकें और वे अयोध्या के राजमहल

में रहकर सुख-वैभव का आनन्द लूटें। उनकी निम्नलिखित वक्रोक्ति का यही अभिप्राय है - **मैं सुकुमारि नाथ बन जोगू। तुमहिं उचित तप मो कहँ भोगू।।**

सीता जी ने राम से स्पष्ट कह दिया था कि वन में चाहे जितने दुख-कष्ट हों किन्तु वे उनके साथ रहने पर उन्हें महसूस ही नहीं होने देंगी। यहाँ पर यदि कोई यह लक्षित करे कि सीता अपने सुख के लिये राम के साथ जाना चाहती थीं तो यह कहना पड़ेगा कि उस व्यक्ति ने न तो 'मानस' को ठीक से समझा है और न ही उसे सीता की पति-भक्ति की गंभीरता का अनुमान है। सीता का कोई सुख अपना सुख नहीं है अथवा 'अपना सुख' जैसी कोई कल्पना या भावना उनमें है ही नहीं। उनका सारा सुख राम का सुख है। राम सुखी हैं तो वे भी सुखी हैं और यदि राम दुखी हैं तो वे भी दुखी हैं तो फिर उनका सुख कैसा ? सीता राम के साथ इसलिये जाना चाहती हैं कि वे उन्हें वन में सुख पहुँचा सकें, उनके श्रम-दुख का परिहार कर सकें और उनकी नित्यप्रति सेवा कर सकें -

**पाँय पखारि बैठ तरु छाहीं। करिहउँ बाउ मुदित मन माहीं।।**
**सम महि तृन पल्लव डासी। पाय पलोटिहि सब निसि दासी ।।**
**बार-बार मृदु मूरति जोही । लागिहि तात बयारि न मोही ।।**

सुखद दाम्पत्य जीवन के लिये सीता की यह भावना कितनी महत्वपूर्ण है, यह बताने की आवश्यकता नहीं प्रतीत होती क्योंकि जीवनरूपी गाड़ी को चलाने के लिये स्त्री-पुरुष में यदि इस तरह का सौहार्द या सहयोग नहीं रहेगा तो वह एक कदम आगे न चल सकेगी। सीता का समूचा चरित्र एक आदर्श पत्नी का उदाहरण है। उन्हीं जैसी स्त्रियाँ अपने पति के लिये तो सम्माननीय होती ही हैं, पूरे परिवार के प्रेम का भाजन बन जाती हैं। सीता में यदि एक ओर अपने पति राम के प्रति अनन्य भक्ति और सेवा-भावना है तो दूसरी ओर सासु-ससुर के प्रति पर्याप्त आदर, श्रद्धा भी। सीता को आदर्श पुत्र-वधू के रूप में 'मानस' के चित्रकूट प्रसंग में देखा जा सकता है, जहाँ समूचा अवध विद्यमान है और वे अपनी सासुओं की सेवा में रत हैं। राजा जनक ने जब अपनी पुत्री को इस तरह पति-परिवार की सेवा करते हुए देखा तो उनका हृदय प्रेम और संतोष से भर आया। वे सीता की प्रशंसा करते हुए कहने लगे-

**पुत्रि पवित्र किये कुल दोऊ। सुजस धवल जगु कह सब कोऊ।।**
**जिति सुरसरि कीरति सरि तोरी। गवन कीन्ह विधि अंड करोरी।।**
**गंग अवनि थल तीनि बड़ेरे। यहि किए साधु समाज घनेरे।।**

'मानस' की सीता यदि आदर्श पत्नी और कुलवधू का उदाहरण हैं तो कौशल्या वात्सल्यमयी माँ का प्रतीक। मातृ हृदय की जैसी अगाधता, विशालता और धीरता उनके पास है वैसी अन्यत्र दुर्लभ है। वे ऐसी माँ हैं जो सौति के पुत्र को भी

अपने पुत्र से अधिक प्यार करती हैं। राम के वन जाने का उन्हें उतना दुख नहीं था जितना वे भरत को राम के बिना दुखी देख कर दुखी थीं-

**लखन राम सिय जाहु बन, भल परिनाम न पोचु।**
**गहवरि हिय कह कौसिला, मोहि भरत कर सोचु ।।**

जिस भरत के कारण उनकी आँखों के तारे राम को वनवास मिला, वे उसी के दुख से दुखी हैं। यह उनके मातृ-हृदय की वह विशालता है जो अपने और पराये के भेद को मिटाकर संतानमात्र के प्रति ममतामयी बनाती है। जीवन के प्रति यथार्थवादी दृष्टिकोण अपनाने वाले भले ही इसे कौशल्या की भावुकता कहकर उसकी समीक्षा करें, किन्तु यह भी सत्य है कि समाज को अपनी स्थिति बनाये रखने के लिये इस भावुकता की जरूरत पड़ती है और उन्नति के किसी भी शिखर पर पहुँच कर इसकी उपयोगिता बनी रहेगी। हाँ, कैकेयी की दृष्टि यथार्थवादी है। वह अपने स्वार्थ के आगे हर तरह का जोखिम उठाने के लिये तैयार रहती हैं। मौका को हाथ से जाने नहीं देती हैं। किन्तु इसके साथ यह भी सच है कि समाज कैकेयी जैसी माताओं या नारियों के आदर्श पर ज्यादा दिन तक टिका नहीं रह सकता। खेद इस बात का है कि वर्तमान युग में कैकेयी ही प्रासंगिक हो गयी हैं, जिसके परिणामस्वरूप तरह-तरह की पारिवारिक कलहें हो रही हैं और समाज में निरन्तर अशान्ति फैलती जा रही है।

कौशल्या न केवल एक आदर्श एवं ममतामयी माता हैं बल्कि एक पति-परायण, धर्मनिष्ठ एवं कर्तव्यपरायण पत्नी भी हैं । उनका कर्त्तव्यबोध एक क्षण के लिये उनके अपत्य स्नेह को भी दबा देता है। जब राम ने कौशल्या को बताया कि पिता ने मुझे बन जाने की आज्ञा दी है तो उन्होंने कहा कि यदि पिता ने ऐसा कहा है तब तो तुम्हें बन जाने की जरूरत नहीं है क्योंकि माता का अधिकार पिता के अधिकार से बड़ा होता है-

**जौ केवल पितु आयसु ताता। तौ जनि जाहु जानि बड़िमाता।।**

लेकिन यदि माता (कैकेयी) और पिता दोनों की यह आज्ञा है तो बन तुम्हारे लिये सैकड़ों अयोध्या की तरह सुखद है-

**जौ पितु मातु कहेउ वन जाना। तो कानन सत अवध समाना।।**

कारण यह था कि कौशल्या कैकेयी को अपने से कदापि छोटी नहीं मानती थीं जबकि वास्तविकता यह थी कि वह दशरथ की बड़ी रानी थीं। उन्हें विश्वास था कि यदि वे हठ करें तो राम के वनवास को स्थगित करा सकती हैं किन्तु उन्होंने सोचा कि इससे व्यर्थ में धर्म की हानि और बन्धु विरोध होगा-

**राखहुँ सुतहिं करउँ अनुरोधू। धरम जाई अरु बन्धु-विरोधू ।।**

किन्तु दूसरी तरफ पुत्र-प्रेम भी कम न था। कौशल्या धर्म और प्रेम के ऐसे संकट में पड़ गईं थी कि न तो राम से बन जाने के लिये कह पा रही थीं और न रोकने का ही औचित्य ढूँढ पा रहीं थीं-

**राखि न सक, न कहि सक जाहू। दुहुँ भाँति उर दारन दाहू।।**

यदि कौशल्या के स्थान पर कोई दूसरी सामान्य नारी होती तो वह एक नया दृश्य उपस्थित कर देतीं किन्तु सौति को भी समान दर्जा देकर, धर्म और ममत्व की रक्षा के लिये अपने हृदय पर पत्थर रख लिया। इसका परिणाम यह हुआ कि एक राजपरिवार अपनी आन्तरिक कलह से विखंडित होते-होते रह गया। 'सुमित्रा' रामचरित मानस की ऐसी नारी थीं जो तुलसी की प्रियता-अप्रियता की दृष्टि का रहस्य खोलती हैं। वे भी कौशल्या जैसी पतिपरायण और ममतामयी माँ की मूर्ति हैं। किन्तु उनका सबसे बड़ा आदर्श है राम-भक्ति। प्रकारान्तर से यह राम के प्रति उनके वात्सल्य भाव को ही प्रकट करता है किन्तु इसी में तुलसी की भी दृष्टि समाहित है। 'विनय पत्रिका' में तुलसी ने स्पष्ट लिखा है-

**जाके प्रिय न राम वैदेही।**<br>
**तजिये ताहि कोटि वैरी सम जद्यपि परम सनेही।।**

सुमित्रा उनकी इसी विचारधारा की संवाहिका और पोषिका हैं। जब लक्ष्मण उनसे राम के साथ बन जाने के लिये अनुमति माँगते हैं तो वे परम प्रसन्न होकर कहती हैं -**पुत्रवती जुवती जग सोई। रघुपति भगत जासु सुत होई।।**

और यह उपदेश देते हुए उन्हें वन जाने के लिये सहर्ष अनुमति दे देती हैं- **पूजनीय प्रिय परम जहाँ ते। सब मानिअहि राम के नाते।।**<br>
**अस जिय जानि संग बन जाहू। लेहु तात जग जीवन लाहू।।**

कुछ समझदार लोग इसमें सुमित्रा की चाल मान सकते हैं। उनकी दृष्टि में सुमित्रा ने एक लड़के को राम के साथ लगा दिया और एक को भरत के साथ ताकि इनमें से जिसका भी राज हो, वह सुख ऐश्वर्य का भोग करती रहें। ऐसा वे ही सोच सकते हैं जो पुत्र को दूध पिलाने में भी माता के स्वार्थ को लक्षित करते हैं। ऐसे लोगों को सुमित्रा के राम-प्रेम और महत्व को समझाया नहीं जा सकता, चाहे यह कार्य स्वयं ब्रह्मा ही क्यों न करें। सुमित्रा ने जिस निष्कलुष वात्सल्य भाव को व्यंजित किया है, उसकी कोई मिसाल नहीं मिलती। राम के साथ वन जाने में उन्हें अपने पुत्र का भाग्योदय दिखाई पड़ता है। भाग्योदय इसलिये कि लक्ष्मण को रात-दिन राम और सीता की सेवा करने का अवसर मिलेगा, वे अपने भ्रातृत्व को सार्थक कर सकेंगे। कहना न होगा कि दुनिया में भाई के रूप मे 'राम-लक्ष्मण' की जो जोड़ी तैयार हुई, उसका बहुत कुछ श्रेय सुमित्रा को भी है जिसने लक्ष्मण को राम

के साथ परछाईं की तरह सेवारत रहने के लिये उत्साहित-प्रेरित किया। यह सुमित्रा ही थी जिसने लक्ष्मण को इतने बड़े कर्तव्य का बोध कराया-

**तात तुम्हारि मातु वैदेही। पिता राम सब भाँति सनेही।।**
**गुरु पितु मातु बन्धु सुर साईं। सेइअहिं सकल प्रान की नाईं।।**

गोस्वामीजी की दृष्टि में **राम-भक्ति** और **पतिधर्म परायणता** दो ऐसे आधार हैं जिन पर किसी भी स्त्री की महानता आँकी जा सकती है। रावण की पत्नी मन्दोदरी की प्रशंसा उन्होंने उसकी रामभक्ति और पतिहित चिन्ता के कारण की है, जो उसकी भक्ति का ही अंग है। वह एक विवेक सम्पन्न नारी हैं और यह जानती हैं कि राम से वैर मोल लेने में रावण की खैर नहीं है। उसका 'अहिवात' तभी अचल रह सकता है, जब रावण राम से युद्ध न करे। मन्दोदरी द्वारा रावण को समझाने में उसकी रामभक्ति तो है ही, एक मनोवैज्ञानिक वास्तविकता भी है। वह रावण को राम से युद्ध न करने का अनुरोध इसलिये करती हैं क्योंकि उसे राम की अजेयता विदित है। वह जानती हैं कि ये वे राम हैं जिन्होंने शंकर के धनुष को तोड़कर सीता से विवाह किया था और रावण उसी सभा में मुँह लटकाकर रह गया था। यही नहीं, उनके दूत ही इतने भयंकर हैं कि उनसे पार पाना रावण के वश का नहीं है-

**अब पति मृषा गाल जनि मारहु। मोर कहा कछु हृदय विचारहु।।**
**वान प्रताप जान मारीचा। तासु कहा नहीं मानहि नीचा।।**
**जनक सभा अगनित भूपाला। रहे तुम्हउ बल अतुल विसाला।।**
**भंजि धनुष जानकी विवाही। तब संग्राम जितेहु किन नाहीं।।**
**सूपनखा कै गति तुम देखी। तदपि हृदय नहिं लाज विसेखी।।**

और अन्त में कहती हैं -

**निकट काल जेहि आवत साईं। तेहि भ्रम होय तुम्हारिहि नाईं।।**

मन्दोदरी जानती हैं कि रावण को अपने बल का मिथ्या अहंकार हो गया है। वह तो असीम शक्ति वाले राम के समक्ष निर्बल निःसत्व है। अब सोचने की बात है कि कौन ऐसी स्त्री होगी जो अपने मच्छर जैसे निर्बल-शक्तिहीन पति को पहलवान जैसे शत्रु से मल्ल युद्ध के लिये ललकारेगी। जाहिर है कि जिस स्त्री में विवेक नहीं होगा, अपने सौभाग्य की चिन्ता नहीं होगी और पति के मर जाने में ही जिसे परम सुख दिखाई पड़ेगा वही अपने पति को इस तरह के अविवेक-पूर्ण कृत्य के लिये उत्साहित करेगी। मन्दोदरी विवेक सम्पन्न नारी थी, उसे उचित-अनुचित की जानकारी थी, हित अहित की समझ थी। इसलिये तुलसी ने राम के शत्रु की पत्नी होते हुए भी उसके चित्रण में उत्साह दिखाया और उसके चरित्र को उज्ज्वल रूप में प्रस्तुत किया।

रामचरित मानस में कुछ ऐसी भी नारियाँ हैं जो नारी जाति के लिये कलंक हैं, जैसे कैकेयी, मंथरा और सूर्पनखा। इनमें सूर्पनखा को यदि राक्षसी मानकर उसके कृत्य को नजर अंदाज कर दिया जाय तो भी कैकेयी और मंथरा ने नारी जाति को काफी कलंकित और निन्द्य प्रमाणित किया है। इन दोनों ने स्त्री सुलभ सहृदयता, कोमलता, ममता आदि भावनाओं को ताक पर रख कर अपने मनोरथों की पूर्ति के लिये राजा दशरथ के हरे-भरे उपवन में आग लगाई है। गोस्वामी जी ने कैकेयी को अयोध्या नगर रूपी फलयुक्त वन में दावाग्नि लगाने वाली 'किरातिनी' कहा है-

**नगरु सफल बन गहवर भारी। खग मृग विपुल सकल नरनारी।।**
**विधि कैकेई किरातिनी कीन्हीं। जेहिं दव दुसह दसहूँ दिसि दीन्ही।।**

भरत जब राम से मिलने के लिये चित्रकूट गये तो उनके साथ पूरी अयोध्या भी गयी थी। साथ में कुल कलंकिनी कैकेयी भी थी। वहाँ पर जब सीता समेत राम लक्ष्मण की सरलता को देखा तो उसे अपने किये पर घोर पश्चाताप हुआ। उस पश्चाताप की घड़ी में भी तुलसीदास ने कैकेयी को 'कुटिल रानी' के रूप में स्मरण किया है-

**लखि सिय सहित सरल दोउ भाई। कुटिल रानि पछिताई अघाई।।**

जिस भरत के लिये कैकेयी ने षड़यंत्र रचा। उसने भी उसे 'पापिनी' ही कहा - **धीरज धरि भरि लेहिं उसासा। पापिनि सबहिं भाँति कुलनासा।।**

कैकेयी से कुटिल तो उसकी दासी मंथरा थी। वह तो कपट और कुटिलता की प्रतिमूर्ति थी। उसी के कपट और कुटिलपन से अयोध्या में हाहाकार मचा, दशरथ की मृत्यु हुई और राम जैसे पुत्र को राजगद्दी की जगह वनवास मिला। यदि उसने सौतों की सैकड़ों कपट कहानियों को कह कर कैकेयी को प्रबोधा न होता तो शायद दशरथ के राजमहल में द्वेषाग्नि न भड़की हुई होती-

**रचि पचि कोटिक कुटिलपन, कीन्हेसि कपट प्रबोध।**
**कहसि कथा सत सवति कै, जेहि विधि बाढ़विरोध।।**

कहना न होगा कि कैकेयी न जब मंथरा से यह कहा था

**काने खोरे कूबरे कुटिल कुचालि जानि।**
**तिय विसेसि पुनि चेरि कहि भरत मातु मुसुकानि।।**

तो वह सत्य के बहुत निकट थी। 'मंथरा' में वे सब विशेषताएँ थीं जिसको कैकेयी ने अपने उपर्युक्त सिद्धान्त-वाक्य में लक्षित किया है। इसीलिए वह उसके चंगुल से बच न सकी। फलतः उसने कैकेयी की कुबुद्धिरूपी जमीन में कपटरूपी जल देकर विपत्तिरूपी बीज को अंकुरित कर दिया-

**विपति बीजु बरसा रितु चेरी। भुई भई कुमति कैकेयी केरी।।**
**पाइ कपट जल अंकुर जामा। बर दोउ दल दुख फल परिनामा।।**

अब ऐसी कैकेयी को भरत यदि 'पापिनी' कहें, संसार में उसके जन्म को अनावश्यक प्रमाणित करें और उसे **'सकल कपट अघ अवगुन खानी'** कहे और शत्रुघ्न जी उसे नख से शिखा तक खोटी दिखाने वाली मंथरा के कूबर पर हुमक कर लात मारें तो कोई अनुचित कैसे कह सकता है ? और ऐसी ही परिस्थिति में ऐसी स्त्रियों के लिये यदि गोस्वामी जी की वाणी से यह सूक्ति निकल जाय-

**विधिहुँ न नारि हृदय गति जानी। सकल कपट अघ अवगुन खानी।।**

तो उन्हें कैसे नारि-निन्दक मान लिया जाय ? जब राम सीता और लक्ष्मण वन चले गये तो अयोध्या के नरनारी यह कह कर दुख व्यक्त करने लगे-

**काह न पावक जारि सक, काह न सिन्धु समाय।**
**का न करे अबला प्रबल, केहि जग काल न खाय।।**

'अबला' जब 'प्रबल' हो जायगी, उसका आचरण 'काल' जैसा विध्वंसकारी हो जायेगा तो उस नारी के लिये उपर्युक्त वचन ही निकलेंगे। ऐसी ही स्त्रियों को ध्यान में रख कर गोस्वामी जी ने **'सब ते अधम अधम अति नारी'**, **'नारि चरित जलनिधि अवगाहू'** आदि कहा है। सीता, सुमित्रा या कौशल्या के लिये वे ऐसे शब्द सोच भी नहीं सकते। इनकी महानता के आगे तो वे हमेशा प्रणत रहते हैं। जो लोग **'सूद्र गवाँर ढोल पसु नारी, ये सब ताड़न के अधिकारी'** वाले कथन पर हो-हल्ला मचाते हैं, वे यह नहीं समझते कि यह बात **'समुद्र'** ने कही है जो अपने को **'जड़'** कहता है। यदि लोगों को 'जड़' की ही बातें आप्त वाक्य सी लगती हैं तो फिर कहना ही क्या, क्योंकि 'जड़' की बातें 'जड़' ही स्वीकार करेंगे।

गोस्वामीजी ने उपर्युक्त प्रसंगों से हट कर भी अवसरानुकूल नारी की निन्दा या आलोचना की है, किन्तु ऐसा उन्होंने भक्ति के प्रसंगों में किया है। हमें जानना चाहिये कि तुलसीदास मूलतः भक्त थे। भक्ति-साधना में जिससे बहुत बाधा पड़ती है वह है नारी। नारी को 'माया' का पर्याय माना गया है। कबीर आदि संतों ने भी उसे 'विष की बेलि' कहा है - **छोटी मोटी कामिनी सबहि बिष की बेलि।**
**बैरी मारी दाँव दे ये मारे हँसि खेलि।।**

अन्यत्र भी उन्होंने उसे 'महाविकार' कहा है-

**नारि तो हमहूँ किया पाया नहीं विचार।**
**जब जाना तब परिहरी नारी महाविकार।।**

इसी स्वर को तुलसीदास ने इन शब्दों में व्यक्त किया -

**काम क्रोध लोभादि मद प्रबल मोह कै झारि।**
**तिन्ह मँह अति दारुन दुखद माया रूपी नारि।।**

जाहिर है कि तुलसी ने नारि के माया रूप से सम्बन्धित आलोचनात्मक दृष्टि अपनी संत परम्परा से प्राप्त की थी और उसका अपने जीवन में अनुभव परीक्षण भी किया था। जिन लोगों को कबीर या तुलसी की उपर्युक्त धारणाओं में विश्वास न हो, तो वे राजा भतृहरि और विश्वामित्र की कथा का अध्ययन करें, तब उन्हें मालूम हो जायेगा कि नारि मोहरूपी विपिन का बसंत है और जप तप नियमरूपी जलाशय को सुखा डालने वाली प्रचण्ड ग्रीष्म ॠतु। संतों-भक्तों और तुलसी ने भी नारी के इसी रूप की निन्दा की है और उसे तिरस्करणीय माना है। यह नारी का प्रमदा रूप है। इसी रूप में वह **ठगिनी की तरह 'नैना' झमकाती है और रमैया के बाजार को लूटती है।**

सारांश यह कि गोस्वामी जी नारी के शिव (कल्याणकारी) पक्ष के प्रशंसक और अशिव (अकल्याणकारी) रूप के निन्दक और आलोचक हैं। यह उनकी तत्कालीन सामाजिक-धार्मिक आवश्यकता भी थी। ऐसा करके उन्होंने न केवल अपने समय की पथभ्रष्ट नारियों को सच्चरित्रता का पाठ पढ़ाया बल्कि आगे की नारियों के लिये यह सन्देश भी प्रस्तुत किया कि सम्माननीय नारी बनने के लिये कौशल्या और सीता के शील स्वभाव को अपने में विकसित करना होगा। **कोई स्त्री मंथरा, कैकेयी या सूर्पनखा बनकर सुखी नहीं रह सकती। उसे अपने कुटिलपन के कारण या तो अपने कूबड़ पर प्रहार सहना पड़ेगा, या कुमति के कारण वैधव्य और कलंक ढोना पड़ेगा या फिर चमक-दमक के कारण नाक-कान कटाना पड़ेगा।** उन्होंने नारी-जगत के सम्मुख दोनों तरह की स्त्रियों के स्वरूप, सुख, स्वभाव और परिणाम को प्रस्तुत कर दिया है। अब यह नारी के विवेक पर है कि वह किस मार्ग का अनुसरण करती है और क्या बनना चाहती है। कौशल्या, सीता और सुमित्रा का मार्ग कठिन है। वह योगियों जैसी साधना और तपस्या है और दूसरा मार्ग सरल और आकर्षक है, परन्तु उसका परिणाम बड़ा दुखदायी है।

जो लोग तुलसी को सामन्ती जीवन मूल्यों का समर्थक मान कर उनकी विचारधारा को आज की प्रजातांत्रिक व्यवस्था में अप्रासंगिक ठहराते हैं, उन्हें गोस्वामी जी की इस चौपाई पर ध्यान देना चाहिए-

**कत विधि सृजी नारि जग माहीं। पराधीन सुख सपनेहु नाहीं।।**

**16वीं शताब्दी के उस जड़ समाज में यदि गोस्वामी जी ने नारी की स्वाधीनता की दबी जबान से ही सही, बात उठाई तो उनको इस बात का श्रेय मिलना चाहिए कि बीसवीं शताब्दी में नारी ने जो मुक्ति आन्दोलन छेड़ा उसका**

**बीज बोने वाले वे ही थे।** इतना अवश्य है कि यदि गोस्वामी जी ने नारी मुक्ति-आन्दोलन को संगठित रूप से चलाया होता तो उसका रूप काफी भिन्न होता। कम से कम वह कौशल्या और सीता के मार्ग पर चल कर समाज के व्यापक कल्याण का आधार बना होता। तुलसीदास पुरुष के अधिनायकत्व के कायल नहीं थे। मर्यादावादी होते हुए भी उन्होंने राम और सीता के बीच जिस प्रेम-सम्बन्ध को चित्रित (पुष्पवाटिका प्रसंग) किया है, वह यह प्रमाणित करता है कि वे जीवन में दोनों के भावों की कद्र करते थे। यदि वे सामन्तीय मनोवृत्ति के होते तो रत्ना की फटकार सुनकर 'सन्यासी' न बन जाते बल्कि 'ताड़न का अधिकारी' मानकर उसे घर ले जाते और बड़े गर्व के साथ अपनी गृहस्थी चलाते किन्तु उन्होंने तो 'पत्नी के उपदेश' को अंगीकार करके सिर पर जटा बाँध ली और राम के प्रेम में डूब गये। **जो लोग तुलसी को सामन्तवादी कहते हैं वे जरा अपने भीतर झाँकें और देखें कि वे अपनी स्त्रियों को किस हद तक विचार स्वातन्त्र्य प्रदान किये हुए हैं।** कहीं ऐसा तो नहीं कि मंच पर नारी की समानता, शोषण, मुक्ति आदि जैसी लुभावनी बातें कह कर उन्हें घर की चहारदीवारी में बन्द किये हुए हों। 'ताड़न का अधिकारी' न कह कर भी प्रताड़ित करते हों और गर्वस्फीति पौरुष के समक्ष उन्हें 'अधम' समझ रहे हों। इस दृष्टि से, कम से कम तुलसीदास प्रशंसनीय हैं कि उनकी कथनी और करनी में अन्तर नहीं है।

❑

# सूर-काव्य में प्रकृति

जिन्हें प्रकृति को साहित्य में मानव की चिर सहचरी के रूप में चित्रित हुई देखना हो, उन्हें सूर-साहित्य का अनुशीलन करना चाहिए। प्रकृति और मनुष्य के प्रगाढ़ रागात्मक संबंध का ऐसा भावपूर्ण चित्रण बहुत कम रचनाओं में देखने को मिलेगा। यहाँ प्रकृति राधा-कृष्ण की प्रत्येक लीला में एक संवेदनशील प्राणी के रूप में उन्हीं की तरह सुख-दुख का अनुभव करती हुई चित्रित की गयी है। यह उनकी बाल्यकाल की गोचारण लीला में भी है, यौवन के उन्मत्त विहार और रासलीला में भी, यहाँ तक कि गोपियों के मर्मान्तक विरह में भी वह आठ-आठ आँसू भी बहा रही है। कृष्ण के वियोग में यमुना की दशा गोपियों की करुणा दशा से कदापि कम नहीं है- **देखियत कालिन्दी अति कारी।**

**अहो पथिक कहियो उन हरि सों, भई विरह जुर कारी।।**
**गिरि प्रजंक ते गिरति धरनि धँसि, तरंग तरफ तन भारी।।**
**तटबारू उपचार चूर, जलपूर प्रस्वेद पनारी।।**
**विगलित कच कुस काँस कूल पर पंक जू काजल सारी।।**
**भोर भ्रमत अति फिरति भ्रमति गति, दिसि दिसि दीन दुखारी।।**
**निसि दिन चकई जु पिय रटति है, भई मनौ अनुहारी।।**
**'सूरदास' प्रभु जो जमुना गति, सो गति भई हमारी ।।**

यहाँ 'जमुना की गति' और गोपियों की 'गति' (दशा) में कोई अन्तर नहीं है। दोनों का दुख एक जैसा है। इसीलिए गोपियों ने उद्धव से अपनी दशा बताने की अपेक्षा जमुना की दशा का ही वर्णन किया और अन्तिम पंक्ति में सिर्फ इतना कहकर कि 'वही दशा हमारी भी है', अपनी विरह दशा का भी कारूणिक चित्र उपस्थित कर दिया। सोचने की बात है कि गोपियों ने कृष्ण-सखा से अपनी विरह-दशा का वर्णन करने के बजाय कालिन्दी की करूण-दशा का वर्णन क्यों किया? कुछ लोग यह कह सकते है कि उसी के बहाने वे अपनी स्थिति का बोध कराना चाहती थी किन्तु बात इतनी नहीं है। सूर जैसे पहुँचे हुए भावप्रवण कवि की

भावना को इतनी सतह पर पकड़ना अनुचित होगा। इस प्रश्न का उत्तर देने से पूर्व एक और तथ्य पर विचार कर लेना आवश्यक है। जब कृष्ण उद्धव से यह कहते है- **'उधौ मोहि ब्रज बिसरत नाहीं'** तो न बिसरने वाली वस्तुओं में जिसका नाम पहले लेते हैं वह है **'हंस सुता की सुन्दर कगरी अरु कुंजन की छाँहीं'** अर्थात् यमुना का हरा-भरा कछार और सघन कुंजों की सुखद छाया। कृष्ण द्वारा यमुना के नाम को -सर्वप्रथम गिनना अकारण नहीं है बल्कि उसके पीछे एक बड़ी गहरी और मधुर स्मृति छिपी हुई है। इसका एकमात्र कारण यह है कि वह उनकी प्रत्येक लीला की साक्षात् द्रष्टा और भोक्ता रही है। एक तरह से कृष्ण की समस्त लीलाएँ ब्रज-प्रकृति की उन्मुक्त गोद में सम्पन्न हुई है। बचपन में वृन्दावन में उन्होंने गायें चरायी, जमुना-तट पर गोपियों के साथ छेड़खानी की और यौवनावस्था में उसी के हरे-भरे कछारों में और वृन्दावन के सघन कुंजों की सुखद छाया में उनके साथ रसमय विहार किया। राधा-कृष्ण पहली बार प्रेम रस में जहाँ पगे थे, वह यमुना के पास का सघन कुंज ही था, जहाँ राधा अपने 'मोति सरि' (मोती की माला) को ढूँढ़ने के बहाने और कृष्ण सखाओं से धौरी गाय के 'ब्याने' (बच्चा देने) का बहाना बनाकर आये थे। उस समय दोनों के मिलन में जो घनघोर प्रेम-वृष्टि हुई उससे उनका अन्तरंग भीग गया। भला ऐसे क्षण में उन दोनों की चिर-सहचरी, प्रकृति कैसे न बरसती ? तुरन्त काली-काली घटायें घिर आयीं, पुरवाई बहने लगी और नन्ही-नन्ही बूँदें पड़ने लगीं-

**उल्हरि आयो सीतल बूँद पुरवाई।**
**जहाँ तहाँ ते उमड़ घुमड़ि घन, कारी घटा चहूँदिसि छाई।।**

और तब दोनों कुंजों से भीगते हुए चले -

**भीजत कुंजनि में दोउ आवत।**
**ज्यो-ज्यो बूँद परति चूनरि पर, त्यों-त्यों हरि उर लावत।**

यहाँ पर प्रकृति राधा-कृष्ण के सुखद क्षणों को और मादक बनाने वाली सहायिका के रूप में चित्रित की गयी है। प्रकृति राधा-कृष्ण की लीलाओं में कितनी सहायक रही है, यह देखना हो तो उनकी रासलीला के प्रसंग का अध्ययन करें। उस समय समूचा वृन्दावन एक नयी छटा से भर जाता है। वृक्षों में नये-नये फल-फूल लग जाते हैं, यमुना का तट परम रमणीय हो जाता है और त्रिविध समीर बहने लगता है-

**सरद निसि देखि हरि हरष पायो।**
**विपिन वृन्द रमन, सुभग फूले सुमन, रास रूचिर श्याम के मनहि आयो।**
**परम उज्जवल रैनि छिटकी रही भूमि पर, सद्य फल तरूनि प्रति लटक लायौ।**
**तैसोई परम रमनीक जमुना पुलिन, त्रिविध समीर. . .**

कृष्ण की मधुर लीलाओं के सुखद क्षणों में प्रकृति जितनी सुखद, उत्फुल्ल और उन्मादक रही है, उनके विरह में उतनी ही दुखी और उद्दीपक भी रही है। गोपियों के साथ ही ब्रज-प्रकृति भी शोक-संतप्त दिखायी पड़ती है।

स्पष्ट है कि ब्रज-प्रकृति कृष्ण लीला-स्थली रही है राधा-कृष्ण का प्रथम मिलन भी यमुना-तट पर ही हुआ था। वहीं पर उन दोनों की आँखें चार हुई थीं। नेत्रों में 'ठगोरी' पड़ गयी थी-

**खेलन हरि निकसे ब्रज खोरी।**
**गये श्याम रवि तनया के तट अंग लसत चंदन की खोरी।।**
**औचक ही देखी तह राधा नैन विसाल भाल दिये रोरी।।**

जिस यमुना के हरे-भरे कछार में दोनों ने विहार किया, जिसकी लोल लहरों में क्रीड़ायें की, और जिसने उन्हें इस सबके लिए सुखद, उन्मादक वातावरण प्रदान किया, उसे ब्रज का स्मरण करते समय कृष्ण पहले क्यों न याद करते और अपनी विरहदशा का वर्णन करते समय गोपियाँ उसके दुख को पहले क्यों न कहतीं। जो लोग यह कहते हैं कि सूर-साहित्य में प्रकृति का चित्रण केवल उद्दीपन रूप में हुआ है, उन्हें यह ज्ञात नहीं कि सूर की प्रकृति बड़ी अनुभूतिमयी है। माना कि प्रकृति का स्वतंत्र चित्रण एक महत्त्वपूर्ण चीज है किन्तु उसमें मानवीय संवेदना को लक्षित करना कम महत्त्वपूर्ण नहीं है। चूँकि सूर भावना प्रधान कवि हैं, इसलिए प्रकृति की निर्भाव सुषमा का चित्रण करना उन्हें काम्य नहीं है। उन्होंने प्रकृति की जिस संवेदनशीलता और चेतनता का चित्रण किया, वह आरोपित न होकर सहज एवं स्वाभाविक है। अगर सूर को ब्रज-भूमि और प्रकृति कृष्ण के वियोग में रोती हुई या दुखी दिखायी पड़ती है तो वह केवल गोपियों के विशाल हृदय की छाया मात्र न होकर उसका स्वयं का भी श्रीहीन होना है। इसीलिए तो गोपियों ने उद्धव से स्पष्ट शब्दों मे कहा था कि आप हमें क्यों समझा रहे हैं। पहले ब्रज के पशु-पक्षी और गायों को समझा आइए-

**उधौ हमें कहाँ समझावहु।**
**पशु पक्षी ब्रज की सब देखि स्रवन सुनि आवहु।**
**तृन न चरत गौ, पियत न सुत पय, ढूँढ़त बन-बन डोले।**
**अलि को किरन दै आदि विहंगम भीत भयानक बोले।**
**जमुना भई श्याम बिनु, अंधहीन जनु रोगी।**
**तरुवर पत्र वसन न सँभारत, विरह वृक्ष भये जोगी।**
**गोकुल के सब लोग दुखित है नीर बिनु ज्यों मीन।**
**'सूरदास' प्रभु प्रान न छूटत अवधि आस में लीन ।।**

**कहना न होगा कि गायें इसलिए दुखी हैं क्योंकि कृष्ण ने उन्हें पाला-पोसा और चराया था, पशु-पक्षी इसलिए व्यथित हैं क्योंकि कृष्ण ने उन्हें अपनी मुरली की मधुर ध्वनि से रससिक्त किया था और यमुना का दुखी होना तो और स्वाभाविक है क्योंकि उसी के हृदय पर कृष्ण ने विहार किया था।** ध्यान देने की बात है कि यदि सूर ने कृष्ण-वियोग में इन सबके दुखी होने का चित्रण न किया होता तो हमें गोपियाँ के विरह में वह करुणा और व्याप्ति न मिलती जो उन्हें शेष प्रकृति के साथ आत्मीय स्वजन के रूप में प्रगाढ़ रूप से बाँधे हुए है। इसलिए सूर के विरह वर्णन में पर्याप्त गहराई और व्यापकता आई है और वह **'साँपिन भई सेजियाँ'** तथा **'नागिन भई रतियाँ'** की सीमा से बच सका है। **विरह-दशा में जितना आत्म प्रसार सूर के साहित्य में है, उतना अन्य हिन्दी कवि के काव्य में नहीं।** इस दशा में सूर की गोपियाँ समूची प्रकृति के साथ गहरा तादात्म्य स्थापित कर लेती हैं। उन्हें कोकिला परम उपकारी और सखी-सी व आत्मीय लगती हैं। वे उससे अनुरोध करती हैं -

**सुन री सखी समुझि सिख मोरी।**
**जहाँ बसत जदुनाथ जगतमनि, बारक तहाँ आउ दे फेरी।।**

यही नहीं, उन्हें पपीहा समानधर्मा और परम प्रिय लगता है। जिस दुख से वे दुखी हैं वही दुख उसे भी है। रात दिन वह भी प्रियतम का ही नाम रटता है। वह धन्य है, वह बहुत जिये, यह आशीर्वाद देती हैं-

**बहुत दिन जीवो पपिहा प्यारो।**
**बासर रैन नाउ तै बोलत, भयौ विरह जुर कारो।।**
**आप दुखित पर दुखित जानि जिय, चातक नाम तिहारो।।**

यह सूर का प्रकृति-प्रेम ही कहा जायेगा कि उन्होंने गोपियों की विरह-व्यथा के चित्रण के बहाने ही सही, प्रकृति के प्रति प्रगाढ़ रागात्मकता की अभिव्यक्ति की जिससे विषय की परिमिति उनकी अभिव्यंजना की न तो सीमा बन सकी है और न ही उससे किसी तरह की ऊब पैदा होती है। उनका हर पद एक ताजा अनुभव से पाठक को समृद्ध कर जाता है।

यहाँ तक तो हुई प्रकृति की संवेदनशीलता और मानवीय अनुभूतियता की बात। अब इस पर भी गौर करना अपेक्षित है कि सूर के काव्य में प्रकृति का सूक्ष्म निरीक्षण किस सीमा तक प्राप्त होता है। आचार्य शुक्ल ने लिखा है कि प्रकृति का आलंबनरूप में चित्रण भी आनंद की सृष्टि में पूर्णतया सक्षम है। उन्होंने प्रकृति के स्वतंत्र वर्णन को ही काव्य में महत्त्वपूर्ण ठहराया है। इसलिए हिन्दी काव्य का अनुशीलन करते समय उन्हें खेद के साथ कहना पड़ता है-'हिन्दी की कविताओं में

प्राकृतिक दृश्यों का वह सूक्ष्म वर्णन नहीं मिलता है जो संस्कृत की प्राचीन कविताओं में पाया जाता है। 'सूर के प्रकृति वर्णन' पर मार्मिक टिप्पणी करते हुए उन्होंने लिखा- **बाह्य प्रकृति के संबंध में सूरदास जी की दृष्टि बहुत परिमित है। एक तो ब्रज की गोचारण भूमि का भी पूर्ण चित्र उन्होंने कहीं नही खींचा। उद्दीपन के रूप मे केवल द्रुम, बल्ली और यमुना के किनारे वाले कदंब का उल्लेख भर बार-बार मिलता है। गोपियों के विरह के प्रसंग में रीति के अनुसार पावस आदि** का वर्णन **अवश्य है पर कहने की आवश्कता नहीं कि उसमें पावसस्वरूप स्थित नहीं है, वियोगिनी गोपियों के मान प्रदत्त रूप में है, कहीं वह कृष्ण के रूप में है, कही चढ़ाई करते हुए राजा के रूप में।'** शुक्ल जी के कथन का सीधा अर्थ यह है कि सूर के प्रकृति-वर्णन में सूक्ष्म निरीक्षण का अभाव है और सारा वर्णन एक परम्परा का निर्वाह है। इस संदर्भ में यह उल्लेखनीय है कि प्रकृति का स्वतंत्र चित्रण करना न तो सूर का अभीष्ट था और न वह उनके लिए आवश्यक ही था। उन्होनें निश्चय ही प्रकृति को प्रकृति के रूप में न देखकर राधा-माधव के प्रेम, लीला, विहार और विरह के अन्तर्गत ही देखा है किन्तु इससे उनके प्रकृति-चित्रण की सहृदयता कम नहीं हो जाती। उनके चित्रणों में भी पर्याप्त सूक्ष्म निरीक्षण भी प्राप्त होता है। यही वह चीज है जो उनके जन्मान्ध होने पर प्रश्नचिह्न लगाती है। यह सच है कि सूर ने राधा-कृष्ण के प्रेम-सौन्दर्य के वर्णन में परम्परागत उपमानों को ही अपनाया है किन्तु उनके अप्रस्तुत विधान में जो एक नई सूझ-बूझ, कल्पना-वैचित्र्य और चित्रात्मकता देखने को मिलती है वह सूक्ष्म निरीक्षण और प्रत्यक्ष अनुभव के बिना संभव ही नहीं है। माना कि मुख के वर्णन के लिए उन्होंने चन्द्रमा, कमल और बालों के वर्णन के लिए भ्रमर, घटा की पारम्परिक उपमायें चुनी हैं किन्तु उनमें नवीनता नहीं है, ऐसा नहीं कहा जा सकता। उनमें जो नया सौन्दर्य है वही तो सूर की उपलब्धि है। एक दोहा देखें-

**चमकत मोर चन्द्रिका माथे कुंचित अलक सुभाल।**
**मानहुँ कमल कोष रस चाखन उड़ि आये अलि बाल।।**

यहाँ पर बाल कृष्ण की घुँघराली अलकों के लिए 'बाल अलि' की कल्पना की गयी है। चूँकि बालकृष्ण की आलकों में छोटी-छोटी घुँघरालियाँ हैं इसलिए उनको बाल अलि कहना-अधिक उपयुक्त है। इसके साथ ही कवि ने उन्हें 'बैठे हुए' न कह कर 'उड़ि आये' कहा है। यह बालों के उड़कर आने (हिलने) का बोध कराने के लिए कहा गया है। स्पष्ट है, ऐसा कहना प्रत्याक्षानुभव के बिना नहीं हो सकता। हाँ, इतना अवश्य स्वीकार करना पड़ेगा कि सूर का प्रकृति चित्रण उस तरह का नहीं है जिसमें हम उसकी सुषमा का बहुरंगी चित्र देखें और कवि को इस बात के लिए

दाद दें कि उसने बड़ी सूक्ष्मता से उन पदार्थों की विशेषताओं को चित्रित किया है। ऐसा करने के लिए सूर के पास अवकाश न था। वे श्रीकृष्ण की माधुर्य-लीला का भावपूर्ण गान करना चाहते थे और इसमें वे पूर्णतया सफल रहे।

प्रश्न उठता है कि जब कृष्ण की समस्त लीलाएँ प्रकृति की मनोरम गोद में सम्पन्न हुई हैं, तब सूर ने उसका स्वतंत्र वर्णन क्यों नहीं किया ? वृन्दावन की शोभा, करील-कुंजों की छटा और यमुना के हरे-भरे कछारों में प्रकृति को अपने आराध्य की लीला सहायिका के रूप में चित्रित किया है। इस रूप में वह जितना और जैसे उपस्थित रही है उतना ही उसका वर्णन हुआ है, जिसकी चर्चा पहले की जा चुकी है। पर यह नहीं कहा जा सकता कि सूर ने प्रकृति को एक सहृदय की आँखों से देखा ही नहीं। उसके प्रति उनमें प्रर्याप्त सहृदयता थी। इसको एक और प्रसंग से प्रमाणित किया जा सकता है। जब उद्धव गोपियों को ज्ञान और योग का उपदेश देने लगे तो गोपियों ने उनसे तुरन्त कहा-

**उधौ कोकिल कूजत कानन।**
**तुम हमकौ उपदेस करत हौ भस्म लगावन आनन।।**

समझा जा सकता है कि सूर की प्रकृति में कितनी गहरी दिलचस्पी थी। उद्धव के नीरस उपदेश के उत्तर में वृन्दावन की सरसता की याद दिलाना उनकी रागात्मकता का ही परिचायक है। कितनी विचित्र बात है कि कोयल कूक रही है, मोर बोल रहे हैं और उद्धव हैं कि गोपियों को संन्यास का उपदेश दे रहे हैं। यहाँ प्रकृति से जीवन के लिए संदेश लेने की बातों को लक्षित किया जा सकता है। इसलिए **सूर ने स्वच्छन्द प्रकृति की क्रोड़ में स्वच्छन्द प्रेम का चित्रण किया है।**

किन्तु ऐसा नही हैं कि सूर-साहित्य में प्रकृति के स्वतंत्र वर्णन नहीं हैं। हाँ, उनमें उस तरह का सूक्ष्म निरीक्षण-चित्रण नहीं है जैसा कि ऐसे वर्णनों के लिए अपेक्षित होता है। कृष्ण को जगाने के समय प्रातःकाल का सुन्दर चित्र इस छंद में देखें-

**जागिये ब्रजराज कुँवर, कमल कुसुम फूले।**
**कुमुद वृन्द सँकुचित भये भृंगलता भूले।।**

अथवा-

**चिरई चुहचुहानी, चाँद की जोति परानी**
**रजनी विहानी, प्राची पियरी प्रवान की।**
**तारिका दुरानी, तम घट्यो, तमचुर बोले**
**स्रवन भनक परी, लतिका के तान की।।**

काव्य में प्रकृति का चित्रण अनेक रूपों में होता रहा है जैसे आलंबन रूप में, उद्दीपन रूप में, अलंकार रूप में, मानवीयकरण रूप में और रहस्यानुभति की

अभिव्यक्ति के रूप में। सूर-साहित्य में प्रकृति का यह विविध रूपात्मक चित्रण मिल जायेगा। ऊपर के विश्लेषण में यह तथ्य स्पष्ट कर दिया गया है कि सूर ने प्रकृति का स्वतंत्र वर्णन बहुत कम किया है। उन्होंने प्रकृति का अधिकतर एक सचेतन प्राणी और उद्दीपन के रूप में चित्रित किया है। उनका सारा अलंकार-विधान प्रकृति से ही अनुप्राणित है। उनके सांगरूपकों और उत्प्रेक्षाओं की सामग्री उसी के विस्तृत क्षेत्र से ली गयी है। आत्मा और परमात्मा के मिलन-विरह की रहस्यानुभूति की व्यंजना के लिए भी प्रकृति से ही उपमान चुने गये है-

**चकई री चल चरन सरोवर, जहाँ न प्रेम-प्रयोग।**

सूर ने प्रकृति के कोमल और मधुर रूप के साथ ही उसके भयंकर रूप का चित्रण किया है जिसे दावानल के वर्णन में देखा जा सकता है-

**झहरात, भहरात दावानल आयो।**
**बरत बन, बाँस, धरहरत कुस काँस,**
**जरि उड़त है भाँस अति प्रबल धायो।।**

इसमें जंगल में लगी दावाग्नि की प्रचण्डता को साकार कर दिया गया है। एक भंयकर दृश्य प्रत्यक्ष हो जाता है। इस वर्णन से ऐसा प्रतीत होता है जैसे सूर ने किसी जलते हुए वन को देखा हो।

सूर एक प्रतिभावान् सहृदय कवि थे। यद्यपि वे अन्धे थे किन्तु उन्होंने बाह्य-प्रकृति का जैसा वर्णन और उपयोग अपने काव्य में किया है, उसे पढ़कर ऐसा नहीं लगता कि वे जन्मान्ध थे। प्रकृति का सौन्दर्य उनकी आँखों में, मन की आँखों में, वैसे ही समाया हुआ था जैसे राधा-कृष्ण का युगलमाधुर्य। तभी तो उनके **'खंजन नैन'** अंतिम क्षण तक **'रूप-रस में माते'** (मस्त) रहे।

❑

# कृष्ण भक्त रसखान और उनका काव्य

मीरा और रसखान हिन्दी की कृष्ण भक्ति काव्यधारा के विशिष्ट भक्त और कवि हैं। श्रीकृष्ण के रूप-सौन्दर्य के प्रति उन्मत्तता मीरा और रसखान दोनों में है। दोनों कृष्ण भक्ति काव्यधारा के प्रेमोन्मत्त कवि हैं। रसखान की विशिष्टता यह है कि उन्होंने मुसलमान होते हुए भी कृष्ण भक्ति का पथ चुना और भक्ति एवं प्रेम का ऐसा आदर्श प्रस्तुत किया कि आह्लादित होकर भारतेन्दु हरिश्चन्द्र को कहना पड़ा-'इन मुसलमान हरिजनन पै कोटिन हिन्दुन वारिये।' अर्थात इन मुसलमान भक्तों पर करोड़ों हिन्दुओं को न्यौछावर करना चाहिए।

रसखान की कृष्ण भक्ति जाति और सम्प्रदाय के संकीर्ण दायरों को तोड़ती हुई गंगा की निर्मल धारा की तरह प्रवाहित हुई और उसने भारतीय मानस को कृष्ण प्रेम से सराबोर कर दिया। कृष्ण के प्रेम और सौन्दर्य के माधुर्य में डूबी हुई रसखान की कविता अमृत की ऐसी सरस धारा है जिसका रसास्वादन करके कोई भी चित्त निष्पाप हो सकता है।

**रसखान की कविता अपने पाठक और श्रोता को कृष्ण का दीवाना बनाकर ही दम लेती है। यह उनकी कविता और कृष्ण भक्ति की वह शक्ति है जो कृष्ण भक्ति काव्यधारा के बहुत कम कवियों में पायी जाती है।**

रसखान हिन्दी साहित्याकाश के एक ऐसे जाज्वल्यमान नक्षत्र हैं जो अपनी प्रभा से किसी की ज्योति को मंद किये बगैर पूरे प्रताप के साथ चमकता रहता है और अपनी विशिष्ट स्थिति भी रेखांकित करता रहता है। हिन्दी साहित्य का अध्ययन करने वाला कोई भी व्यक्ति रसखान से अपरिचित नहीं रह सकता, लेकिन सच्चाई का एक दूसरा पहलू यह भी है कि इस अतिख्यात (अत्यन्त प्रसिद्ध) भक्त कवि का कोई प्रामाणिक जीवन वृत्त अब तक सुलभ नहीं हो सका है। इनके जीवन के बारे में जो भी तथ्य अब तक प्रकाश में आये हैं, वे किसी न किसी तरह से विवादग्रस्त हैं।

## जीवन परिचय

रसखान का जन्म कब, कहाँ और किस वंश में हुआ था, इसे बताने के लिए कोई प्रामाणिक साक्ष्य उपलब्ध नहीं है। इनके जीवन पर प्रकाश डालने वाले प्राचीन बाह्य साक्ष्यों के रूप में 'दो सौ बावन वैष्णवन की वार्ता' और बाबा वेणी माधव दास विरचित 'मूल गोसाई चरित' विशेष रूप से उल्लेखनीय है। इनके आधार पर रसखान दिल्ली के रहने वाले एक सैयद मुसलमान थे जो वैष्णव भक्तों के प्रोत्साहन से कृष्ण भक्त हो गये थे। अंतः साक्ष्य के रूप में रसखान की रचना 'प्रेमवाटिका' के निम्नलिखित दोहे उपलब्ध हैं-

**देखि गदर, हित-साहिबी, दिल्ली नगर मसान।**
**छिनहिं बादसा-बंस की, ठसकि छोरि रसखान।।**
**प्रेम निकेतन श्रीवनहिं, आइ गोवर्धन धाम।**
**लह्योसरन चित चाहिकै, जुगल सरूप ललाम।।**
**तोरि मानिनी ते हियो, फेरि मोहिनी मान।**
**प्रेम देव की छविहि लखि, भए मियाँ रसखान।।**

रसखान के इन आत्मोल्लेखों के आधार पर विद्वानों ने उनका जन्म संवत् 1590 और निधन सं. 1675 निश्चित किया है। विद्वानों का मानना है कि उपर्युक्त उद्धरण में 'गदर' और 'दिल्ली के श्मशान बन जाने' का जो उल्लेख हुआ है वह इतिहाससम्मत घटना है। संवत् 1612-13 में देश को राष्ट्रव्यापी विप्लव, युद्ध, अराजकता, नरसंहार के साथ-साथ भयानक दुर्भिक्ष के दिन भी देखने पड़े थे।

हुमायूँ और शेरशाह सूरी के बीच जो निरन्तर युद्ध चलता रहा, उसकी दुखद परिणति अकबर के गद्दीनशीन होने पर (सं. 1613) भीषण मारकाट और विप्लव के रूप में दिखाई पड़ी। अनुमान किया जा सकता है कि रसखान ने इस राष्ट्रव्यापी युद्धोन्माद और संहार को 'गदर' की संज्ञा दी होगी और गद्दी के लिए होने वाली इस मारकाट से त्रस्त होकर शांति की खोज में 'गोवर्धन धाम' के लिये प्रयाण किया रहा होगा। अब यदि यह मान लिया जाय कि रसखान लगभग 22-23 वर्ष की अवस्था में दिल्ली छोड़कर ब्रज चले गये तो उनका जन्म संवत् 1590 निश्चित किया जा सकता है।[1] **'रसखान : जीवन और कृतित्व'** के लेखक डॉ. देवेन्द्र प्रताप उपाध्याय ने 'शिव सिंह सरोज' के आधार पर रसखान का जन्म संवत् 1630 निश्चित किया है। उन्होंने रसखान के 'गदर' सम्बन्धी उल्लेख को जहाँगीर और खुसरो के बीच हुए सत्ता-संघर्ष से जोड़ा है, लेकिन उनकी इस धारणा को समीचीन नहीं कहा जा सकता क्योंकि जहाँगीर और खुसरों का सत्ता-संघर्ष राष्ट्रव्यापी

नहीं था, अतः उसे गदर की संज्ञा नहीं दी जा सकती, दूसरे ऐसा मान लेने पर रसखान के जीवन की अन्य घटनाओं और तथ्यों की भी संगति नहीं बैठ पाती है।

जन्म संवत् की तरह रसखान का जन्म स्थान भी विवादपूर्ण है। कुछ लोगों ने इन्हें दिल्ली निवासी और कुछ लोग पिहानी (जिला हरदोई) का रहने वाला सिद्ध करते हैं। 'प्रेमवाटिका' के 'दिल्ली नगर मसान' वाले उल्लेख तक ही सीमित रहने वाले उन्हें दिल्ली का मानते हैं। शिव सिंह सरोज और हिन्दी साहित्य का प्रथम इतिहास आदि ग्रंथों से पता चलता है कि ये पिहानी, जिला हरदोई (उ.प्र.) में जन्मे थे। इन ग्रंथों में इनका नाम सैयद इब्राहीम बताया गया है। ऐतिहासिक स्रोतों से पता चलता है कि शेरशाह सूरी द्वारा पीछा करने पर हुमायूँ को कन्नौज के काजी अब्दुल गफूर ने आश्रय दिया था जिसके उपलक्ष्य में हुमायूँ ने उन्हें हरदोई जिले की तहसील शाहाबाद में 5000 बीघे का जंगल और पाँच गाँव दिये थे। पिहानी की बस्ती के मूल ये ही गाँव हैं। यह सैयद मुसलमानों की बस्ती है। सैयद अब्दुल गफूर पिहानी में रहने लगे थे। हो सकता है सैयद इब्राहीम, जो बाद में 'रसखान' के नाम से लोक प्रसिद्ध हुए, इनके वंश में पैदा हुए हों। यह भी अनुमान किया जा सकता है कि कुछ कालोपरान्त 'पिहानी' से ये दिल्ली आ गये हों। हुमायूँ की अनुकूलता और अकबर की उदारता के कारण पिहानी के सैयदों का दिल्ली में आश्रय स्थान पा जाना असंभव नहीं कहा जा सकता। अतः यह माना जा सकता है कि रसखान का जन्म पिहानी (जिला हरदोई) में सैयद वंश में हुआ, बाद में ये दिल्ली आये, वहाँ राजवंश से जुड़े, राजसी ठाट-बाट भी भोगा लेकिन बाद में सं. 1612-13 में सत्ता संघर्ष के लिए भीषण युद्ध और मारकाट से भयभीत और त्रस्त होकर इन्होंने 'बादशाह वंश ठसक' छोड़ दी और वृन्दावनधाम में आकर श्रीकृष्ण के अनन्य भक्त हो गये। कृष्ण भक्त हो जाने पर सैयद इब्राहीम 'रसखान' के नाम से लोक प्रसिद्ध हुए।

रसखान के कृष्ण भक्ति की ओर आकृष्ट होने के बारे में अनेक किंवदन्तियाँ प्रचलित हैं। एक किंवदन्ती के अनुसार ये दिल्ली के किसी साहूकार के लड़के पर दिलोजान से न्योछावर थे। लोग इनकी इस प्रीति को प्रेम का आदर्श समझकर उसकी चर्चा करने लगे थे। कहा जाता है कि एक बार चार वैष्णव आपस में यह कह रहे थे कि प्रभु से वैसा ही प्रेम करना चाहिए जैसा रसखान का साहूकार के लड़के के प्रति है। रसखान ने जब उनकी यह बात सुनी तो वे उन वैष्णवों के पास गये और उनसे प्रभु दर्शन की इच्छा व्यक्त की। वैष्णवों के निर्देशानुसार ये गोसाई बिट्ठलनाथ जी के पास गये और उनसे दीक्षा ग्रहण की। दूसरी किंवदन्ती का संबंध रसखान के आत्मोल्लेख 'तोरि मानिनी तै हियो, फेरि मोहिनी मान' से है।

इसके आधार पर यह कथा प्रचलित है कि रसखान किसी रूपवती स्त्री पर मुग्ध थे जो 'मानिनी' और 'मोहिनी' थी। वह बार-बार इनसे रुठ जाया करती थी। रसखान को इससे बड़ी वेदना होती थी किन्तु प्रीतिवश उससे अलग नहीं हो पाते थे। एक बार वे भागवत का फारसी अनुवाद पढ़ रहे थे। गोपियों का बिरह वर्णन पढ़ते-पढ़ते अकस्मात इनके मन में आया कि जिस नंद-नंदन पर हजारों गोपियाँ न्यौछावर थीं, उन्हीं से मन क्यों न लगाया जाय? यही सोचकर ये उस 'मानिनी' का मान तोड़कर और 'मोहिनी' के 'रूप गर्व' का घड़ा फोड़कर दिल्ली से वृन्दावन चले आये। यहाँ मोहन का अद्‌भुत रूप देखा। वह उनके हृदय और नेत्रों में समा गया-

**देख्यौ रूप अपार, मोहन सुन्दर स्याम को।**
**वह ब्रजराज कुमार, हिय-जिय नैननि में वस्यौ।।**

रसखान चाहे किसी साहू के लड़के पर न्यौछावर रहे हों या किसी मोहिनी-मानिनी के रूप जाल में फंसे रहे हों, इतना स्पष्ट है कि उनकी लौकिक प्रीति ही उदात्त होकर कृष्ण भक्ति के रूप में परिवर्तित हुई थी।

गोसाई बिट्‌ठलनाथ से दीक्षा लेने के बाद रसखान ने वृन्दावनवास करते हुए श्रीकृष्ण के नाम, रूप, लीला और धाम के गान-ध्यान में ही अपना सारा जीवन लगा दिया। इनका श्रीकृष्णमय जीवन इष्टदेव की नित्य लीला गोचारण, वंशी-वादन, गोप-गोपी विवाद आदि विभिन्न आनंददायिनी क्रीड़ाओं का समुच्चय बन गया था। अपनी कृष्ण भक्ति के कारण रसखान एक बार ब्रज आये तो फिर इसके बाहर कदम नहीं रखा और इस अभिलाषा के साथ कि 'मानुष हों तो वही रसखान बसौं ब्रज गोकुल गाँव के ग्वारन' ब्रजभूमि में समा गये। रसखान ने महावन के समीप रमणरेती में दिव्य वृन्दावनधाम में प्रवेश किया। आज भी इस स्थान पर उनकी स्मृति के रूप में 12 खम्भों की उनकी समाधि शेष है जिसे 'रसखान की छतरी' कहा जाता है।

रसखान की जन्म-तिथि की तरह उनकी निधन तिथि भी अनिश्चित ही है। उनकी अंतिम रचना **'प्रेमवाटिका'** के रचनाकाल (सं. 1672) के आधार पर विद्वानों ने यह अनुमान लगाया है कि उनकी मृत्यु 85 वर्ष की अवस्था में संवत् 1675 के आसपास हुई होगी।

**रचनाएँ :**

रसखान स्वच्छन्द वृत्ति के प्रेमोन्मत्त कृष्ण भक्त थे। उन्होंने न तो किसी मत सम्प्रदाय से बंधकर (गोसाई बिट्‌ठलनाथ से दीक्षित होने के बावजूद) कृष्ण भक्ति की और न किसी लौकिक उद्‌देश्य से प्रेरित होकर काव्य रचना की। उनकी काव्य रचना का यदि कोई उद्‌देश्य माना जा सकता है तो वह है कृष्ण के प्रेम एवं

सौन्दर्य में निमग्न अन्तःकरण की भावनाओं की सहज एवं उन्मुक्त अभिव्यक्ति। रसखान ने अपनी प्रेमोन्मत्तता में समय-समय पर राधा-कृष्ण के प्रेम सौन्दर्य एवं रसकेलियों से संबंधित तमाम कवित्त-सवैयों की रचना की जिन्हें विभिन्न संकलनकर्त्ताओं ने '**सुजान-रसखान**' नाम से कई रूपों में तैयार किया। आचार्य विश्वनाथ प्रसाद मिश्र द्वारा संपादित 'सुजान रसखान' में 214 छंद (कवित्त, सवैया, सोरठा, दोहा) और डॉ. विद्या निवास मिश्र द्वारा संपादित '**रसखान रचनावली**' में संकलित '**सुजान रसखान**' में 267 छंद हैं। इन छंदों का प्रतिपाद्य भक्ति, प्रेम, राधा-कृष्ण की रूप माधुरी मुरली-माधुर्य और श्रीकृष्ण की विभिन्न लीलाओं के सरस प्रसंग हैं। 'सुजान रसखानि' ही रसखान की कीर्ति का स्थायी आधार है। इसके अलावा उनकी तीन और रचनाएँ हैं- **प्रेमवाटिका, दानलीला** और **अष्टयाम**। देवेन्द्र प्रताप उपाध्याय ने अपने आलोचना- ग्रंथ '**रसखान : जीवन और कृतित्व**' में उपर्युक्त चारों रचनाओं- **सुजान रसखान, प्रेमवाटिका, दानलीला** और **अष्टयाम** को संकलित किया है। 'सुजान रसखान' के बाद 'प्रेमवाटिका' रसखान की प्रौढ़ और प्रामाणिक कृति है। इसमें रसखान ने दोहों में राधा-कृष्ण को प्रेमोद्यान के मालिन-माली मानकर प्रेम के गूढ़ तत्व का निरूपण किया है। रसखान की प्रेम सम्बन्धी धारणा और आदर्श को समझने के लिए यह ग्रंथ बहुत उपयोगी है। इसमें कुल 53 दोहे हैं। 'दानलीला' 11 छंदों का एक छोटा सा प्रबंध है जिसमें रसखान ने राधा-कृष्ण के संवाद के रूप में श्रीकृष्ण की दानलीला का रूचिकर वर्णन किया है। इस छोटी सी रचना में राधा-कृष्ण की जो नोक-झोंक चित्रित हुई है, वह उनके प्रेम संबंधों की मार्मिकता को भी सहज रूप में व्यक्त कर देती है। 'अष्टयाम' में 26 दोहे हैं। इसमें श्रीकृष्ण के प्रातः जागरण से रात्रि शयन तक की उनकी अष्टकालिक दिनचर्या एवं तत्सम्बन्धी क्रीड़ाओं का चित्रण हुआ है। जैसा कि पहले बताया जा चुका है कि रसखान की उपर्युक्त रचनाओं में दो का ही विशेष महत्व है-

1. सुजान रसखान
2. प्रेमवाटिका

रसखान की भक्ति भावना, उनकी सौन्दर्यानुभूति और प्रेमानुभूति को समझने के लिए यही दो रचनाएँ मुख्य आधार का काम देती हैं। अन्य रचनाओं की प्रामाणिकता भी संदिग्ध है।

### रसखान की भक्ति-भावना

रसखान उच्चकोटि के भावावेशी कृष्ण भक्त थे। उन्होंने एक रूपवती स्त्री के 'मान' को तोड़कर और उसके रूप-गर्व के घड़े को फोड़कर नन्द के कुमार श्रीकृष्ण

से अपना नाता जोड़ा था। यह उनकी लौकिक प्रीति का भगवत्प्रीति में पर्यवसान था। प्रेम का यह रूपान्तरण और उदात्तीकरण इतने सहज और स्वाभाविक रूप में हुआ था कि फिर उसमें कभी किसी तरह का व्यवधान न पड़ा और रसखान जब एक बार रस की 'खानि' श्रीकृष्ण को समर्पित हुए तो फिर उन्हीं के होकर रह गये।

**भक्ति की अनेक तरह से परिभाषा की गयी है। इसे ईश्वर के प्रति परम अनुरक्ति कहा गया है। रसखान भी इसी प्रेम पंथ के पथिक हैं।** श्रीकृष्ण के रूप सौन्दर्य और उनके लीला माधुर्य में पगा रहना ही उन्हें अभीष्ट है और इसे ही वे कृष्ण भक्ति मानते हैं। उनकी दृष्टि में वही प्राण सार्थक है जो कृष्ण के रूप पर रीझता है, वही सिर सार्थक है जो कृष्ण के चरणों में झुकता है और वही भाव सार्थक है जो कृष्णार्पित है। इस तरह रसखान मन, वचन, कर्म और भाव से कृष्णमय हो जाने को ही भक्ति मानते हैं। उनकी यह भक्ति परम प्रेम स्वरूपा है। इस भक्ति में किसी प्रकार विधि निषेध, व्रत-उपवास और पूजा-पाठ की कोई जरूरत नहीं है। रसखान स्पष्ट शब्दों में कहते हैं कि शरीर में भस्म लगाने, पंचाग्नि तापने, तीर्थाटन और जप-तप करने से कोई फायदा नहीं होगा, यदि प्यार से नन्द के कुमार के दरबार में सेवा नहीं की और उनको चाहभरी दृष्टि से देखा नहीं-

**जप बार-बार तप संजम बयार व्रत,**
**तीरथ हजार अरे बूझत लबार को।**
**कीन्हों नहिं प्यार, सेयो दरबार चित,**
**चाह्यो न निहारो जो पै नन्द के कुमार को।।**

रसखान निश्छल प्रेमाभक्ति के अनुयायी हैं। वे प्रेम मार्ग की सहजता और प्रवणता के कायल हैं। उनका उपदेश है कि दुर्भाव रहित होकर और सत्संग करते हुए श्रीकृष्ण में अपने मन को वैसे ही लगाना चाहिए जैसे जल भरते समय पनिहारिन का ध्यान गागर पर होता है-

**मिलिये सबसों दुरभाव बिना, रहिये सतसंग उजागर में।**
**रसखान गुबिन्दहिं यों भजिये जिमि नागरि को चित गागर में।।**

यह वह सहज प्रेमाभक्ति है जिसके लिए किसी प्रकार के कर्मकांड की जरूरत नहीं होती। प्रभु इसी सहज, निश्छल और अगाध प्रेमाभक्ति के वशीभूत हैं। इसका प्रमाण यह है कि शेष, महेश, गणेश, दिनेश आदि जिसका गुणगान करते थकते नहीं, वेद जिसे अछेद्य और अभेद्य बताते हैं और नारद शुकदेव आदि जिसका पार (रहस्य) नहीं पाते हैं, वही ब्रह्म (ईश्वर) प्रेम के वशीभूत होकर नन्द और यशोदा की गोदी में खेलता है, राधा के पैरों को पलोटता (दबाता) है और उसे

ब्रज की गोप-बालाएँ जरा से मक्खन के लिए नाना नाच नचाती है। अभिप्राय यह कि **जो ज्ञान-ध्यान से परे है, वह भक्ति और प्रेम के इतना अधीन है कि वह अपने भक्तों और प्रेमियों की हर इच्छा को पूरा करने के लिए सदा तत्पर रहता है। यह भक्ति की सहजता, सरलता, महत्ता के साथ-साथ उसकी प्रभुता का श्रेष्ठ उदाहरण है।**

### रसखान के आराध्य

रसखान के आराध्य अतुलित रूप-सौन्दर्य सम्पन्न श्रीकृष्ण हैं जिनकी रूप-छवि और मधुर लीलाओं ने सम्पूर्ण ब्रज की गोपियों को प्रेमोन्मत्त कर दिया। रसखान जब दिल्ली के सत्ता-संघर्ष और मारकाट से ऊबकर शांति की खोज में वृन्दावन पहुँचे तो वह श्रीकृष्ण की छवि को देखकर ठगे से रह गये। उस क्षण उनके नेत्रों और हृदय में कृष्ण की जो छवि समाई वह जीवन भर न निकली और रसखान उसी छवि में डूबे सरस कवित्तों की रचना करके अपनी भावाभिव्यक्ति करते रहे। कृष्ण दर्शन के बाद रसखान की जो दशा हुई, उसका वर्णन उन्होंने इन शब्दों में किया-

**प्रीतम नन्द किशोर, जा दिन तें नैननि लग्यौ।**
**मन पावन चितचोर, पलक ओट नहिं सहि सकौं।।**

रसखान ने अपने आराध्य श्रीकृष्ण की मोहक रूप-छवि का वर्णन करते हुए उस पर अपने गोपी-भाव से न्यौछावर किया है। स्पष्ट है कि रसखान का ध्यान योगिराज कृष्ण या महाभारत के युद्ध नायक कृष्ण पर नहीं रहा, उसके स्थान पर उन्होंने उनके मोहक व्यक्तित्व के प्रति अपने को समर्पित किया और अपने भीतर यह भरोसा भी रखा कि यह 'माखन चाखन हारो' व्यक्तित्व वाला प्रभु ही उसकी हर तरह से रक्षा करने में समर्थ है-

**काहें को सोच करे रसखानि कहा करिहैं रविनन्द विचारो।**
**ताखन-जाखन राखिए माखन चाखन हारो सो राखन हारो।।**

रसखान ने एकाध छंद में यद्यपि कृष्ण के दनुज-दलन और पतितोद्धार संबंधी कृत्यों का स्मरण किया है किन्तु उनके मन में कृष्ण की लीलामूर्ति ही समाई रही और वे उसी की रूप छवि का बराबर गान-ध्यान करते रहे। **उनके आराध्य श्रीकृष्ण का रूप कुछ इस प्रकार है-सिर में मोर-मुकुट, कानों में कुंडल, शरीर पर पीताम्बर, अधरों पर मीठी तान वाली मुरली, कटाक्षयुक्त बड़ी-बड़ी आँखें, घुँघराली अलकें, मृदु मुस्क्यानि और छेड़खानी करने वाली रसीली एवं बाँकी अदा।** ब्रज गोपियाँ कृष्ण के इसी रूप पर मुग्ध थीं और रसखान भी उसी पर न्योछावर थे।

### भक्ति भाव

रसखान ने मुख्यतया श्रृंगार भाव से श्रीकृष्ण की उपासना की है जिसे 'गोपी-भाव' कहना अधिक समीचीन है। जिस भाव से ब्रज की गोपियों ने श्रीकृष्ण को चाहा, वही भाव रसखान का भी है। जैसे गोपियाँ श्रीकृष्ण के रूप-सौन्दर्य पर लुट गईं, उनकी मुरली की मधुर ध्वनि को सुनकर कुलकानि छोड़ बैठीं, उसी तरह रसखान भी कृष्ण के एक-एक अंग की शोभा और उनकी मोहनी अदा पर न्योछावर हो गये। उनकी 'सुजान-रसखान' रचना के सभी कवित्त और सवैये गोपी-भाव से ही लिखे गये हैं। हर छंद में कोई न कोई गोपी अपने सौन्दर्याकर्षण, प्रेम विह्वलता और श्रीकृष्ण के मधुर व्यक्तित्व के प्रति उत्सर्गशीलता का ही वर्णन करती हुई चित्रित हुई है। वह गोपी स्वयं रसखान हैं। कहते हैं कि रसखान को गोपी-भाव सिद्ध हो गया था। वे हमेशा उसी भाव-दशा में निमग्न रहते थे। **रसखान के सवैये गोपी-भाव की चरम अभिव्यक्ति हैं। गोपियों की प्रेम-दशा ही रसखान की अन्तर्दशा है।**

गोपी-भाव उदात्त श्रृंगार या प्रेम-भाव का पर्याय है। रसखान की भक्ति में यह भावना अपने चरम रूप तक भी पहुँची है लेकिन वहाँ वासना न होकर प्रेम की सान्द्रता (प्रगाढ़ता) है और वह अकुंठ प्रेम का उदाहरण बन गई है।

रसखान ने कृष्ण के युवा रूप सौन्दर्य के साथ-साथ उनके बाल रूप के प्रति भी अपनी निष्ठा दिखाई है लेकिन वह ज्यादा परिपुष्ट नहीं हुई है। हालांकि वात्सल्य भाव वाले उनके दो छंद भी काफी मार्मिक एवं प्रभावशाली हैं।[3]

### भक्ति का उद्‌देश्य

रसखान निष्काम भाव के भक्त हैं। वे श्रीकृष्ण के अनन्य प्रेमी हैं। कृष्ण प्रेम ही उनका साधन है और वही साध्य भी। इसके अतिरिक्त उन्हें कुछ न चाहिए-न धन-दौलत, न ठाट-बाट, न रूप-यश और न राजपाट का सुखैश्वर्य। वे तो इन सबको व्यर्थ मानते हैं। उनकी धारणा है कि मणि-माणिक्य से बने बड़े-बड़े महल, उन पर लगी गजमोतियों की झालरें और इन्द्र के सिंहासन को लज्जित करने वाला राजपाट आदि सब व्यर्थ है यदि नन्द के कुमार श्रीकृष्ण के प्रति स्नेह नहीं है-**'ऐसे भये तो कहा रसखानि जो साँवरे ग्वाल सों नेह न लैयत।'** उन्हें तो श्रीकृष्ण के प्रेम की दरकार है। उनके रूप-सौन्दर्य को देखते रहने की विकलता है। उन्हीं के संसर्ग-सान्निध्य में नित्य रहने की एक मात्र अभिलाषा है। उन्हें ब्रज में बसने, नन्द की गायों के बीच चरने, ब्रज की गलियों को बुहारने और कालिन्दी के तट पर कदम्ब की डालों पर पक्षी के रूप में करतब करने में ही सबसे बड़ा सुख है।[4] वे ब्रज के करील कुंजों की सुखद छाया के समक्ष करोड़ों सोने के महलों को न्योछावर कर सकते

हैं और नन्द की गायों को चराकर ऋद्धियों और सिद्धियों के सुख को बिसार सकते हैं।[5] तात्पर्य यह है कि उन्हें अपनी भक्ति और प्रीति के फलस्वरूप केवल श्रीकृष्ण का रूप दर्शन, उनका सामीप्य सुख और ब्रजधाम में निवास ही काम्य है। वे भगवान से कहते हैं-**जो रसना रसना विलसै तैहि देहु सदा निजनाम उचारन।**

**सो कर नीकी करैं करनी जु पै कुंज कुटीरन देहु बुहारन।**
**सिद्धि समृद्धि सबै रसखानि लही ब्रज-रेनुका अंग सँवारन।**
**खास निवास मिलै जु पै, तौ वही कालिन्दी कूल-कदम्ब की डारन।**

## रसखान की सौन्दर्यानुभूति

रसखान प्रेम और सौन्दर्य के अनूठे कवि हैं। वृन्दावन में उन्होंने जो कृष्ण छवि देखी, उसका परिणाम यह हुआ कि उनके नेत्र उनके ही न रह गये-

**मोहन छवि रसखान लखि, अब दृग अपने नाहिं।**
**ऐंचे आवत धनुष से, छूटे सर से जाहिं।।**

उस क्षण से रसखान के दृग (नेत्र) ब्रज-गोपी के दृग हो गये, उस गोपी के दृग, जिसके नेत्रों में कृष्ण छवि हमेशा समाई रहती है। रसखान ने श्रीकृष्ण की मोहिनी छवि को गोपी भाव से बड़ी तन्मयता के साथ न केवल अन्तर्दर्शन किया बल्कि वे उनके रूप-समुद्र में पूरी तरह निमग्न भी हो गये। श्रीकृष्ण के रूपामृत का पान करके रसखान ने उनके जो भाव-चित्र तैयार किये, वे हिन्दी साहित्य की अमूल्य निधि हैं।

## कृष्ण-सौन्दर्य का चित्रण

रसखान ने गोपी भाव से श्रीकृष्ण के अद्भुत एवं मोहक रूप सौन्दर्य के प्रति अपने तीव्र आकर्षण का मार्मिक वर्णन किया है। जिस तरह गोपियाँ कृष्ण को देखते ही बेबस हो जाती हैं, अपनी सुधि-बुधि खो बैठती हैं और उनके रूप-दर्शन के अभाव में एक पल भी चैन नहीं पाती हैं, वही दशा रसखान की भी है।

गोपियाँ श्रीकृष्ण के जिस रूप पर लट्टू हैं, रसखान उसी का अनुभूतिपूर्ण चित्र अपने छंदों में विविध रंग-ढंग के साथ प्रस्तुत करते हुए अघाते ही नहीं हैं। वे कृष्ण के श्याम शरीर, विशाल नेत्रों, बंक चितवनि, अलबेली बोलनि, मधुर मुस्कानि और छबीली चलनि के साथ उनकी छबीली रूप छटा के इतने चित्र प्रस्तुत करते हैं कि यह मानने के लिए बाध्य हो जाना पड़ता है कि रसखान ने कृष्ण छवि को देखने के बाद कोई और छवि देखी ही नहीं। उस समय से उनकी दशा उस गोरी जैसी हो गयी जिसने कृष्ण को देखकर अपनी आँखें बंद कर लीं और जब सखी ने

कहा- **खेल री नैननि'** तो उसने उत्तर दिया-'**खोलों कहा, वह मूरति नैननि मांहि बसी है।'** रसखान को जिन्दगीभर कृष्ण की जो छवि हमेशा तरसाती रही, उसकी झलक इस छंद में देखें-

**दृग दूने खिंचे रहे कानन लौं, लट आनन पे लहराइ रही**
**छवि छैल, छबीली छटा छहराइ के कौतुक कोटि दिखाइ रही**
**झुकि झमाकीन, चूमि अमी यहि, चाँदनी, चंद चुराइ रही**
**मन भाइ रही, रसखानि महा छवि, मोहन की तरसाइ रही**

रसखान ने अनेक छंदों में कृष्ण छवि का जो चित्र प्रस्तुत किया है, वह इस प्रकार है- सिर पर मोर मुकुट, कानों में कुण्डल, घुँघराले बाल, विशाल नेत्र, मस्तक पर गोरोचन तिलक, गले में बैजन्ती माला, अधरों पर मुरली और केसरिया वस्त्र।' यही वह रूप है जो उनकी मीठी मुस्कान, बंक विलोकनि बांकी अदा, मधुर बोली और मुरली की मीठी तान के संयोग से किसी को भी मदहोश कर देता है। उसकी कुलकानि छुड़ा देता है और उसे आर्य पथ से च्युत कर देता है।[6] **कृष्ण का रूप प्रेमरस बरसाने वाला, तन की तपनि को बुझाने वाला और प्राणों को रिझाने वाला है।**

रसखान रूप-चित्र प्रस्तुत करने में काफी कुशल हैं। वे कृष्ण की छवि को अपने छंदों में इस तरह अंकित करते हैं मानो वे (कृष्ण) हमारे सामने खड़े हों। उनके सौन्दर्यांकन में पारम्परिकता जरूर है, लेकिन उनके चित्र उनकी निजी अनुभूति की छाप लिए हुए हैं। इसीलिए उनके सौन्दर्य चित्र सूर आदि कृष्ण भक्त कवियों के सौन्दर्य चित्रों से मिलते हुए भी उनसे विशिष्ट हैं। **रसखान रूप का अलंकारिक चित्र तो उतारते हैं लेकिन उसे प्रेम रस से इतना सराबोर कर देते हैं कि वह नया और आकर्षक हो जाता है।** परम्परागत उपमानों का प्रयोग करते हुए भी रसखान ने नवीन सौन्दर्य कल्पना का भी परिचय दिया है। यह नवीनता उनकी सूक्ष्म निरीक्षण शक्ति और तन्मय रूप दर्शन के कारण ही संभव हो सकी है। **रसखान रूप के दर्शक मात्र नहीं, रूप माधुरी के रस-भोक्ता कवि हैं।**

वैसे तो रसखान ने मुख्य रूप से श्रीकृष्ण के ही सौन्दर्य का चित्रण किया है लेकिन एक दो छंदों में राधा के सौन्दर्य का भी वर्णन किया है। रसखान ने राधा को 'सुधा की मानसी सुता' कहा है और लिखा है कि वह इतनी रूपवती है कि दिन में जब वह घर से बाहर निकलती है तो आकाश में सूर्य रूक जाता है और रात्रि में जब वह आंगन में होती है तो चन्द्रमा आगे बढ़ता ही नहीं। उसकी यौवन ज्योति दीप शिखा की तरह है। चन्द्रमा सा उसका मुख है, कमान सी उसकी भौहें हैं और खंजन मृग तथा मीन को पराजित करने वाले उसके विशाल नेत्र हैं।

**रूप प्रभाव का चित्रण**

वस्तुतः रसखान रूप-माधुरी और रूप-प्रभाव के कवि हैं। वे आलम्बन के सौन्दर्य का उतना वस्तुगत वर्णन नहीं करते हैं जितना उसके रूप प्रभाव का चित्रांकन करते हैं। **वे रूप के द्रष्टा नहीं उसके भोक्ता हैं। वे रूप को देखते नहीं हैं, उसका पान करते हैं- रूप-रस-पान ही उनका जीवन है।** रसखान सूर की ही तरह गोपियों के माध्यम से श्रीकृष्ण के अद्भुत रूप प्रभाव का चित्रण पूरी तन्मयता के साथ करते हैं। यह आत्माभिव्यक्ति का वह रूप है जिसके बीच में होती हुई भी गोपियां रूप के रसास्वादन में कोई व्यवधान नहीं उपस्थित कर पातीं।

रसखान ने गोपियों के माध्यम से या कहिये कि गोपी-भाव से श्रीकृष्ण के अद्भुत रूप, उनकी 'बंक विलोकनि', 'मधुर मुस्कानि' और 'बाँकी अदा' के जादुई प्रभाव का वर्णन किया है। कृष्ण के नेत्रों और 'चितवनि' के बारे में रसखान ने लिखा है कि उनमें घायल करने, चित्त का अपहरण करने, उन्मत्त करने, हृदय को बेधने और दूसरों के नेत्रों में ठगोरी डाल देने की अद्भुत क्षमता है। उनके नेत्रों के बारे में एक गोपी कहती है-

**दीरध बंक विलोकनि की, अवलोकनि चोरति चित्त को चैना।**
**को रसखान हरयोचित री, मुस्काइ कहे अधरामृत बैना।।**

श्रीकृष्ण के 'नवरंग अनंग भरी छवि' हठात आँखों में गड़ जाती है, उनके बंक विशाल नयनों की 'जोहनि' (देखना) मन को मस्त (मतवाला) कर देती है और उनकी मधुर मुस्कान तो सुधि-बुधि ही हर लेती है। एक गोपी अपनी दशा का वर्णन करती हुई कहती है-

**आजु सखी नंद नंदन री तकि ठाढ़ो हो कुंजन की परछाहीं।**
**नैन विसाल की जोहन को सर भेदि गयो हियरा जिय माहीं।।**
**घाइल घूमि सुमार गिरी रसखानि सम्हारि अंगनि नाहीं।**
**ऐते पै वा मुस्कान की डौंडी बजी ब्रज में, अबला कित जाहीं।।**

श्रीकृष्ण के रूप में इतना आकर्षण है कि उससे बिंधे हुए नेत्र तो चैन पाते ही नहीं, मन भी अपने वश में नहीं रह जाता, ऐसी स्थिति में कुल मर्यादा का टूट-छूट जाना सहज-स्वाभाविक है। कहना चाहिए कि कृष्ण की रूप छटा और उनकी बाँकी अदाएँ देह-गेह का नेह छुड़ा देती हैं और व्यक्ति को एक मात्र कृष्ण के रूप सौन्दर्य से इस तरह जोड़ देती हैं कि वह उसके अतिरिक्त और कुछ देखना-पाना नहीं चाहता।[7] रसखान ने इस भाव दशा के अनेक मार्मिक चित्र प्रस्तुत किये हैं जिन्हें पढ़कर कोई भी व्यक्ति श्रीकृष्ण के रूप माधुर्य में डूब सकता है।

### रूपासक्ति

रूप के प्रति आसक्ति ही रूपासक्ति है। जब भक्त में इष्टदेव के रूप दर्शन की अनन्य लालसा पैदा हो जाये तब वह रूपोपासना का रूप ले लेती है। **रसखान रूपासक्ति के कवि हैं। वे सच्चे सौन्दर्योपासक हैं।** वे गोपियों की तरह एकमात्र श्रीकृष्ण के अद्‌भुत रूप-लावण्य और उनकी बाँकी अदा को ही देखते रहना चाहते हैं। उन्हीं से वे विद्ध भी हैं। उन्होंने श्रीकृष्ण के रूप-सौन्दर्य पर मुग्ध हुई गोपियों की जिस दशा का चित्रण किया है, वस्तुतः वह रसखान की आत्म-दशा है। ब्रज-गोपी की ही तरह उनके 'खंजन नैन' श्रीकृष्ण के 'छवि-पिंजरा' में फंसकर जीवन भर तड़फड़ाते रहे। रसखान के रूप चित्रों में जो हार्दिकता है वह उनकी रूपासक्ति का ही परिणाम है। यही कारण है कि रसखान के रूप-चित्रण में वासनात्मकता की जगह भाव-प्रवणता, उदात्तता, भव्यता और दिव्यता है। रसखान की सौन्दर्य भावना भक्ति-रस प्लावित (भक्ति रस से परिपूर्ण) है।

### प्रेम-दर्शन

'प्रेम-वाटिका' में रसखान ने अपने प्रेम-दर्शन की सैद्धान्तिक अभिव्यक्ति की है और 'सुजान-रसखान' में उसकी व्यावहारिक प्रतीति कराई है। रसखान की मान्यता है कि प्रेम में ही वास्तविक आनन्दानुभूति होती है, चाहे वह विषयानन्द हो या ब्रह्मानंद। **प्रेम परमात्मा के ही समान अनिर्वचनीय है। वह कमल-तन्तु से भी अधिक सूक्ष्म और कोमल तथा कृपाण की धार से भी अधिक तीक्ष्ण और कठोर है।** यह ज्ञान, कर्म, उपासना, शास्त्रादि से परे वह परमानुभूति है जिसमें काम, क्रोध, मद, लोभ, मोह, भय, द्रोह आदि की कोई स्थिति नहीं होती। वह विषय-वासना और कामना रहित होता है। आदर्श प्रेम अकारण और एकांगी होता है, एक रस रहता है और प्रिय को ही अपना सर्वस्व मानता है-

**इक अंगी बिनु कार नहिं, इक रस सदा समान।**
**गनै प्रियहिं सर्वस्व जो, सोई प्रेम प्रमान।।**

इस प्रेम की फाँस कठिन होती है। इसमें 'प्राण तरफि निकरे नहीं, केवल चलत उसाँस' वाली दशा होती है। प्रेम-पंथ 'अनिवार' होता है, इस पर चलकर लौटना मुश्किल होता है तथा इस पर चलना, न चलना भी अपने वश में नहीं होता। इसमें पीड़ा ही पीड़ा होती है लेकिन प्रेमी उसी में आनंदित रहता है-

**सिर काटो, छेदो हियो, टूक-टूक करि देहु।**
**पै वाके बदले विहंसि, वाह, वाह ही लेहु।।**

जो प्रेम-फाँस में फँस कर मर जाता है, वही सदा जीवित रहता है, यह विरोधाभास ही प्रेम का सच है-

**प्रेम फाँस में फँसि मरै, सोई जियै सदाहि।**
**प्रेम-मरन जाने बिना, मरि कोउ जीवत नाहिं।।**

प्रेम में सामान्यतया दो मनों (हृदयों) के एक होने की बात कही जाती है लेकिन इसका चरमोत्कर्ष तो दो शरीरों के एक होने में है। यही आदर्श गोपियों ने प्रस्तुत किया और उन्हें अनन्यता प्राप्त हुई-

**जदपि जसोदा नंद अरू, ग्वाल बाल सब अन्य।**
**पै या जग में प्रेम कौ, गोपी भईं अनन्य।।**

प्रेम हरि रूप है, हरि प्रेम के अधीन हैं। प्रेम वह शुद्ध तत्व है जिसे पाने के बाद बैकुण्ठ और हरि की भी चाह नहीं रह जाती-

**जेहि पाये बैकुण्ठ अरू, हरिहूँ की नहिं चाहि।**
**सोइ अलौकिक, सुद्ध सुभ, सरस, सुप्रेम कहाहि।।**

### प्रेमादर्श

रसखान उपर्युक्त शुद्ध, सरस, निष्काम, अनिवार और अलौकिक प्रेम पंथ के दृढ़ पथिक हैं और उनका आदर्श हैं गोपियाँ। गोपियों की प्रीति में कोई चाह नहीं, कोई वासना नहीं और यदि कोई चाह है भी तो वह केवल श्रीकृष्ण के रूप-रसपान की और उनकी सरस लीलाओं के सुख-भोग की जो प्रकारान्तर से श्रीकृष्ण का ही अपना सुख है। **कृष्ण को चाहना, श्रीकृष्णमय होना है। गोपियाँ इसी कृष्णमयता को जीती हैं और धन्य हो जाती हैं। रसखान भी उसी तरह कृष्णमय होकर जीने में ही धन्यता का अनुभव करते हैं-**

**वैन वही उनको गुन गाइ औ कान वही उन वैन सों सानी।**
**हाथ वही उन गात सरै अरू पाइ वही जु वही अनुजानी।।**
**जान वही उन आन के संग औ मान वही जु कहै मनमानी।**
**त्यों रसखानि वही रसखानि जु है रसखानि सो है रसखानी।।**

### प्रेमानुभूति के विविध संदर्भ : क्रीड़ाएँ एवं लीलाएँ

रसखान ने जो प्रेम वर्णन किया है, उनके प्रधान माध्यम गोपी और कृष्ण हैं। उन्हीं के बहुविध प्रेम-व्यापारों की वर्णना में ही रसखान की प्रेमानुभूति अन्तर्निहित है।

रसखान के प्रेम वर्णन में संयोग श्रृंगार की प्रधानता है। उन्होंने गोपियों को अधिकतर श्रीकृष्ण की रूप-माधुरी का छक कर पान करते हुए और उनकी मधुर लीलाओं का आनंद लूटते हुए चित्रित किया है। गोचारण लीला, दानलीला, चीरहरण लीला, रासलीला, निकुंज लीला आदि श्रीकृष्ण की वे लीलाएँ हैं जिनसे गोपियों में कृष्ण के प्रति 'अनिवार प्रेम' पैदा हुआ। कृष्ण की गोचारण लीला के आनंद-रस से भरी हुई गोपी कहती है-**'गाइगो तान, जमाइगो नेह/ रिझाई गौ प्रान, चराइ गो गैया।'** गायों को चराते हुए कृष्ण ने लोगों को मुरली की मीठी तान सुनाई, उनमें प्रीति पैदा की और उनके प्राणों को हर लिया। उन्होंने यही कार्य अपनी सभी लीलाओं के माध्यम से किया। उनकी माखन-लीला और चीरहरण-लीला की करतूतों का बखान करती हुई एक गोपी कहती है-

**काहू को माखन चाखि गयो, अरू काहू को दूध-दही ढरकायो।**
**काहू को चीर लै रूख चढ़यो, अरू काहू को गुंजछटा छहरायो।।**

इन प्रसंगों से गुजरती हुई गोपियाँ दानलीला में बड़ी ढीठ हो जाती हैं और कृष्ण से कह देती हैं-'गोरस के मिस जो रस चाहत सो रस कान्ह जू नेकु न दैहौं।' लेकिन जब एक दिन कृष्ण उसे अकेली पा गये तो-'पाले परी री अकेली लली, लला लाइ लियो सु कियो मन भायो।' कहने का तात्पर्य यह है कि अपनी विभिन्न सरस लीलाओं के माध्यम से श्रीकृष्ण ने गोपियों के अन्तस्तल में जो गहरी प्रीति पैदा की, रसखान उसका वर्णन करते अघाते नहीं और इसी बहाने वे कृष्ण की मधुर लीलाओं के प्रति अपनी आसक्ति भी व्यक्त करते हैं।

कहा गया है कि कृष्ण की सरस लीलाओं के माध्यम से गोपियों में वह प्रीति भावना पैदा हुई जिसके कारण वे अपनी कुल-मर्यादा छोड़ बैठीं और रात-दिन उन्हीं के ध्यान में डूबी रहने लगीं। एक गोपी अपनी आँखों की दशा का वर्णन करती हुई कहती है-

**उनहीं के सनेहन सानी रहें, उनहीं के जु नेह दीवानी रहैं।**
**उनहीं को सुनैन औ वैन त्यों सैन सों चैन अनेकन बानी रहैं।।**
**उनहीं संग डोलनि मैं रसखानि सबै सुख-सिन्धु अघानी रहैं।**
**उनहीं बिन त्यों जगहीन हुवै मीन-सी आँखि मेरी आसुवानी रहैं।।**

कृष्ण के रंग में गोपियाँ ऐसी रंगी कि फिर उन पर दूसरे रंग का प्रभाव ही जाता रहा- 'और तो रंग रह्यो इक रंग रंगी सोई रंग रहयौ री।' कृष्ण के रंग में रंग जाने और उनकी 'बाँकी अदा', 'बंक बिलोनि' तथा 'मीठी मुस्कान' के हाथ बिक जाने का परिणाम यह हुआ कि गोपियों को कृष्ण-दर्शन के बिना एक पल भी चैन मिलना दूभर हो गया। उन्हें कृष्ण ने 'वियोग बिथा की जो मजूरी दी, वह उन्हें इतनी

भारी पड़ी कि उनके जीवन का सारा सुख-चैन छिन गया और वे उन्हें तलाशने के लिए वन-वीथिन में भटकने लगीं-**'वीथिन डोलति हैं रसखानि, रहैं निज मंदिर में पल नाहीं।'** कृष्ण के नैन-बाण से बिद्ध गोपियाँ यद्यपि इस निष्कर्ष पर पहुँच जाती हैं-**'जो कोउ चाहैं भलौ अपनौ तो सनेह न काहूँ सो कीजियो माई।'** लेकिन वे इस सत्य पथ का अनुगमन नहीं कर पातीं। उनकी मजबूरी तो यह है कि जब वे कृष्ण को जरा सा देख लेती हैं तो उनका मन उनके वश में रह ही नहीं जाता-**'पै कहा करौं वा रसखानि बिलोकि हियो हुवसै, सुवसै, हुबसै।'** निष्कर्ष यह कि रसखान ने गोपियों के संयोगकालीन प्रेम-विरह का जो वर्णन किया है उसमें रूप-लिप्सा, साहचर्य-सुख और रसकेलि-आनन्द की प्रगाढ़ता तो है ही, एक पल के भी बिछोह को न सह सकने वाली प्रीति दशा की तड़प, बेचैनी और आकुलता की भी मार्मिकता विद्यमान है। रसखान ने पूर्ण बिरह का चित्रण कम किया है। कृष्ण के मथुरा चले जाने के बाद उद्धव आगमन पर गोपियों की बिरह दशा को चित्रित करने में रसखान का मन बहुत कम रमा है। वे इस प्रसंग में गोपियों से केवल इतना ही कहला पाते हैं- **जानति ना हम और कछू मुख देखि जियें नित नंदलला को।**
**जात नहीं रसखानि हमैं तजि, राखन हारो है मोर पखा को।।**

यहाँ सूर के भ्रमर गीत जैसी न तो भाव-प्रवणता और वाग्विद्धता है और न दार्शनिक वाद-विवाद।

### रसखान का संदेश

रसखान समाज सुधारक या सिद्धान्त-प्रतिपादक कवि न थे, इसलिए उनकी कविता में समाज और जीवन के लिए बहुत स्पष्ट संदेश ढूँढना व्यर्थ है, लेकिन इस वास्तविकता के बावजूद रसखान की कविता में एक बहुत बड़ा संदेश अन्तर्निहित या छिपा हुआ है। रसखान प्रेमोमंग के कवि हैं। प्रेम उनके जीवन का सार तत्व है। यह प्रेम विषय-वासना रहित, दिवय, माधुर्य सम्पन्न और ज्ञान, ध्यान, व्रत, पूजा आदि से परे है-

**दम्पति सुख अस विषय रस, पूजा, निष्ठा, ध्यान।**
**इन ते परे बखानिये, सुद्ध प्रेम रसखानि।।**

रसखान 'शुद्ध प्रेम' के निर्भीक पथिक हैं। इसी प्रेम-पंथ को उजागर करना इसके माधुर्य और सुख को लोगों तक पहुँचाना और इसी का आनंदानुभव करते हुए जीवन शेष पर देना, उनका जीवनोद्देश्य है। उनकी यह प्रेम-भावना लीला-रस के रसिक, रास बिहारी, नंद पुत्र श्रीकृष्ण के प्रति अर्पित है। गोपियों की तरह श्रीकृष्ण

के रूप का पान करना और उनकी मधुर लीलाओं का आनंद लेना तथा कृष्णमय होकर जीवन व्यतीत करना ही रसखान को काम्य है। इसी तरह के जीवन को वे धन्य भी मानते हैं। उनका सीधा-सादा उपदेश है-

**सुनिये सबकी, कहिये न कछू, रहिये इमि या मन बागर में।**
**करिये व्रत-नेम सचाई लिये, जिनतें तरिये मन-सागर में।।**
**मिलियै सबसों दुरभाव बिना रहिये सतसंग उजागर में।**
**रसखानि गुविंदहि यों भजिये, जिमि नागर को चित गागर में।।**

यही रसखान का भक्ति पथ है और यही जीवन दर्शन भी। हम समझते हैं कि रसखान ने उपर्युक्त पंक्तियों में जीवन जीने का जो ढंग बताया है यदि उसे लोग अपना लें तो उनका अन्तर्दाह खत्म हो सकता है। जीवन सरस और मंगलमय हो सकता है तथा विश्व में प्रेम का वह राज्य कायम हो सकता है जो गोपियों को वृन्दावन में सहज सुलभ था। **रसखान लोगों के सत्ता-संघर्ष और द्वेष-दम्भ से त्रस्त होकर प्रेम-निकेतन 'वृन्दावन' आये थे। हर मन वृन्दावन हो जाये, हर जगह वृन्दावन हो जाये, हर चित्त गोपी का चित्त हो जाये, यही रसखान की कामना है और उनका संदेश है।** भय, मोह, ईर्ष्या, द्वेष, दम्भ, स्वार्थ, छल, क्रोध, निन्दा आदि के कालुष्य से रहित गोपी-मन ही वह मन है जो दुख-ताप से जलती इस वसुधा को प्रेम की शीतलता प्रदान कर सकता है। इस शीतलता के आगे तो बैकुण्ठ सुख भी फीका लगेगा। **यदि मनुष्य की दुर्वृत्तियाँ समाप्त हो जायँ, उसका चित्त सहज, सरल और प्रेममय हो जाय तो लोकमंगल मूर्ति और आनंदधन श्रीकृष्ण को पाने में उसे जरा भी देर न लगेगी।** यही वह ताकत थी जिसके बल पर अहीर की छोहरियाँ 'छछिया भर छाछ पर' उस कृष्ण को नाच नचाया करती थी जो योगियों, तपस्वियों और ध्यानियों को उनकी वर्षों की कठिन साधना के बाद भी सुलभ नहीं हो पाता।

**रसखान ने शुद्ध सात्विक प्रेम का संदेश देने के साथ-साथ सामाजिक जीवन में धर्म, सम्प्रदाय एवं जाति की संकीर्णता से भी ऊपर उठकर जीवनयापन का आदर्श भी प्रस्तुत किया है। मुसलमान होते हुए भी उन्होंने जो कृष्ण भक्ति का आदर्श रखा, वह हिन्दू-मुस्लिम खाई को न केवल पाटता है बल्कि मनुष्यता का ऐसा सहज प्रवाह भी दर्शाता है जिसमें भेद-बुद्धि समाप्त करके मानवीय प्रेम की बहुत बड़ी जरूरत है।** रसखान के पथ पर चलकर ही वह अपना अभीष्ट पा सकता है और संसार का दारूण दुख-दैन्य मिट सकता है। साधना के क्षेत्र में रसखान ने धार्मिक आडम्बरों, विधि-विधानों और अंधविश्वासों की निस्सारता प्रमाणित करके प्रेम और भक्ति की उच्चता प्रतिपादित की है। उनके अनुसार प्रेम के सरल-सीधे

निश्छल मार्ग पर चलकर ही जीवन के चरम लक्ष्य श्रीकृष्ण को पाना आसान है। **वास्तव में वर्तमान काल में रसखान की प्रेम भरी पीयूष वाणी बहुत प्रासंगिक एवं उपादेय है।**

रसखान की महत्ता इस बात में है कि उन्होंने जो जिया, वही कहा और जो कहा, उसे जीवन में चरितार्थ किया। कथनी-करनी की यह एकता ही रसखान की उपलब्धि है और लोगों के लिए महान संदेश भी। **आज लोग भाई-चारे की बात करते हैं, साम्प्रदायिक सद्भाव के लिए गला फाड़ते हैं और धर्म-निरपेक्षता का दम्भ भरते हैं लेकिन उनकी करतूतें इन सबके ठीक विपरीत होती हैं। यह हमारे राष्ट्रीय जीवन में व्याप्त एक ऐसा मर्ज है जो रसखान के संदेशामृत से ही समाप्त हो सकता है।**

### कृष्ण भक्ति काव्यधारा में रसखान का स्थान

हिन्दी के विद्वानों में इस बात को लेकर बड़ा मतभेद है कि रसखान को कृष्ण भक्तों की पंक्ति में बैठाया जाय या रीतिमुक्त कवियों की परम्परा में रखा जाय? आचार्य रामचन्द्र शुक्ल ने इन्हें कृष्ण भक्त माना है। दूसरी तरफ आचार्य विश्वनाथ प्रसाद मिश्र ने इन्हें 'हिन्दी की स्वच्छंद काव्यधारा का सबसे प्राचीन कवि ठहराया है। डा. नगेन्द्र ने भी रसखान की स्वच्छंद वृत्ति को ही प्रधानता देते हुए लिखा है-'अपने युग में सम्पूर्ण कृष्ण भक्ति के गेय पदों में रचे जाने की परम्परा होते हुए भी रसखान द्वारा कवित्त और सवैया छंद को अपनाना उनकी स्वच्छन्दवृत्ति का सूचक है। वे किसी परम्परा के बंधन में नहीं बंधे। उनकी भक्ति किसी साम्प्रदायिक सिद्धान्त में आवद्ध नहीं है। उनकी भक्ति हृदय की मुक्त साधना है और उनका श्रृंगार वर्णन भावुक हृदय की उन्मुक्त अभिव्यक्ति है। उनके काव्य में उनके स्वच्छंद मन के सहज उद्गार हैं। इसीलिए उन्हें स्वछंद काव्यधारा का प्रवर्तक कहा जाता है।' डा.नगेन्द्र की ये बातें सच हैं लेकिन देखना यह चाहिए कि रसखान ने उस स्वछंदवृत्ति का इस्तेमाल रीति स्वच्छंद कवियों की तरह किया है या कृष्ण भक्तों की तरह। यह सही है कि रसखान किसी भक्ति सम्प्रदाय से अनन्य रूप से जुड़े न थे, हांलाकि उन्होंने गोसाई बिट्ठलनाथ जी से दीक्षा ली थी, लेकिन उनकी एकांत निष्ठा श्रीकृष्ण में ही थी। उनकी भक्ति भावना में उनकी स्वच्छंदवृत्ति ने कोई व्यवधान नहीं उपस्थित किया, न उसमें किसी तरह की कमी आने दी, बल्कि उसकी मार्मिकता, प्रगाढ़ता और तम्मयता में चार-चाँद ही लगाया। **रसखान ऐसे कृष्णभक्त हैं जिन्हें किसी धर्म, सम्प्रदाय, जाति और परिपाटी से कुछ लेना-देना न था। उन्होंने**

**सारी रूढ़ियों को तोड़कर श्रीकृष्ण को अपनाया और उनकी ऐसी भक्ति की कि रसखान का कृष्ण प्रेम भक्ति का एक आदर्श बन गया। जिसने भक्ति का आदर्श उपस्थित किया हो, जिसने कृष्ण को छोड़कर दूसरे की ओर निगाह न की हो, जिसने कृष्ण की ही लीला भूमि में जीने-मरने में सार्थकता खोजी हो, जो जन्म जन्मान्तर श्री कृष्ण का ही होकर रहना चाहता हो, यदि वह कृष्ण भक्त नहीं है तो फिर किसे इस श्रेणी में रखा जायेगा ?** क्या सम्प्रदाय-दीक्षित और सम्प्रदायानुयायी ही भक्त कहला सकता है, अन्य कोई नहीं? दरअसल रसखान स्वच्छंदवृत्ति के प्रेमोन्मत्त कृष्ण भक्त थे। उनके साहित्य का मूल्यांकन उन्हें कृष्ण भक्त मानकर ही क्रिया जा सकता है।

हिन्दी की कृष्ण भक्ति काव्यधारा में रसखान का विशिष्ट और महत्वपूर्ण स्थान है। कृष्ण भक्तों की नाम गणना के समय जो नाम सहसा उभरते हैं वे हैं सूरदास, नन्द दास, कृष्णदास, परमानंद दास, कुंभनदास, मीरा और रसखान। वास्तव में रसखान और मीरा की कृष्ण भक्ति साम्प्रदायिक कृष्ण भक्त कवियों में भिन्न हैं। उसमें साम्प्रदायिक तत्वों और प्रवृत्तियों का अभाव है। उनकी भक्ति दीक्षाजन्य न होकर स्वाभाविक है। उन्हें उनका कृष्ण प्रेम ही भक्ति साधना की उस भूमि में खींच ले गया है जहाँ तमाम भक्त नियम-धर्म का पालन करते हुए पहुँचते हैं।

रसखान की विशिष्टता यह है कि वे कृष्ण के प्रेम में किसी भी हिन्दू भक्त से अधिक पगे हुए दिखाई पड़ते हैं। उनकी कृष्ण भक्ति पर उनकी जाति और धर्म का कोई प्रभाव ही नहीं है। **ऐसा लगता है कि वृन्दावन पहुँचने के बाद रसखान ने अपना पूर्व जीवन एकदम बिसार दिया और वे केवल ब्रज की वह गोपी बनकर रह गये जिसने कृष्ण के रूप-सौन्दर्य को देखने के बाद अपना आपा खो दिया और ब्रज की बावरी बनी घूमती रही।**

भक्ति की इस विशिष्टता के साथ रसखान ने काव्य रचना में भी अपनी विशिष्ट पहचान बनाई। उन्होंने कृष्ण काव्य की गीत शैली का परित्याग करके कवित्त-सवैया वाली शैली स्वीकार की और कृष्ण के प्रेम-सौन्दर्य से संबंधित ऐसे-ऐसे सवैयों और कवित्तों की रचना की कि उन्हें पढ़कर-सुनकर लोगों के हृदय नाच उठे। रसखान के कवित्तों में वर्णनात्मकता जरूर है, लेकिन वह भावों से परिपूर्ण होने के कारण नीरस नहीं लगती। रसखान वास्तव में रस की खान हैं। रसात्मक वर्णन में वे बड़े कुशल हैं। रसात्मकता एक तरह से रसखान का पर्याय है।

सन्दर्भ :

1. हिन्दी साहित्य का इतिहास : सं. डॉ. नगेन्द्र, पृ. 253

2. सेस, महेस, गनेस दिनेस, सुरेसहु जाहि निरन्तर गावैं।
जाहि अनादि, अनंत, अखण्ड, अछेद, अभेद, सुवेद बतावैं।
नारद से सुकव्यास रटै पचिहारे तउ पुनि पार न पावैं।
ताहि अहीर की छोहरियाँ छछिया भर छाछ पै नाच नचावैं।।

3. धूरि भरे अति सोभित स्याम जू तैसी बनी सिर सुन्दर चोटी।
खेलत खात फिरें अंगना, पग-पैजनि बाजति पीरी कछौटी।
बा छवि को रसखानि विलोकत वारत काम कला निज कोटी।
काग के भाग बड़े सजनी हरि हाथ सों लै गयो माखन-रोटी।

4. मानुष हौं तो वही रसखानि बसौं ब्रज गोकुल गाँव के ग्वालन।
जो पसु हौं तो कहा बस मेरो चरौं नित नन्द की गाय मझारन।
पाहन हौं तो वही गिरि को जो धरयों कर छत्र पुरन्दर कारन।
जौ खग हौं तो बसेरो करौं मिलि कालिन्दी कूल कदम्ब की डारन।

5. या लकुटी अरु कामरिया पर राज तिहूँ पुर को तजि डारौं।
आठहुँ सिद्धि नवो निधि के सुखनंद की गाय चराय बिसारौं।
रसखानि कबौं इन आँखिन सों, ब्रज के बन-बाग तड़ाग निहारौं।
कोटिक ये कलधौत के धाम करील के कुंजन ऊपर बारौं।।

6. कल कानन कुंडल मोर पखा उर पै बनमाल विराजति है।
मुरली कर में अधरा मुस्कानि तरंग महाछवि छाजाति है।
रसखानि लखै तन पीतपटा सत दामिनि की दुति लाजति है।
वह बाँसुरी की धुनि कान परें कुलकानि हियो तजि भाजति है।।

7. चन्दन खोर पै बिन्दु लगाय कै कुंजन ते निकस्यौ मुस्कातौ।
राजत है बनमाला गरे अऊ मोर पखा सिर पे फहरातौ।
मैं जब हैं रसखानि बिलोकति ही कछु और न मोहि सुहातौ।
प्रीति की रीति में लाज कहा सखि है सबते बड़ नेह को ना तौ।।

❑

# राम की झूला-लीला

रामावत सम्प्रदाय में स्वामी अग्रदास द्वारा राम की मधुरोपासना के प्रवर्तन से राम भक्ति शाखा में एक नये सम्प्रदाय का जन्म हुआ जो **'रसिक सम्प्रदाय'** के नाम से जाना जाता है। इस सम्प्रदाय के भक्तों को **'रसिक'** कहा जाता है। रसिक भक्तों ने गोस्वामी तुलसीदास द्वारा चित्रित राम के मर्यादा पुरुषोत्तम वाले रूप के स्थान पर उन्हें कृष्ण के समान रास रस रसिक और लीला बिहारी के रूप में अपनाया और उनकी मधुर लीलाओं के गान और ध्यान पर बल दिया। इन भक्तों ने राम की जिन मधुर लीलाओं को अपनी भावना का प्रमुख केन्द्र बनाया उनमें उनकी फागलीला, झूलालीला, रासलीला और अष्टयाम लीलाएँ है। इन लीलाओं का राम सीता के जीवन से कितना सम्बन्ध है अथवा वे कल्पित, वास्तविक या अनुकृत है आदि प्रश्नों का यहाँ पर उत्तर देना अप्रासंगिक है परन्तु इतना अवश्य है कि राम चरित्र में इन लीलाओं के समावेश से राम के लोकरंजनकारी वाले रूप का जो उद्घाटन हुआ है वह जन साधारण के जीवन के साथ अभिन्न रूप से संपृक्त है और उसके अधिक निकट है। उसमें राजा और प्रजा, स्वामी तथा सेवक का अन्तर नहीं है। राम की झूला और फाग दो ऐसी लीलाएँ है जिनमें उन्हें हम सर्व साधारण के बीच उसी की भांति क्रीड़ा करते हुए पाते है। सम्पूर्ण रसिक साहित्य रामकी इन मधुर लीलाओं के सरस वर्णन से भरा पड़ा है और यह बात पूरे दावे के साथ कही जा सकती है हिन्दी मुक्तक राम साहित्य का लगभग दो तिहाई भाग इन्हीं रसिकों द्वारा सृजित हुआ है जिसका अभी सम्यक् अनुशीलन नहीं हो सका है। यहाँ पर रसिक साहित्य में वर्णित राम की झूला लीला पर प्रकाश डाला जा रहा है।

सावन के महीने में घिरी हुई काली घटायें, मस्त होकर नाचते हुए मयूर और कामों को मधुर रव से भर देने वाली उनकी मधुर ध्वनि, हरीतिमा में रंगी हुई सम्पूर्ण बसुन्धरा और उस पर भी रिमझिम कर पड़ती हुई सावनी फुहारें सबके मन को आनन्द के पालने में झुलाने लगती हैं। प्रकृति के ऐरो उन्मादक वातावरण के उपस्थित होने पर सीता का भी मन आनन्दविभोर होकर नृत्य कर उठता है और वे

झूला झूलने के लिए आतुर हो उठती हैं तथा राम से अनुरोध करती हुई कहती हैं-

बरसत न्यारी घटाकारी रसरंगमयी
किये सिया प्यारी वैन पिया सो उचार है।
करिये तैयारी राज रसिक विहारी संग
सखिन सुखारी होत हमहू तैयार है।।
झमकि झुलावो रंग रमकि बढ़ावो
जोक जमकि जमावो गावो सावन मलार है।
सरयू के कूला बनफूले सब फूला
मोद मूला अनुकूला आई झूला की बहार है।।

राम सहर्ष सीता जी के इस अनुरोध को स्वीकार कर लेते हैं और दोनों झूलोचित वस्त्राभूषण धारण कर सरयू के तट पर झूला झूलने में मस्त हो जाते है। रसिको ने राम सीता की झूला झूलती हुई बाँकी छवि की बहुविधि झाँकी अपने पदों में प्रस्तुत की है एक चित्र देखिये-

हिंडोरे झूलत राजकुमार।
अंश धरे भुज जनक लली के गावत मेघ मलार।
वीरी देत ललन हँसि, सियमुख निरखत अंग उदार।
तैसेहि सिया खवावति पियको, निरखि बदन सुखसार।
सिय के भूषण लाल संवारत सिय जू पिय उर हार।
**'रसमाला'** दम्पति छवि निरखति, ठाढ़ी अली अपार।

झूला झूलते समय हँस-हँसकर परस्पर पान खाने और खिलाने की चेष्टाएँ उनके आनन्द को द्विगुणित कर देती हैं। झूले पर पास-पास बैठे राम-सीता इसी प्रकार की अन्यान्य प्रेममयी चेष्टाओं से एक दूसरे को आनन्द विभोर करते रहते हैं और सखियाँ उन्हें झोंका देकर झुलाती रहती हैं-

हिंडोरे झूलति जनक लली।
प्रियतम के संग कनक हिंडोरे, झोंका देत अली।
कुसुमी बसन पहिरि, मणि भूषण पिय संग लगति भली।
मनहु बीज पंकज के ढिंग, एक फूली चम्पकली।
झूलतु आप झुलावत सखियाँ, विहँसत छैल छली।
**'रसमाला'** प्रिय बदन चन्द छवि, निरखत मति न चली।

और कभी सखियाँ जोर का झोंका दे देती हैं तो सीता जी भयभीत हो जाती हैं। ऐसी स्थिति में राम उन्हें अपने अंक से चिपका कर आनन्द लेने लगते हैं-

डरपत लली दसन रस, लागहि हँसति सखी सारी।
बैठी पिय भरि अंक लीन, सिय बड़े प्रमोद भारी।।

सखियो द्वारा झूला झुलाये जाने पर राम इस प्रकार आनन्द तो लूटते ही हैं कभी स्वयं सीता के साथ झोंका देकर झूलते हैं। उस समय सखियाँ उनकी उस मधुर 'झूलनि' का आनन्द लूटती है। पेंग मार कर झूला झूलते हुए राम सीता का एक चित्र देखिये-

सिय पिय दोनों झमकि झुकि झूलें।
झोका देत परस्पर हँसि-हँसि, फहरत अरुण दुकूलै।
तिरछी तकनि सांग सी हूलै, होत अलीन उर झूलै।
**'मधुर अली'** आनन्द के मारे, प्रेम विवश सुधि भूलै।

राम जब झोंका देते हैं तो मुस्कराकर सीता का मुख भी देखने लगते हैं क्योंकि उस समय झूले में मस्त सीता का मुख काफी खिला हुआ है परन्तु जिस समय राम उनकी तरफ देख रहे होते हैं, सीताजी ललककर उनके गले से लग जाती हैं और कोई मधुर बात कहकर सहर्ष गद्गद हो जाती हैं। सखियाँ उस छवि को देखकर आनन्दित हो उठती हैं-

झोंकत रसिक हँसत, अवलोकत प्यारी मुख अभिराम
ललि जू ललकि ललकि, गल लागहि कहि कछु केलि ललाम।
लूटहि लोचन लाहु अली, लखि लीला ललित ललाम।
**'मणिरसरंग'** युगल झूलन, पर वारत बहु रति काम।

राम और सीता दोनों झूला झूलने में अद्वितीय है। सावन की घटाएँ कितना हूँ गरज कर बरसें परन्तु उनका झूला स्थगित नहीं होता है। एक ओर घनघोर वर्षा हो रही है, बिजली कड़क रही है और वायु वेग से बह रही है, गली कूचे में पानी बरस रहा है परन्तु राम सीता झूलने में मस्त हैं-

बरसत गरजत घोर घन चमकत धावत पौन।
झोंकत झरी लगाय के **'सीलमनी'** चित चौन।।
बन वीथी जलधार बह मोर सोर घनघोर।
सरयू तीर में **'सीलमनि'** झूलत झमकि किशोर।।

राम जब झोंका देकर झूलने लगते हैं तो उन्हें इस बात की चिन्ता नहीं रहती कि उनके जोर से झोंका देने से सीता जी भयभीत हो रही हैं। सीताजी को डरती हुई देखकर सखियाँ राम से बार-बार अनुरोध करती हैं कि जरा धीरे-धीरे पेंग मारिये परन्तु राम मानते ही नहीं-

तनिक धीरे झूलो जी राजकिशोर।
घनन घनन घूमि बादर घहरत, बिजुरी चमके चहु ओर।
चन्द्रबदनि सिय थर-थर कांपति, डरपि रहति गहति पट छोर।
बड़े-बड़े बूंदन बरसत सरसत, सुरंग बसन भीने मोर।
अरजो न मानहु रघुवर प्रीतम, कस कठोर चित चोर।।

परन्तु राम का झोंका देना बंद नही हुआ और वे लगातार जोर-जोर से पेंग मारने लगे तो सीता जी नाराज हो गयीं और झूले पर से उतर कर वृक्ष के नीचे मान करके बैठ गयीं। अब तो झूले का मज़ा ही किरकिरा हो गया। राम को अपनी भूल का एहसास हुआ और वे भी झूले पर से उतर कर मीठी-मीठी बातें कहकर सीता को मनाने लगे-

झूलन पर मान करी पिय प्यारी।
करि मुख विमन झूलन से, उतरी बैठी आइ द्रुम कुंजे।
प्यारे उतरि मनावन लागे, मानत नहीं दुलारी।
पिय बोले सुनु प्राणपियारी, कौन सी चूक हमारी।
हमरे तो तुम प्राण जीवनधन, तुम सम और न नारी।
तुम मुखचन्द्र सुधा के आशिक, नैन चकोर हमारी।
तुम मुख कमल भ्रमर मेरे मन, होत कबहु नाही न्यारी।

तब सीता ने राम से कहा-

झुकि झोकहु पिय बात न मानहु, मुरुक गयी नाजुक अगुरी।
कदम डार मोरी चुनरी उरझि रही, सुरुझन वे पिय गैहै कजरी।
यह विनती पिय मानिय राघव, नित नित झुलिहौ मै तोरे संगरी।

और जब राम ने धीरे-धीरे झुलाने का आश्वासन दिया तो सीता जी मान तज कर झूलने के लिए उद्यत हुईं। यहाँ पर इतना और जान लेनाा चाहिए कि राम से पूर्व सखियो ने भी उनके मान-मोचन के लिए पर्याप्त प्रयत्न किया था परन्तु उनका प्रयास विफल हो गया था। सखियों ने सीता जी को भली भांति समझाया था कि राम ने झोंका देकर जो जोर से झुला दिया और आपके कहने पर भी नही माने वह उनकी गलती अवश्य थी परन्तु उस छोटी सी गलती के कारण सावन के सुहावन झूला का आप आनन्द ही न लें यह उचित नही है। अतः आप अतिशीघ्र अपने मान को 'ताख पर रखकर' झूला का आनन्द लें सावन के महीने में मान करना ठीक नही है-

सावन मान को मास नहीं, सिय प्रीति महा की बनै रुचि राषे।
कालहि डोर में जो वरजोर किया, सो किशोर बिनै बहुभाषे।
बेगि मिलो **रसरंगमनि**, चलि प्यारे तुम्हारे तुम्है अभिलाषै।
झूलहु खेलहु केलि कला, यहि पाष में माष को राषहु ताषे।

कहना न होगा कि सीता जी के इस क्षणिक मान से यह झूला प्रसंग और सरस हो गया। राम तो यह चाहते ही थे कि सीता मान करे और वे उन्हें झूलने के लिए मनायें क्योंकि **प्रेमास्पद को मनाने में प्रेमकी जो सरस अनुभूति होती है वह अन्य प्रेम पूर्ण चेष्टाओं में अपेक्षाकृत कम सुलभ है। इस प्रसंग में तकरार और इनकार के बीच जो झटकार होती है वह बड़ी ही मधुर एवं मोहक होती है।**

रसिकों ने राम और सीता के झूला-झूलने की मुद्रा, उनके हास परिहास और मान आदि का चित्रण करने के साथ-साथ उनके झूले के स्वरूप आदि का भी पर्याप्त वर्णन किया है। राम की यह झूला-लीला सरयू के तट पर कुंजों की सुखद छाया में तो सम्पन्न होती ही है, इसके अतिरिक्त राम-सीता जहाँ चाहते हैं, वहाँ उनकी झूला की व्यवस्था हो जाती है। राम राजा हैं, उनकी असंख्य सखियाँ हैं और सब प्रकार के साधन प्राप्त हैं, इसलिए उनकी झूला व्यवस्था में कोई बाधा उपस्थित नहीं होती है। वे प्रमोद वन, कनक भवन और मणिकूट पर झूला डालकर झूला-लीला का आनन्द लेते हैं। सावन की तीज को उनकी झूला-लीला 'मणिकूट' पर सम्पन्न होती है। सामान्यतया उनका झूला रत्नजड़ित कनक खम्भों पर पड़ता है जिसमें रेशम की डोरी लगी होती है परन्तु जब वे फूल बँगला में झूला झूलते हैं तो उस समय न केवल उनका झूला फूलों का बना होता है प्रत्युत राम, सीता और उनकी सखियाँ भी फूलों से ही विभूषित रहती हैं। उस समय वे फूलों से ही अपना श्रृंगार किये रहती हैं-

अलि फूलन हिडोरे झूलै जनक किशोरी।
फूलन की चौकी राजै फूलन की डाड़ी भ्राजै
फूलन की छतरी सोहै फूल खम्भ डोरी
फूलन की तकिया प्यारी फूलन विछौना बारी
पिय अंस भुजधारी राजत गोरी।।
फूलन सिंगार किये अलिगन लखि जीयै
गावति सरस राग प्रमुदित गोरी।
विपिन प्रमोद बागे, फूल कुंजे अनुरागे
'**युगल प्रिया**' चकित लखि तृन तोरी।।

जब उनका झूला सरयू के हरेभरे तट पर कुंजों की सुखद छाया में पड़ता है तो उसका रंग हरा रहता है और उस समय राम सीता का श्रृंगार आदि भी हरे रंग का ही रहता है-

आज दोऊ झूलत रंग भरे, सजि सब साज हरे।
हरे कुंज घन लता हरी है तरुवर हरित घरे।

हरित भूमि नभ हरा हरीमय पंछी हरित चरे।
हरित हिंडोला हरित बाग में हरित डोर जग में।
दोउ किशोर तेहि मध्य लखत है हरित छत्र सिर धरे।
पीत श्याम आपस में मिलिकै हरित रंग उधरे।
कोयल कीर मोरगन के मिस देखहि 'देव' खरे।

जब आकाश में लाल बादल छा जाते हैं तो उनकी झूला-लीला लाल बाग (लाल बँगला) में सम्पन्न होती है। उस समय का सारा वातावरण लाल-लाल हो जाता है-

बदरवा अरुण रंग छाये, गरजि बारि बरसाये।
अरुण पोशाक अरुण मणि, भूषण अंगन सुभग सुहाये।
चटक चाँदनी लाल लगी है, लालै फरश बिछाये।
तापर झूला बन्यो मनोहर, लाल सी साज सजाये।
तेहि पर लसत नवल दोउ, सिय पिय रतिपति लखत लजायै।
**'मधुर अली'** लाली छवि बाँकी, देखि नयन फल पाये।

स्पष्ट है कि प्रकृति की शोभा के अनुरूप झूले के रंग की व्यवस्था करना और उसी के अनुरूप वस्त्राभूषणों को धारण करना राम-सीता की परिष्कृत सौन्दर्य भावना का परिणाम है।

रसिक साहित्य में सीता-राम की झूला-लीला का बड़ा ही विशद एवं सरस वर्णन हुआ है। सामान्यतया लोगों की यह धारणा रही है कि केवल कृष्ण भक्ति साहित्य में राधा-कृष्ण झूला-लीला का वर्णन हुआ है और रामभक्ति साहित्य इस दृष्टि से रिक्त है परन्तु ऐसी बात नहीं है। यद्यपि गोस्वामी तुलसीदास की परम्परा में जितने रामभक्त हुए उन्होंने राम की सरस लीलाओं का चित्रण नहीं किया, वे राम के लोक रक्षक और धर्म-प्रहरी वाले रूप को ही अपने साहित्य में चित्रित करते रहे परन्तु रसिकों ने उस कमी की पूर्ति की और राम के लोकरंजनकारी चरित्र को भी उद्घाटित किया। यहाँ पर इतना और जान लेना प्रासंगिक है कि राम-रसिकों ने सीता राम की उक्त झूला लीला का जो वर्णन किया है उसके बीज गोस्वामी तुलसीदास की गीतावली में सुरक्षित हैं। गोस्वामी तुलसीदास ने भी बड़े ही मनोयोग के साथ राम के झूला विलास का चित्र निम्न पंक्तियों में प्रस्तुत किया है-

आली री! राघौ के रुरिय, हिडोलना झूलन जैए।

फटिक भीति सुचारू चहुँ दिशि, मंजु मनिमय पौरि।
गज काँच लखि मन नाच सिखि, जनु साँच सर सु फँसौरि।
मदन जय के खंभ से रचे, खंभ सरल बिसाल।
पाहीर पाटि विचित्र भौरा, बलित बेलिन लाल।

डाँड़ों कनक कुकुम तिलक, रोवै सी मनसिज थाल।
पटुली पदिक रति हृदय जनु, कलधौंत कोमल माल।
उनये सघन घनघोर मृदु, झरि सुखद सावन लाग।
दन्त पाँति सुरधनु दमक दामिनि, हरित भूमि विभाग।
दादुर मुदित भरे सरित सर, महि उमंग जनु अनुराग।
पिक मोर मधुप चकोर चातक, सोर उपवन बाग।
सो समौ देखि सुहावनो, नवसत सँवरि सँवारि।
गुन - रूप जीवन सींच सुन्दरि, चलीं झुण्डन झारि।
हिंडोल साल बिलोकि सब, अंचल पसारि-पसारि।
लागीं असीसहिं राम-सीतहिं, सुख समाज निहारि।
झूलहि झुलावहिं ओसरिन्ह, गावैं सुगौंड मलार।
मंजीर नूपुर बल मधुनि, जनु काम करतल तार।
अति मचत समकन मुखनि, विथुरे चिकुर विलुलित हार।
तम तड़ित उड्डगन करुण विधु, जनु करत व्योम विहार।

स्पष्ट है कि गोस्वामी तुलसीदास के इस झूल- वर्णन और राम-रसिकों के झूला-वर्णन में पर्याप्त साम्य है। अनुमान किया जा सकता है कि रसिकों ने गोस्वामी जी के इस वर्णन से प्रेरणा प्राप्त की होगी।

❑

# राम की फागलीला

राम और कृष्ण में केवल कृष्ण का चरित्र ऐसा है जिस पर लोक जीवन का रंग काफी गहरा है। महात्मा सूरदास प्रभूत कृष्ण भक्त कवियों ने उनके जिस सरस चरित्र की अवतारणा की उसमें लोक जीवन के हर्षोल्लास वाले होली, झूला और दीपावली जैसे पर्वोत्सवों की लोकरंजक सरसता प्रभूत मात्रा में देखने को मिलती है किन्तु रामभक्तों ने -विशेषकर गोस्वामी तुलसीदास ने- राम के चरित्र को इतना पवित्र, उदात्त और मर्यादावेष्टित करके प्रस्तुत किया कि वे लोक जीवन के उस रंग में न रँग सके जिसमें राजा-प्रजा का भेद समाप्त हो जाता है। यद्यपि गोस्वामी तुलसीदास के राम लोक मंगल विधायक और लोकमत की ज्यादा कद्र करने वाले आदर्श पुरूष है किन्तु उनमें और सामान्य जनता में हमेशा एक तरह की दूरी बनी रहती है। उनका लोकरंजक रूप उनके लोक मंगलकारी और धर्म प्रहरी रूप के सामने काफी दब गया है। रामचरित मानस के राम तो लोक जीवन से काफी दूर मर्यादा पुरूषोत्तम और दनुजदलन ईश्वर के रूप में प्रतिष्ठित है, हाँ 'गीतावली' में गोस्वामी जी ने उनके जीवन के कतिपय सरस प्रसंगों की व्यंजना करके इस क्षति की कुछ पूर्ति कर दी है।

रामभक्ति में 'रसिक-सम्प्रदाय' का अभ्युदय एक महत्वपूर्ण घटना है। इस सम्प्रदाय के प्रवर्तक स्वामी अग्रदास ने राम के मर्यादा पुरूषोत्तम की सुरक्षा करते हुए उनके लीला पुरूषोत्तम रूप की भी प्रतिष्ठा की। फलस्वरूप इस सम्प्रदाय के रामभक्तों ने सीताराम के लीला प्रधान चरित्र का चित्रण कर यह सिद्‌ध किया कि राम के जीवन में सरसता कृष्णचरित्र की सरसता से किंचिदपि कम नहीं है। रामरसिकों द्वारा चित्रित राम की विभिन्न रसमयी लीलाओं में उनकी फाग-लीला भी है। बसन्त की मादकता का प्रसार होते ही जन-जीवन में जिस हर्ष और उल्लास का संचार होता है उसकी अभिव्यक्ति रंगभरी होली के हुड़दंग में होती है। इस महोत्सव पर हर व्यक्ति मदमस्त, होली के रंग में डूबा, आत्म प्रसार की हर्षदायक मनस्थिति में होता है और अपने भीतर के प्रेम के प्रतीक अबीर गुलाल से लोगों को रंग कर

यह प्रमाणित कर देता है कि उसके भीतर प्रेम का अथाह सागर लहरा रहा है। वहाँ कालुष्य का नामो-निशान नहीं है। होली निष्कलुषता और प्रेम का त्यौहार है। ऐसे उन्मादक पर्व पर राम और सीता भी राजा-रानी की सामंतीय प्रवृत्ति का परित्याग कर सामान्य जीवन की रसभरी रंगरलियों में शामिल हो जाते है। राम अपने भाइयों और सखाओं का दल बनाकर सीता और उनकी सखियों के साथ जी भर कर होली खेलते है। इस होली में रंग, गुलाल और अबीर से जमीन-आसमान ही नहीं रँग जाता प्रत्युत सखियों का अंतरंग भी प्रेमरस से पूर्णतः भीग जाता है। मधुरोपासक रामभक्तों ने राम की इस फाग-लीला का सरस एवं मनोरंजनकारी वर्णन किया है। होली खेलते हुए राम और सीता का एक चित्र देखिये-

होली खेलैं रंगीले युगल रसिया।
सिय पिय सखिन समेत सजे दल रंग मेलत मृदु-मृदु हँसियाँ।
धाइ-धाइ रंग मलत कपोलन गाय-गाय रसमय बतियाँ।
सजि-सजि स्वांग विदूषक बनि-बनि अंग मटकावत अति लखिया।
पियहिं पकरि हँसि हारि भषावति '**मंजुलता**' सखि रस रसिया।।

होली खेलने के लिए दोनों दल पूरी तैयारी करता है। राम अपने भाइयों और सखाओं के साथ होलिकोचित वस्त्राभूषण धारण कर ढोल, मृदंग और झाँझ बजाते हुए सीता के साथ होली खेलने के लिए आते हैं। इस अवसर पर राम हीरे की कलँगी और मोतियों की झालर से अलंकृत पीली पगड़ी सिर पर बाँधते हैं। बालों में इत्र, मस्तक पर सुन्दर तिलक और कानों में कुण्डल पहनते हैं तथा उनके कंधे पर पीला दुपट्टा (पीताम्बर) पड़ा रहता है। वे धोती को कमर में बाँधकर उसके फेंटे में सोने की पिचकारी खोंसे रहते हैं। इस तरह सज-धज कर अबीर, गुलाल और रंग लेकर राम को आते हुए देखकर सीता की सखियाँ होली खेलने के लिए उन्हें उत्प्रेरित करती हैं-

साजु नवेली रंग तूँ पिया खेलन आवै री।
आपनि पक्ष अलीगण के संग धूम मचावै री।।

सखी के इस अनुरोध पर सीता जी भी अपनी चन्द्रकला और विमालादि सखियों के साथ होली खेलने के लिए श्रृंगार करती हैं। इस अवसर पर वे हरे किनारों वाली पीली साड़ी जिसमें लाल-लाल बूटियाँ पड़ी होती हैं, धारण करती हैं तथा कमर में किंकिनी, गले में हार, भुजाओं में अनेक प्रकार के आभूषण और पैरों में नूपुर पहनती हैं। इस तरह दोनों दल सजकर होली खेलता है। होली खेलने के लिए आये हुए राम और सीता के सौन्दर्य और श्रृंगार का चित्र 'रसिक अली' के प्रस्तुत पद में देखें-

खेलैं रंग भरे दोउ रंग पंचमी फाग।
जनकलली रघुलाल सलोने उर उमगे अनुराग।

गोरे अंग चूनरी सोहैं पिय शिर चूनरी फाग।
बिच-बिच पेंच, मुकेश विराजत ज्योति जगामग जाग।
प्यारी के शिर ललित चंद्रिका वेनी गुही मणि नाग।
कर्णफूल रवि शशि दयुति निंदत वेशरि छवि को बाग।
लसत ललित कलँगी पिय के सिर तुर्रे कनक वर ताग।
कलित कनक कुण्डल विलुलित नव मुक्ता अधर छवि पाग।
हार हिये गले गुंज विराजत पदिक पाँति नव राग।
जनु घन मध्य नषत मंडल बिच नवग्रह बसत विभाग।
प्यारी के उर हार हवेल जरे नग तरलित राग।
कटि रसना मंजीर पान मद बिछिया संचित राग।
पिय के कटि तट कनक के डोरा पग नूपुर मुख राग।
अतुलित युगल छवि को वरनै उपमा गहत न लाग।
**'रसिक अली'** तिन युवतिन को रति रमा सराहत भाग।

जब दोनों दल आमने-सामने आ जाते है तब सभी झपट-झपट कर किस तरह एक-दूसरे के मुख में अबीर-गुलाल मलते हैं और 'कनक पिचकारी' के रंग से सराबोर करते है, यह दृश्य देखते बनता है। उस समय सीता जी की 'फौज' जब राम को चारों तरफ से घेर कर पिचकारी से झिरझिराते हुए रंग से सराबोर करने लगती है तो कोई सखी झरोखे से और कोई अटारी पर चढ़कर राम पर रंग फेंकती हैं। नव विवाहिताएँ भी घूँघट में मुँह छिपाकर उनके मुख में अबीर पोत देती हैं-

एकै जाल रंध्रन तें मारे पिचकारी सजि
राघव सुजान जू पै नेह रंग भरि के।
एकै अटा पर चढ़ि मारै कुंकुम बाल नवल
नवोढ़ा मुख घुंघट को करिकै।
एकै सखीन की सिखाविनि में नवल तिय
मारती है पिचकारी प्रीतम को डरिकै।
एकै अबीर मूठ छिप-छिप मारती
बाजै पग नूपुर त्यों हेरि हँसिकै।।

इस होली में लोक-लाज को भी ताक पर रख दिया जाता है। इतना हुड़दंग मचता है कि सबको अपने तन-मन की भी सुधि नहीं रह जाती। इस हुड़दंग में किसी का हार टूट जाता है, किसी के पैर से नूपुर गिर जाते हैं और किसी का वस्त्र भी फट जाता है। ऐसा लगता है कि यह होली नहीं कोई युद्ध हो गया-

किसी के नवल हार टूटे। पगन में से नूपुर छूटे।।
किसी का चीर फटा तन का। कि यह तो युद्ध भयो रण का।।

और इसी होली में यह भी होता है-

होरी खेलन में मोसे अटके।
मुरुकि गई मोरी नाजुक बहियाँ सुघर छयल के झटके।
केशर अतर उरोजन हँसि-हँसि मलत गुलाल न खटके।
'शीलमणी' रघुराज फाग में तजि दई लाज निपट के।

यह होली राम की हार और सीता की जीत में समाप्त होती है। जब राम हार जाते हैं या रंग खेलते हुए सीता की सखियों द्वारा औचक पकड़ लिये जाते है तब सखियाँ उन्हें नाना नाच नचाती हैं। वे राम द्वारा दौड़-दौड़ कर कपोलों को मसल-मसल कर अबीर लगाने की कसर को एक ही बार में काढ़ लेती है। सखियों द्वारा पकड़कर लाये गये राम की दशा देखिये-

कहें कोऊ छयल को नारि बनाऊँ
लाल मृदंग बजाय नाचाऊँ।।
कोऊ मुख चूमि गले लपटाई।
श्याम कपोल गुलाल लगाई।।

अन्त में होता यह है कि सखियाँ उनका स्त्रियोजित श्रृंगार करके सीता के सामने यह कहकर प्रस्तुत करती है कि 'लीजिये' ससुराल से एक नवेली दुल्हन आयी है-

जावक लगायो जलजात ऐसे पायन में,
बिछिया कलित हवै अधिक छवि छाई है।
घूमि रह्यो घेरवारी घांघरो सबुज रंग
नील जरतारी सारी कंचुकी सुहाई है।
'प्रेमसखी' अंग-अंग भूषन विविध सजि
'बहू-बहू' कहत वधूटी गाई लाई है।
सुभगा सखी सिया जू के तुरत हाजिर कियो
नवल वधूटी एक सासुरे ते आई है।।

सखी बने हुए राम की एक और अलंकारिक छवि देखिये-

सखियन धरि हरि सखिय बनाई।
वेसरि हेम वसत अधरन पर जनु शशि मध्य लसत चपलाई।
सेन्दुर भाल लाल के मानहुँ दीप ज्योति निशि मदन पराई।
मरकत मणि लाल दियो जड़ि जनु सिंगार मध्य राम जमाई।
काजर नयन विराजत मनसिज जनु अपनी सुघराई देखाई।

अरुण कँज दल पर सिंगार शिशु छवि बिछाइ जनु शयन कराई।
चिबुक विद्रमनि हार सारि रचि नख शिख भूषण सारो भाई।
'रामचरण' तरु हेम तमालहिं फूलेउ घन पट तड़ित उड़ाई।

राम को सखी बनाकर ले आई सखियों ने उन्हें सीता के समक्ष प्रस्तुत करके कहा, 'अरी सीता प्यारी के चरणों में गिरकर उनकी चेरी बन जा।' नवल वधू थी हीं, कहना कैसे न मानतीं, चट से उसने (राम ने) सीता के चरणों में अपना सिर झुका दिया। सीताजी तो यथार्थ से परिचित ही थीं, इसलिए वस्तुस्थिति को और रोचक तथा सरस बनाने के लिए उन्होंने कहा- 'जरा घूँघट उठाओ, मैं तुम्हारा मुख देखना चाहती हूँ।'

लली तब बोली मुसकाई। बदन हम देखें मनाई।।

तुरंत एक सखी ने उनका घूँघट उठाया और सीता जी ने उस नवेलिन का सुघर मुख देखा। यह दृश्य देख कर पास में खड़े लक्ष्मण जी भी हँस पड़े। उन्होंने सीता जी से अनुरोध किया कि इनके सखी भेष को हटाकर 'पुरुष रूप' में कर दें अन्यथा यदि सखागण इन्हें इस रूप में देख लेंगे तो बड़ी हँसी होगी। सीता जी ने लक्ष्मण के अनुरोध का ध्यान कर राम के स्त्रियोचित वस्त्राभूषण उतरवा कर उन्हें मुक्त कर दिया। तब राम ने हँसते हुए कहा-

'हँसि बोले रघुनाथ तबे, फेरि खेलिहों कालि।
आजु हमारि हारि भई है, जीती हैं सब आलि।।

ध्यान देने की बात है कि राम की यह फाग-लीला नित्य हुआ करती है क्योंकि उनके साकेतधाम में बारहों महीने का बसन्त है वहाँ इसका आना-जाना नहीं होता। राम की यह होली भक्तों को परम सुख देने वाली है-

पिय प्यारी जू खेलें होरी।
श्याम गौर मन हरन वरन वर राम सिया रंग बोरी।
फाग विहार करें नित नूतन नित नव सुख सरसोरी।
जियै जुग-जुग यह होरी।।

मर्यादा पुरुषोत्तम भगवान् राम के अनन्य उपासक और दास्य भाव के भक्त गोस्वामी तुलसीदास के राम भी इस रसभीनी होली से अछूते न रह सके-

खेलत राम सिया संग होरी।
पिचकारी छूटत छल बल सौं चितवति चन्द्रमुखी चहुँ ओरी।
चोवा चन्दन अगर कुमकुमा केशरि मांट धरि भरि घोरी।

पिय प्यारी, प्यारी पिय ऊपर भरत परस्पर कुँवर किशोरी।
इत ते राम उत सिया जू छबीली नैनन्ह सैन करत झकझोरी।
अति आनंद निरखि या शोभा 'तुलसिदास' डारत तृन तोरी।।

गोस्वामी जी के राम की होली में भी 'कुलकानि' के बँधन टूट गये है-

इत रघुनाथ सखा अनुजन युत, उत सीता लिये सखिन सागरी।
मनहुँ मदनरवि विपुल वेधधरि चढ़्यो है चोपकर्रा विलगी वागरी।
अविर गुलाल राम दिशि छूटत सिय समाज रंग अमित गागरी।
मची कीच मग बीच अवध के मुनि मजहिं मानो मकर प्राग री।
ललकारी सिय ललित लाड़िली चली रानि कुलकानि त्याग री।
ललकि झपदि लपटाय लाला को पिय प्यारी के पास भाग री।
भीजि गई उर चीर चादरे पद जामा अरू माल पाग री।।

कहना न होगा कि राम रसिकों के लिए गोस्वामी जी का यह चित्रण उनकी फाग लीला वर्णन के लिए काफी हद तक प्रेरणाप्रद सिद्ध हुआ होगा पर भारत की जनता तुलसी के इस राम से बहुत कम परिचित है। यही कारण है कि रसिकों द्वारा वर्णित राम की उक्त फाग लीला को सुनकर बहुत से लोग नाक-भौं सिकोड़ते हैं। ऐसे लोग यह नही सोच पाते कि राम केवल ईश्वर और राजा न होकर एक व्यक्ति भी थे तथा हर्षोल्लास और पर्वोत्सवों के अवसर पर वे भी लोक रंग में रंग जाया करते थे। निश्चय ही रामरसिकों ने राम की मधुर लीलाओं का चित्रण कर उन्हें लोक जीवन के काफी निकट ला दिया तथा राजा और प्रजा के बीच बनी खाई को पाटकर समरस कर दिया।

❑

# 'पद-रत्नाकर' का वैशिष्ट्य और महत्व

बीसवीं शताब्दी के भारतीय महापुरुषों में श्री हनुमान प्रसाद पोद्दार जी का नाम बड़े आदर एवं श्रद्धा के साथ लिया जाता है। पोद्दार जी ने एक कर्मठ लोकसेवी सन्त के रूप में अपना जीवन व्यतीत किया। उनमें लोक-सेवा की अगाध और अदम्य भावना थी जैसे सूर्य स्वतः प्रकाशित होकर जगत् को प्रकाश देता है, उसी तरह पोद्दार जी ने निःस्वार्थ और कर्ताभिमान से रहित होकर स्वभावतः लोकसेवा की। उन्होंने लोक-कल्याण का पथ निर्मित किया और स्वयं उस पथ पर चल कर लोकसेवा का उच्च आदर्श प्रस्तुत किया। '**कल्याण**' पत्रिका और '**गीताप्रेस**' के माध्यम से उन्होंने जो धर्मनिष्ठ लोकहित किया, वह तो उनकी अक्षय कीर्ति का आधार स्तम्भ है ही, अपने समय के स्वाधीनता-संघर्ष और स्वदेशी जैसे आन्दोलनों में भी उन्होंने बढ़-चढ़ कर भाग लिया। तात्पर्य यह कि पोद्दार जी ने त्यागमय, तपोमय, संघर्षमय और अत्यन्त कर्म-संकुल जीवन जिया। उन्होंने मरते दम तक जिस तरह की कर्म-निष्ठा और त्याग-तप का परिचय दिया, वह अविस्मरणीय है।

संघर्षमय और कर्म-संकुल जीवन जीते हुए भी पोद्दार जी सदा प्रभु के ध्यान में निमग्न रहे। महामहोपाध्याय पण्डित गोपीनाथ कविराज ने लिखा है -'**हम लोग पोद्दार जी को केवल एक 'सेवक' के रूप में ही नहीं देखते, महाभाव और रसराज-श्री राध-माधव तत्त्व के रस में निमग्न रसिक के रूप में भी पाते हैं।** इसी तथ्य को किंचित् विस्तार देते हुए पोद्दार जी के जीवनी-लेखक डॉ. भगवती प्रसाद सिंह लिखते हैं - **पोद्दार जी एक अप्रतिम पत्रकार, धार्मिक साहित्य प्रणेता और लोक-सेवानिष्ठ महापुरुष ही नहीं, महाभाव और रसराज-श्री राधा-माधवतत्त्व में निमग्न भगवती स्थिति-प्राप्त रसिक भक्त भी थे।**' तात्पर्य यह कि पोद्दार जी ने लोक-संघर्ष के बीच एक रसावेशी संत का जीवन जिया। उनका जीवन कर्मयोगी संत-भक्त का ऐसा जीवन है जिसमें लोकाराधना और ईश्वराधना का मणिकांचन संयोग आदर्शरूप में देखा जा सकता है।

पोद्दार जी की भक्ति संघर्षों के बीच स्वाभाविक रूप से विकसित हुई थी। घर के वातावरण से तो उन्हें धर्म-भावना मिली ही, स्वयं के जीवनानुभवों से भी वे उत्तरोत्तर भगवदोन्मुख होते गये। उनके जीवन में अनेक ऐसी घटनाएँ घटीं जिनसे पोद्दार जी की आस्था ईश्वर में दृढ़ होती गई। अनेक बार ईश्वर की अहेतुकी कृपा पाकर उनका मन कृतज्ञता से परिपूर्ण होकर भगवान के श्रीचरणों में सर्वतोभावेन समर्पित हो गया। इस भाव-दशा की प्रारंभिक अभिव्यक्ति उनके निम्नलिखित पद में हुई है -

अब हरि ! एक भरोसो तेरो।
नहिं कछु साधन ध्यान-ज्ञान-भगति को, नहिं विराग उर हेरो।
अघ ढोवत आघात नहिं कबहूँ, मन विषयन को चेरो।
इंद्रिय सकल भोगरत संतत बस न चलत कछु मेरो।
काम-क्रोध-मद-लोभ सरिस अति प्रबल रिपुन ते घेरो।
परबस पर्यों, न गति विकसन की, जदपि कलेस घनेरो।
परखे सफल बन्धु, नहिं कोऊ विपद-काल को मेरो।
दीनदयाल दया करि राखहु भव-जल बूड़त बेरो।।

'भव-जल' में डूबते हुए बेड़े को बचाने के लिए 'दीनदयाल' की दया की याचना करने वाले पोद्दार जी उत्तरोत्तर अपने प्रभु के निकट इतना चले गये कि उन्हें उनकी लीला-माधुरी का सहज दर्शन सुख भी मिल गया। **'पद-रत्नाकार'** में आत्मनिवेदन के अन्तर्गत उन्होंने प्रभु-साक्षात्कार और उससे उत्पन्न आत्मदशा का इस विस्तार से वर्णन किया है - **मंगलमय भगवान् अनन्त कृपासिन्धु हैं। उन्होंने कृपा कर के मंगलमय रोग भेजा। महीनों बिछौना पर पड़े रहना पड़ा। डॉक्टर-वैद्यों ने सम्मति दी-पूर्ण एकान्त में पूरे आराम से रहना चाहिए, लोग मिलने-जुलने न पायें, कोई काम न करने दिया जाय। अतः लोगों का मिलना-जुलना प्रायः बंद हो गया। काम नहीं रहा। सहज ही अधिक समय अकेले रहने का सुअवसर मिल गया। चिकित्सा-औषध-पथ्यादि के समय को छोड़कर शेष समय अकेले ही बंद कमरे में रहता। अकेले में रोग का चिन्तन न करके मन दूसरे काम में लगता। वह काम था- आत्म-निरीक्षण और आत्म-परीक्षण। जीवन के सभी तरह के चित्र आते-लोग बड़ा सन्त, भक्त या महात्मा मानते हैं। ओह ! कितना बड़ा धोखा है। जीवन में कितनी अपार दुर्बलताएँ हैं, कितनी मलिनताएँ और कितने दोष-कलुष भरे हैं। यह सब देखकर हृदय भर आता, सहज दैन्यभाव उदय होता। आँखों में आँसू छलक आते, मन दयासागर, अकारण कृपालु, सहज सुहृद, पतित पावन के पवित्र पाद-पद्मों में लोट जाता एवं बार-बार करुणापूर्ण भाव से अपने दोष बता-बताकर अपनी अत्यन्त दीन-दशा की ओर दीनबन्धु**

की दयादृष्टि को आकर्षित करता। कभी स्वयं ही अपने को प्रबोध देने लगता। इसी बीच मन्द-मन्द मुस्कराते हुए विश्व-जन-मोहन अनन्त आनन्दाम्बुधि श्री श्यामसुन्दर आते, हँसकर सिर पर वरदहस्त रखकर कहते - 'मूर्ख! क्यों रो रहा है ? क्यो दीन-हीन बनकर दुःखी हो रहा है ? चल मेरे साथ ब्रज में, देख वहाँ मेरी दिव्यलीला और परमानंद-सागर में निमग्न हो जा।' श्री श्याम सुन्दर ब्रजेन्द्रनन्दन आनंद-कंद की मधुर वाणी सुनते ही मन का दैन्य भाग जाता, मन मग्न-मुग्ध की भाँति उसी धाम चल पड़ता उनके पीछे-पीछे। वे उसे परमरम्य क्षेत्र में छोड़ कर चले जाते और लग जाते अपने लीला-बिहार में।

मन स्वच्छन्द विचरण करता। कभी नन्दबाबा के आँगन में, कभी यशोदा मैया के प्रांगण में, कभी गोष्ठ में, कभी सखाओं के हास्य-विनोद में, कभी वन से लौटकर अवनी में, कभी कालिन्दी के कूल पर, कभी रास-मण्डल में, कभी प्रेममयी गोपांगनाओं के समुदाय में, कभी अकेली गोपी के घर में, . . . कभी किशोर-किशोरी की लीला-विहारस्थली में, कभी उनके परस्पर होने वाले मधुरतम उच्च प्रेमालापों में, कभी मथुरा जाने के पश्चात् राधा तथा गोपांनाओं की प्रेम-विरह-दशा में। इस प्रकार प्रतिदिन, दिन-रात, महीनों तक यह दैन्य और लीला-दर्शन का प्रवाह निर्बाध चलता रहा। मन में शत-शत विविध विचित्र लीलाएँ एवं श्री राधा कृष्ण की अनूप रूप-माधुरी देखी, समझी और कभी-कभी लीला में सम्मिलित होने का सौभाग्य प्राप्त किया। कभी-कभी सौन्दर्य-सुधासागर में जाकर अपने आपको खो दिया। वहाँ जो देखा, वह सर्वथा अलौकिक, दिव्य, मन-वाणी से अतीत था, अत्यन्त विलक्षण था। उसका पूर्ण वर्णन संभव नहीं है। उसके लिए शब्द नहीं हैं। परन्तु जितना कुछ शब्दों में आ सकता था, उसके बहुत ही थोड़े अंश का तथा दैन्यभाव की स्थिति में प्रकट रूप के उद्‌गारों का इन तुकबंदियों में चित्रण करने का प्रयास किया गया है।'

'पद-रत्नाकर' के प्रकाशक ने यह सूचना दी है कि 'यह निवेदन भाई जी ने सन् 1958 ई. में गीताप्रेस से मुद्रित 'पद' नामक पुस्तक के लिए लिखा था। वे सन् 1956 में कई मास अस्वस्थ रहे। उस समय उन्होंने कई तरह के पदों की रचना की थी। प्रेमीजनों के बहुत आग्रह पर उनमें से कुछ पद प्रकाशित हुए। यह 'निवेदन' भी श्रीभाई जी ने उक्त पुस्तक में प्रकाशित होने के लिए भेज दिया था और यह कम्पोज भी हो गया था, परन्तु श्री भाईजी ने अपने आत्मगोपन स्वभाववश इसे प्रकाशित होने से रोक दिया और वह 'पद' नामक पुस्तक बिना किसी निवेदन के प्रकाशित हुई।

अभिप्राय यह है कि पोद्दार जी के **'पद-रत्नाकर'** के पद उनकी स्वानानुभूति की काव्यात्मक अभिव्यक्ति है। यह भी ध्यान देने योग्य तथ्य है कि पोद्दार जी ने सायास पद-रचना नहीं की है। उनके पदों में जो भाव-प्रवणता और अभिव्यक्ति का सहज प्रवाह देखने को मिलता है, वह इसका प्रमाण है कि उन्होंने जो कुछ लिखा और कहा है, वह उनका अनुभूत सत्य है। उनके पदों को पढ़ते समय बराबर उनकी रसमग्नता की प्रतीति होती रहती है।

'पद-रत्नाकर' में पोद्दार जी के **1565 पद** संकलित हैं। इस ग्रंथ पर अपनी सम्मति देते हुए डॉ. विजयेन्द्र स्नातक ने लिखा है-**यह 'पद-रत्नाकर' एक श्रेष्ठ भक्त कवि की पूर्ण संवेदनशील अभिव्यक्ति की द्योतक रचना है। मैंने हिन्दी साहित्य के भक्तिकालीन कवियों की रचनाएँ पढ़ी हैं, उनका निवेदन-विश्लेषण भी किया है, कुछ अनुसंधान भी किया है। मैं अपने अल्प ज्ञान के आधार पर कह सकता हूँ कि भाईजी का यह पद-साहित्य इस श्रेणी के कवियों से किसी भाँति कम नहीं है। वरन् इसकी विशेषता तो भाषात्रय का एक समाहार है। खड़ी बोली में इतना सरस, भावपूर्ण भक्ति-साहित्य मेरे देखने में नहीं आया है।**

पद-रत्नाकर के प्रकाशन पर अपनी प्रसन्नता व्यक्त करते हुए डॉ. रामकुमार वर्मा ने भी लिखा था-**इस अनुपम रसानुभूति के ग्रंथ को बार-बार पढ़कर संत सूरदास की काव्य मंदाकिनी में अवगाहन का आनन्द प्राप्त होता है।** बन्दना एवं प्रार्थना, श्री राधा-माधव-स्वरूप-माधुरी, बाल-माधुरी की झाँकियाँ, श्री राधा-माधव लीला माधुरी, प्रेम-समुद्र की तरंगें, श्री कृष्ण के प्रेमोद्गार, श्रीराधा के प्रमोद्गार श्री कृष्ण के प्रति, प्रेम-तत्व एवं गोपी-प्रेम का का महत्व, श्री राधा कृष्ण-जन्मोत्सव एवं जय-गान, श्री रामगुण गान, भगवान के विविध स्वरूपों का गुणगान, भगवान का स्वभाव, श्रीमद्भगवद्गीता के विविध प्रसंग, श्री भगवन्नाम-महिमा, प्रबोध-चेतावनी अभिलाषा, अनुभूति, व्यवहार-परमार्थ, प्रकीर्ण आदि।

इन शीर्षकों से पद-रत्नाकर के वर्ण्य-विषय को आसानी से समझा जा सकता है। दरअसल पोद्दार जी ने समय-समय पर विभिन्न भावों-विचारों से उद्वेलित होकर जिन पदों की रचना की, उन्हें पद-रत्नाकर में संकलित कर दिया गया है, फिर भी सभी पदों में पोद्दार जी की राधा-माधव भक्ति और ईश्वर में उनकी एकान्त आस्था आद्यान्त विद्यमान है।

वैसे तो पोद्दार जी राधा-माधव की प्रेम-माधुरी में डूबे हुए एक रसावेशी गृहस्थ सन्त थे किन्तु उन्होंने विनय के पदों में प्रभु के समक्ष जो आत्म-निवेदन और भक्तिपूर्ण आत्म-समर्पण किया है, वह उनकी दास्य निष्ठा का भी उत्कृष्ट निदर्शन

नाथ मैं थारो जी थारों ।
चोखो, बुरो, कुटिल अरु कामी, जो कुछ हूँ सो थारो
बिगड़्यों हूँ तो थारों बिगड़्यो, थे ही मनै सुधारो।
सुधर्‌यो तो प्रभु सुधर्‌यो थारो, भाँ सू कदे न न्यारो।
बुरो, बुरो, मैं भोत बुरो हूँ , आखर टाबर थारो।
बुरो कहाकर मैं रह जास्यूँ, नाँव बिगड़ती थाँरो।।
थाँरो हँ, थाँरो ही बाजूँ, रहस्यूँ थाँरो, थाँरो थाँरो।

सूर और तुलसी की भाँति पोद्दार जीने भी सच्ची आत्म-भर्त्सना की है और आत्मोद्धार के लिए उन्हीं की तरह करूण प्रार्थना भी की है-

जनम सब बीत्यौ अघ के काम।
फँस्यौ मोह-ममता में निसिदिन भज्यौ न चित दे राम।
लोगनि कह्यौ - 'भजौ नित हरि कौ' धर्‌यो साधु को वेष।
मन में रही कामिनी-कंचन की कामना विशेष।
जैसे विष-पूरित घट-मुख मिथ्या पय सोभा पावै।
तैसोहिं कुटिल-हृदय मन मुख पर सुचि हरिकथा सुहावै।
पापी परम, अधम, अभिमानी, बंचक मन कौ कारौ।
विरूद बिचारि दयानिधि अब मोहि निज चरनानि में डारौ।।

पोद्दार जी के विनय के पदों की भाषा यद्यपि ब्रजी और मारवाड़ी है किन्तु उन्होंने खड़ी बोली में भी आत्म निवेदनात्मक पदों की रचना की है। **जब कभी खड़ी बोली के भक्ति-साहित्य का इतिहास लिखा जायेगा, उसमें पोद्दार जी के पद-रत्नाकर' के खड़ी बोली के पदों को विशेष स्थान मिलेगा।** पोद्दार जी के खड़ी बोली के पदों में भी विनय भावना और माधुर्य भक्ति की सरस एवं आवेगपूर्ण अभिव्यक्ति हुई है।

हर को हरि, सुख-सुविधा सारी, तुरत छीन लो धन-जन-मान।
पद-गौरव-अधिकार मिटा दो, धूल मिला दो झूठी शान ।।
हर लो कला-बुद्धि-विद्या-मद, करो चूर्ण सारा अभिमान।
तुरन्त बहा दो विगलित करके ममता-विषयासक्ति महान।।
नाथ ! हटा दो सारे पर्दे, तुंरत मिटा दो सब व्यवधान।
जिसमें दीख पड़े मोहन-मुख, नित्य-मिलन-सुख का हो भान।।
पूर्ण अंकिचन कर दो, भर दो मन में मधु मुरली की तान।
प्रेम-सुधा-रस-पूर्ण हृदय आ बसो, उसे नित निज गृह जान ।।

गजल की तर्ज पर भी उन्होंने अपनी विनय-भावना की मार्मिक अभिव्यक्ति की है और उसे नया आयाम भी दिया है-

नहीं लायक, नालायक खलक में मुझसा कोई और
भरा लाखों, गुनाहों से दिखाऊँ मुँह तुझे कैसे ?
इबादत की नहीं तेरी, भूलकर भी कभी मैंने
सताया तेरे बन्दों को, सामने आऊँ मैं कैसे ?
डराया बेगुनाहों को और लूटा बेबसों को खूब
मिटायी आब आदिल की, करूँ अब क्या, कहो, कैसे ?
छोड़ खिदमत खुदा ! तेरी, करी अख्तियार बेशर्मी
वेवफा बन करी चुगली, बचाऊँ अब कहो, कैसे ?
मिटा इंसानियत सारी, बना खूँखार बेहद मैं
जान ली बेजुबाओं की डरूँ अब मैं नहीं कैसे ?
बिताई आसनाई में उम्र, हो बेहया पूरा
माँगूँ अब किस तरह माफी, सजा से कब बचूँ कैसे ?
रहमदिल, ऐ मेरे मालिक ! करो अब परवरिश मेरी
छोड़ परिवार के दर को मैं जाऊँ अब गैर पै कैसे ?

इस आत्म-भर्त्सना में मध्यकालीन भक्त कवि के साथ-साथ आधुनिक मनुष्य की आत्म-व्यथा भी अभिव्यक्त हुई है, साथ ही उसके कुकृत्यों का भी पर्दाफाश हुआ है। पोद्दार जी के पदों में उनके मन की जो निश्छल अभिव्यक्ति हुई, वह उनके संत-हृदय की वास्तविक पहचान भी है-

मेरे अध का पार नहीं है।
इंद्रिय-लोलुप मैं अति भारी
खोकर कुल-मर्यादा सारी
कुत्सित-कर्मों अत्याचारी
कोई अध इन्कार नहीं है।
जग में ज्ञान भक्त कहाता
भाँति-भाँति के तन-सुख पाता
रखता सिर्फ भोग से नाता
क्या यह पाप-प्रसार नहीं है ?
दिव्य प्रेम की बातें बकता
कामानल अति हृदय धधकता

पाप-प्रवाह न पलभर रुकता
क्या यह भ्रष्टाचार नहीं है ?

पोद्दार जी राधा-माधव की माधुर्य-लीला के उज्ज्वल रस में निमग्न रहने वाले मधुरोपासक सन्त थे। उन्होंने राधा और कृष्ण की युगल छवि और उनके लीला-माधुर्य का भावपूर्ण विम्बात्मक वर्णन किया है-

जुगल छवि हरति हिये की पीर।
कीर्ति-कुँआरि, ब्रजराज-कुँअर बर ठाड़े जमुना-तीर।।
कल्पवृक्ष की छाँह सुसीतल - मंद - सुगंध समीर।
मुरली अधर, कमल कर कोमल, पीत-नील-दुति चीर।।
मुक्ता-मुनिमाला, पन्ना गल, सुमन मनोहर हार।
भूषन विविध रत्न राजत तन, बेंदी तिलक उदार।।
स्रवननि सुधि कुण्डल झुर झूमक झलकत ज्योति अपार।
मुसकनि मधुर अमिय दृग-चितवनि, बरसत सुधा-सिंगार।।

पोद्दार जी के राधा-माधव संबंधी पदों को पढ़ते समय बराबर सूरदास के पदों की स्मृति बनी रहती है किन्तु यह नहीं कहा जा सकता कि वे सूर के पदों की अनुकृति है। वास्तविकता यह है कि पोद्दारजी के पद कृष्ण भक्ति साहित्य के गहन अनुशीलन, उनके राधा-माधव चिन्तन एवं युगल लीला-मधुरी के रसास्वदन तथा उनके स्वरूप-दर्शन के परिणाम हैं। पोद्दार जी का राधा-माधव-चिन्तन भी विशिष्ट है। वे दोनों की अभिन्नता एवं रसपूर्णता के भाव-विह्वल उपासक हैं। राधा-कृष्ण की प्रेम-माधुरी में निमग्न पोद्दार जी का मन सहज रूप से गा उठता है-

दुहुनि की प्रीति, अनोखी।
परम मधुर मूरति सनेह की, चिदानंदमय चोखी।।
मन-बचनन ते परे दिव्य दम्पति अनादि अति सोहनि ।
पटतर नहिं कोउ, भई न होइहै, जोड़ी मोहन-मोहनि ।।
प्रेमी-परस्पर दोउ नित ही, नित्य एक, द्वै देही।
नित्य रास-रस-मत्त, मत्तता-रहित सुचारु सनैही।।
ब्रज निकुंज प्रगटे दोउ रसमय, रसिक-जननि-सुख-हेतु।
करत नित्य लीला तहँ सुललित लोकोत्तर-रसकेतु।।
सेवक मोहि करो दोउ रस निधि, करि अति नेह अकारन।
राखौ चरननि में नित अपने, करि विष-विषय-निवारन।।

पोद्दार जी ने जहाँ राधा-माधव की रूप रस-माधुरी का तात्विक चिन्तन प्रस्तुत किया है, वहाँ पदों में वर्णनात्मकता आ गई है किन्तु राधा-कृष्ण के लीला-विहार और प्रेम विरह के प्रसंगों के चित्रण में भावपूर्णता और वचन-विदग्धता का अच्छा परिचय मिलता है। श्रीकृष्ण के रूप-दर्शन से प्रेम-विह्वल हुई गोपी की यह आत्म-दशा पोद्दार जी की रूपासक्ति का भी अच्छा उदाहरण है-

**जब तैं मैं देखे नन्द-नन्दन, खेलत जमुना कूल-री।**
**तब तें कुल कौ कूल बहि गयौ, गई सब सुध-बुध भूल री।।**
**तन-मन प्रान पलटि गए सगरे, भए कान्ह के रूप री।**
**निसि दिन अनुभव करत आपु मँहमोहन रूप अनूप री।**
**घर-बाहर, जल-थल, नभ-कानन, जहाँ-दृष्टि पसार री।**
**तहँ-तहँ हौं नित निरतत निरखौं प्यारौ नंदकुमार री।**
**हौ बौरी, की दृष्टि पलट गई, की जग छायौ श्याम री।**
**नैन-प्रान-मन सब जा अटके, रूप-सुधा-रस धाम री।**

पोद्दार जी ने राधा-कृष्ण के जन्मोत्सव, उनके परस्पर के रूपाकर्षण, लीला विहार, मुरली माधुरी, गोपियों की वियोग-व्यथा, उद्धव-गोपी-संवाद आदि प्रसंगों का विस्तारपूर्वक वर्णन करते हुए जगह-जगह कुछ ऐसी नवीन अभिव्यक्तियाँ की हैं जो उनकी स्वानुभूति का सहज परिचय दे जाती है। वियोगकाल में कृष्ण के प्रति राधा के और राधा के प्रति कृष्ण के प्रेमोद्गारों के वर्णन में पोद्दार जी ने अपनी भावमग्नता का अच्छा परिचय दिया है। ये प्रेमोद्गार अधिकतर खड़ी बोली में व्यक्त हुए हैं। राधा कृष्ण के प्रति अपनी अगाध प्रीति और कृष्ण-मयता का उल्लेख करते हुए कहती हैं -**तुम्हारी स्मृति ही है आधार। वही इस जीवन का सुख-सार।**
**नहीं पल भर विस्मृति को स्थान। नहीं है कभी अन्य का थान।**
**देह, मन, मति, इन्द्रिय, सब भंग। रँगे हैं सभी उसी के संग।**
**रहे यह देह कहीं पर कभी। सने हैं मधुर स्मृति से सभी।**
**तुम्हीं बस केवल प्राणाराम। तुम्हीं मेरे जीवन-विस्राम।**
**तुम्ही से एकमात्र सम्बन्ध। कह गये सभी दूसरे बंध।**
**हुआ जीवन सुखमय स्वच्छन्द। प्राप्त कर हुम्हें चिन्मयांनद।**

कृष्ण के प्रेमोद्गारों में भी राधा के प्रति अगाध प्रीति और दोनों की अभिन्नता की अभिव्यक्ति हुई है -

**राधिके ! तुम सलिल, हौं मीन।**
**रहैं कैसे एक छिन हूँ प्रायः तुम बिन दीन।।**

रहै कैसे अग्नि जीवित दहन-शक्ति-विहीन।
रहैं सूरज-चाँद कैसे प्रभा-आभा-दीन ।
शक्ति भगवत्ता बिना भगवान जीवन-हीन ।
त्यों सरस यह स्याम-जीवन राधिका-आधीन ।।

'पद्माकर' में राधा-माधव के प्रेम-विरह के अतिरिक्त अन्य तमाम ऐसे विषयों से संबधित पद गीत एवं छंद संकलित हैं, जिनसे पोद्दारजी की सामाजिक-राजनीतिक एवं सांस्कृतिक चेतना का भी अच्छा परिचय मिल जाता है। उल्लेखनीय है कि पोद्दार जी वैरागी साधु न थे। वे एक गृहस्थ सन्त थे। सामाजिक जीवन से विमुख रहकर एकान्त साधना करना उनका स्वभाव न था। उन्होंने जीवन-संघर्षो के बीच भगवद्भक्ति का सहज मार्ग ढूँढ़ा था, फलस्वरूप वे समाज की समस्याओं और अपने समय के समाजिक-राजनितिक एंव धार्मिक प्रश्नों से भी बराबर टकराते रहे और उन पर विचार-विमर्श करके उनके समाधान भी ढूँढते रहे। उनके कृष्णभक्ति और राधा-माधव चिन्तन संबंधी पद जिसने महत्वपूर्ण हैं उनसे कम महत्वपूर्ण नहीं हैं उनके सामाजिक, राजनीतिक एंव धार्मिक विचार। रत्नाकर का अध्येता कृष्णभक्ति के समुद्र में गोते लगाकर यदि परमानंद का लाभ प्राप्त कर सकता है तो वह पोद्दार जी के सामाजिक एवं आध्यात्मिक विचारों से अलग उठकर कल्याणमय जीवन जीने का रास्ता भी पा सकता है। तात्पर्य यह कि पद्माकार का केवल आध्यात्मिक महत्व नहीं है, वह सुख-शन्तिमय सामाजिक जीवन जीने के लिए एक प्रेरणादायी ग्रंथ के रूप में भी उपयोगी है। उनके व्यवहार-परमार्थ के अन्तर्गत संकलित छंद इस दृष्टि से पठनीय एवं विचारणीय हैं।

काव्यकला की दृष्टि से पद-रत्नाकर के अधिकांश पद उत्कृष्ट हैं। किन्तु कुछ में वर्णनात्मकता और चिन्तन की शुष्कता विद्यमान हैं। असल में पोद्दार जी ने कलात्मकता को साधन के रूप में ही स्वीकार किया है, उनका साध्य है भाव और विचार की अभिव्यक्ति। फिर भी जहाँ भाव-मग्नता रही है, वहाँ पदों में सरसता और कलात्मक विदग्धता स्वाभाविक रूप से आ गई है। उनके पद विभिन्न राग-रागिनियों से निबद्ध हैं। चिन्तन प्रधान पदों की भाषा संस्कृतनिष्ठ और भावपूर्ण पदों की भाषा सहज-स्वाभाविक ब्रजी है। खड़ी बोली और मारवाड़ी में भी पद-रचना करके पोद्दार जी ने हिन्दी साहित्य की श्रीवृद्धि की है। पद-रत्नाकर में पदों के साथ-साथ दोहों को भी सकंलित किया गया है। दोहों से पता चलता है कि पोद्दार जी के पास भरपूर भाषा की सामासिक शक्ति थी, इसका परिचय उनके चिन्तन प्रधान पदों से भी मिलता है। पोद्दार जी ने भाविभिव्यक्ति के लिए अरबी-फारसी के शब्दों का निःसंकोच प्रयोग किया है, यहाँ तक कि ग़ज़ल की तर्ज पर भी भावपूर्ण पदों की

रचना की है। इससे उनके उदार एवं प्रगतिशील दृष्टि का पता चलता है। पोद्दार जी रूढ़ियों के आलोचक और सहज एंव निश्छल जीवन के पक्षधर रहे हैं। उन्होंने आध्यात्मिकता को जीवन की केन्द्रीय शक्ति के रूप में स्वीकार करके भौतिकता की आलोचना की है। उनके भक्तिपूर्ण पदो में मनुष्य की अज्ञानता और मोह-ग्रस्तता का तो चित्रण है ही आज के मनुष्य की अतिशय भौतिकता और पारस्परिक द्वेष-कलह की निन्दा भी है। वास्तव में पद-रत्नाकर आधुनिक मुनष्य को सन्मार्ग पर लाने वाला और राधा माधव की मधुर भक्ति में रसमग्न करने वाला एक श्रेष्ठ ग्रंथ है।

❑

# रूहानी रामायण : रामकथा की आध्यात्मिक व्याख्या

भारत की ही नहीं, समूचे विश्व की जनता किसी न किसी रूप में युगों से मर्यादा पुरुषोत्तम भगवान राम की लोकपावनी अवतार-कथा का रसास्वादन करती आ रही है। यह ऐसी कथा है जो साहित्यिकों, भक्तों और साधकों को नाना रूपों में लुभाती रही है। साहित्यकारों ने इसे आधार बनाकर अनेक रामायणों और अन्यान्य प्रकार के साहित्यिक ग्रंथों का प्रणयन किया किन्तु मनीषियों की रामकथा-पिपासा कभी शान्त न हुई, इसका एकमात्र कारण है- 'रामकथा कै मिति जग नाहीं।' रामकथा इतनी संभावनाशील है कि हर प्रतिभावना इसमें कोई न कोई नया अर्थ-सौन्दर्य ढूँढ़ लेता है। रामकथा ज्ञानियों के लिए ज्ञान-स्वरूप, योगियों के लिए योग-स्वरूप, भक्तों के लिए भक्ति-स्वरूप और रसिकों के लिए रस-स्वरूप है।

साधना के क्षेत्र में राम के दोनो रूपों -सगुण और निर्गुण - की समान स्वीकृति दिखायी पड़ती है, वैसे सगुण रामकथा ने जनता को ज्यादा आकर्षित एवं प्रभावित किया है। रामकथा के अप्रतिम लोककवि गोस्वामी तुलसीदास ने-'**सगुनहिं अगुनहिं नहिं कछु भेदा** - कह कर सगुण-निर्गुण के विवाद को निस्सार सिद्ध कर दिया है लेकिन उनकी एकान्त आस्था 'सगुण राम' में ही है। वे यह मानते हैं कि धर्म की हानि होने पेर, अधर्म की वृद्धि होने पर राम धर्म की स्थापना के लिए, भक्तों के कल्याण के लिए और अधर्मियों के विनाश के लिए मनुष्य रूप में अवतार लेते हैं-

**भगत हेतु भगवान प्रभु राम धरेउ तन भूप।**
**किये चरित पावन, प्राकृत नर अनुरूप।।**

दूसरी तरफ निर्गुणोपासक सन्त महात्मा कबीरदास '**निर्गुण राम, निर्गुण राम, निर्गुण राम जपहु रे भाई**' का उपदेश देते हुए अपने राम को दशरथ-सुत से भिन्न घोषित करते हैं-

**दशरथ-सुत तिहुँ लोक बखाना ।**
**राम नाम का मरम है आना ।।**

स्पष्ट है कि वे 'राम नाम के मरम' पर बल देते हैं जबकि सगुणोपासक 'मरम' के साथ-साथ 'रामकथा' को भी महत्वपूर्ण मानते हैं। कहने का तात्पर्य यह है कि 'राम' को दोनों महत्व देते हैं, फर्क यह है कि निर्गुणवादी 'रामतत्व' पर बल अधिक देते हैं और सगुणवादी 'रामचरित' पर। रामतत्व की व्याख्या करने के क्रम में ही निर्गुणोपासकों ने 'राम कथा' की भी तात्विक व्याख्या की है और उसे 'घट' के भीतर ही घटित होने वाली दार्शनिक प्रक्रिया के रूप में प्रतिष्ठित किया है। रामकथा की प्रतीकात्मक एवं आध्यात्मिक व्याख्या करते हुए शंकराचार्य ने लिखा है -

**तीर्त्वा माहार्णवं हत्वा रागद्वेषाश्च राक्षसन् ।**
**शान्ति सीता समायुक्तः आत्मारामो विराजते ।।**

यह समूची रामकथा की साररूप में प्रतीकात्मक व्याख्या है। इसी तरह से अनेक संतों, भक्तों और कवियों ने 'राम' और 'रामकथा' की व्याख्या अपने-अपने ढंग से की है। स्वामी रामानंद ने अपने **रामाष्टक** में अवधपुरी को **'निजधाम'**, सीता को **सत्य** और **चित्रकूट** को **तपलोक** कहा है।

हिन्दी के निर्गुणोपासक कवियों की रामकथा की प्रतीकात्मक व्याख्या में गहरी दिलचस्पी रही है, इसका कारण शायद यह था कि लोक में बहुत गहरे पैठी हुई रामकथा की तात्विक व्याख्या करके ही वे अपने 'निर्गुण राम' की उपासना का प्रचार करने में सफल हो सकते थे। संत पलटूदास ने रामकथा की आध्यात्मिक व्याख्या करते हुए लिखा है-

**घट भीतर है तीनिउ लोक। माया परदा राखै रोक।।**
**सीता सुरति शब्द है राम। दसवें द्वार अवधपुर धाम।।**
**मन रावन काया लंका कोट। भर्म समुद्र बसे तेहि ओट।।**
**उचटै शब्द यहै बनवासा। सीता सुरति विषै घरवासा।।**
**काम, क्रोध रावन के वीर। क्षमा निपुंसक हरि के तीर।।**
**सेना योग चढ़ै रघुराई। ज्ञान सिला से सेतु बनाई।।**
**मन रावन को मार गिराया। इन्द्री देवता के वंद छुड़ाया।।**
**पलटूदास यह आरति ठानी। सीता सुरति अवधपुर आनी।।**

(शब्दावली-शब्द सं-328)

यह राम-रावण युद्ध की योगपरक व्याख्या है। इसी तरह उन्होंने राम-विवाह की भी आध्यात्मिक व्याख्या की है जिसमें अयोध्या को 'शील', सीता को 'सत्य' दूलहे

**राम** को **मन**, **मौर** को **ज्ञान**, **राजाओं** को **अहंकार**, **धनुष** को **धीरता** और **जनक** को **बुद्धि** कहा है-

> **सील की अवध, सनेह का जनकपुर, सत्त की जानकी ब्याह कीता।**
> **मनहि दुलहा बने, आपु रघुनाथ जी, ज्ञान के मौर सिर बाँधि लीता।**
> **प्रेम बरात चली है उमंगि कै, छिमा बिछाय जनवास दीता।**
> **भूप हँकार के मन को मर्दि के, धीरता धनुष को जाय जीता।**
> **सुरति जौ सबद मिलि पाँच भाँवरी फिरै, माँग सेंदुर दिया राग बीता।**
> **संतोष है दाय जो तत्त पुष्पांजलि, जनक जी बुद्धि विनवन्त कीता।**
> **किहा है विदा, यह दीन्हा असीस है, लोभ और मोह से रहौ रीता।**
> **दसवें महल पर अवधपुर कोहबरे, दास पलटू सूतैं राम सीता।।**
>
> (पलट्टदास की बानी, भाग - 2, पद 34)

इसी तरह **रज्जब, दरिया साहब, तुलसी साहब** आदि अनेक निर्गुणी संतों ने रामकथा सम्बन्धी घटनाओं और चरित्रों की दार्शनिक व्याख्या करते हुए अपने अभ्यन्तर में ही रामकथा को घटित होते हुए देखने या उसकी साधना करने को उपदेश दिया है। इस तरह उन्होंने राम की सगुण कथा को भी निर्गुण-कथा या साधना में तब्दील कर देने का महत्वपूर्ण प्रयास किया जिससे जनता में प्रत्यक्ष रामकथा का रस लेने के साथ -साथ अन्तस्साधना के रामतत्व और रामकथा को एक धरातल पर अनुभूत करने की सुविधा प्राप्त हुई। 19वीं शताब्दी के रामभक्त महत्मा बनादास ने भी 'उभय प्रबोधक के रामायण' में रामकथा के आध्यात्मिक रूपक को स्पष्ट किया है-

> भय लंकागढ़ अगम मोह दसकन्धर वीरा।
> कुंभकर्ण है क्रोध सहज ही दहै सरीरा।।
> मेघनाद है काम सहोदर पुनि हंकारा।
> लोभ जानु अतिकाम अंकपन मान विचारा।।
> अनी आदि आश्चर्य है, सो मात्सर्ज्य ही मानिये।
> कह 'बनादास' बहु वासना तृष्ना कटकहिं जानियें।।
> अक्षय राग अति प्रबल देख मकराक्ष ही मानो।
> विधि प्रहस्त को कहि निषेधहि दुर्मुख जानो।।
> विद्ददत्पित्वा कपट दंभ कहिये सुरघाती।
> त्रिसिरा प्रबल पंषड कपट है मनुज अरती।।
> आसा सिन्धु अपार है चहुँ दिसि ते घेरे सदा।
> कह 'बनादास' को पार लह रामलोन करिये अदा।

दूसरी तरफ 'रामपक्ष' की ब्याख्या इस प्रकार की है-

**इहाँ ग्यान कपिराज रीछ कहिये विज्ञाना।**
**धीरज अंगद अचल विरति अतिसय हनुमाना।।**
**पनस, नील, नल द्विविद, केसरी मुठि भर हारी।**
**कुमुद, मयंद, सुषेन लहै सपन्यो नहिं हारी।।**
**दधि मुख नौ भक्ती सुवन अति प्रताप बल भूमि है।**
**कह 'बनादास' संशय नहीं, देत मोह दल तूरि है।।**

इस रूपक को और आगे बढ़ाते हुए उन्होंने लिखा है-

**काटि रिपुन को सीस सिया सांतिहि उर लावै।**
**अविचल वृत्ति समान तहाँ सादर बैठावै ।।**
**मन मुनि को करि सुखी मर्म महि भार उतारै।**
**नाना संकट सहै देव आतमहिं उबारै।।**
**सहज स्वरूप सो अवध है, तहाँ पलटि कारज सरै।**
**नहिं 'बनादास' जन्मै मरै अविचल राज सदा करै।**

(उभय प्रबोधक रामायण - पृष्ठ 18)

रामकथा की इस आध्यात्मिक व्याख्या की जरूरत सगुणोपासकों के लिए भी रही है, क्योंकि ऐसा करके वे राम के **'परब्रह्मत्व'** और उनके **'सर्वव्यायी'** रूप को प्रतिष्ठित करने में सफल हो सकते थे। ध्यान देने की बात है कि गोस्वामी तुलसीदास ने 'मानस' के आरंभ में विभिन्न प्रश्नों और शंकाओं का समाधान करते हुए 'रामचरित' को 'भाषाबद्ध' करने का जो उद्‌देश्य बताया है, वह राम के आध्यात्मिक स्वरूप को ही ज्यादा परिपुष्ट ढंग से प्रस्तुत करने की भावना का ही द्योतक है। उन्होने जगह-जगह स्पष्ट शब्दों में कहा है कि यह रामकथा 'कलिमल' का हरन करने वाली, सुख-शान्ति देने वाली, पाप-हारिणी और 'रामपद-रति' देने वाली है-

**यह रावनारि चरित पावन रामपद रतिपुर सदा।**
**कामदिहर, विज्ञान कर, सुर, सिद्ध मुनि गावहिं सदा।।**

गोस्वामी तुलसीदास ने 'रामचरित' के प्रकट रूप का वर्णन करते हुए उसकी आध्यात्मिकता और दिव्यता का बराबर बोध बनाये रखा है तथा लौकिकता और अलौकिकता का एक सा सामंजस्य प्रस्तुत किया है कि वह दोनों को आनंदित करता है- लौकिक कथा का आनंद लेने वालों को भी और आध्यात्मिकता का आनंद लेने वालों को भी।

रामकथा की आध्यात्मिक व्याख्या वाली परम्परा को और सशक्त रूप में विकसित करने का कार्य **महर्षि शिवव्रत लाल** ने किया है। उन्होंने लोगों के समक्ष यह सत्य उद्घाटित किया कि रामकथा को स्थूल रूप में जानने और गुनने से कहीं अधिक श्रेयकर हैं 'रामतत्व' को समझना। उन्होंने अपने 'महारामायण' नामक ग्रंथ में लिखा है -'**राम की समझ है तब तो रामायण रामायण है, जब राम शब्द, रामतत्व, रामगुण की समझ-बूझ नहीं है, तो उसके लिए यह रामायण केवल 'कथायन' है। इससे अधिक समझ नहीं है और न हो सकती है।** (महारामायण-छठा सिद्धि खंड-पृष्ठ-273)

वे रामायण को 'कथायन' से आगे की चीज मानते हैं। उन्होंने रामायण और रामकथा के महत्व और वैशिष्ट्य को अपनी उर्दू रामायण **रूहानी रामायण** में स्पष्ट किया है-**रामायन एक मुहीते कुल अन्सर और उम्दामासाय खेल है और राम नाम बिला मुबालगा मरम तत्व और आला जौहर है। रामायन पढ़ते-पढ़ते जिन्दगियाँ खत्म हो गयीं, मगर असलियत की समझ किसी शाज़ को आती होगी। राम और रामायन के फलसफा को जहनवंशी कराने के वजह से ये 'रूहानी रामायन' लिखी गयी है। जो इसे गौर से पढ़ेगा, राम और रामायन के असली राज़ से वाकिफ हो जायेंगे।**

वैसे तो रामकथा की दार्शनिक व्याख्या करने वाली अनेक रचनाएँ है जैसे आध्यात्म रामायण, वेदान्त रामायण, घट रामायण, विज्ञान रामायण आदि, लेकिन महर्षि शिवव्रत लाल की '**रूहानी रामायण**' उनमें इस दृष्टि से विशिष्ट है कि इसमें समूची रामकथा को आध्यात्मिक रूपकों एवं प्रतीकों के द्वारा व्यवस्थित ढंग से प्रस्तुत किया गया है। इसमें रामजन्म से लेकर रामराज्य तक की कथा की व्याख्या गद्य-पद्य में की गई है। **महर्षि जी ने अवतारी रामकथा के असली रहस्य को दर्शन और साधना का विषय बनाया है और यह रेखांकित किया है कि राम, सीता और रावण की कथा वास्तव में ज्ञान, शान्ति और ज्ञान की कथा है।** ज्ञान और शान्ति के बीच में जब अज्ञान आ जाता है तब शान्ति खो जाती है। जहाँ ज्ञान होता है, वहीं शान्ति होती है। जहाँ शान्ति होती है, **वहीं ज्ञान होता है। ज्ञान के बिना शान्ति कहाँ और शान्ति के बिना ज्ञान कहाँ। अज्ञानरूपी रावण का नाश करके राम जहाँ शान्तिरूपी सीता को प्राप्त करते हैं। वहीं अयोध्या में आकर ज्ञान-राज्य स्थापित करते हैं।** महर्षि शिवब्रत लाल की दृष्टि में यह कभी न समाप्त होने वाल राज्य है- **कोई यह न समझे कि वह राज खत्म हो गया। इसका सिलसिला अब तक कायम है और इसका सिक्का आज तक जारी है। ज्ञान का राज दुनिया से कभी नहीं जाता। बगैर इसके कोई नहीं रह सकता। जहाँ ज्ञान है -वहाँ शान्ति**

**है और शान्ति के साथ विवेक, वैराग्य, संतोष, निष्कर्म, विश्वास और कर्म वगैरह भी रहते हैं।** (अंतिम पंक्तियाँ)

इस तरह **'रूहानी रामायण'** में **रामकथा** को ज्ञान-कथा के रूप में चित्रित किया गया है और रामकथा के प्रमुख पात्रों, प्रकरणों और घटनाओं कीी ज्ञान-साधना के रूप में व्याख्या की गई है। महर्षि जी ने रामकथा संबधित प्रमुख पात्रों, स्थानों और कार्यों की प्रतीक-सूची भी ग्रंथ के अंत में दे दी है और उसी के आधार पर रूहानी रामायण की कथा की व्याख्या की है। उनके कुछ प्रमुख प्रतीक इस प्रकार हैं- **राम-ज्ञान, सीता-शांति, दशरथ -दिल या मन, भरत-वैराग्य, लक्ष्मण-विवेक, शत्रुघ्न-विचार, कौशल्या-निवृत्ति, कैकेयी-प्रवृत्ति, सुमित्रा-भक्ति, माण्डवी-सुमति, श्रुतिकीर्ति-समता, उर्मिला-नम्रता, विश्वामित्र-विश्वास, धनुष-अहंकार, जनकपुर-संसार, रावण-अज्ञान, विभीषण- विहित कर्म, कुभकर्ण-क्रोध, गुस्सा, अंगद-क्रोध या गुस्सा (रहम से खाली) लंका-भ्रांति, मेघनाद-काम, हनुमान-संत्संग, नारद-निष्काम कर्म।**

महिर्षि जी की व्याख्या में पर्याप्त प्रभावोत्पादक शक्ति है। इसका कारण यह है कि उन्होने समूची रामकथा के तत्त्वार्थ को भलीभांति हृदयंगम किया है और उसे काफी व्यवस्थित एवं सुचिन्तित रूप में प्रस्तुत किया है। पहले हम यह स्पष्ट कर चुके हैं कि निर्गुणोपासकों ने रामकथा की तात्त्विक व्याख्या अपने-अपने ढंग से की है किन्तु न तो उनमें तारतम्यता है और न ही सुनिश्चित प्रतीकात्मकता। महर्षि शिवब्रत लाल की व्याख्या में ये दोनों विशेषताएँ मौजूद हैं। इतना अवश्य है कि उनकी ज्ञानकथा को वही व्यक्ति समझ सकता है जिसे रामकथा का सम्यक् ज्ञान है। वैसे भारतीय जनता की स्थिति यह है कि वह चाहे पढ़ी-लिखी हो या अनपढ़, रामकथा तो उसे ज्ञात ही है, अस्तु 'रूहानी रामायण को समझने में किसी को विशेष दिक्कत नहीं हो सकती। महर्षि जी के कथा-विश्लेषण में सरसता, तत्त्वपूर्णता और गूढ़ता है। उन्होंने समूची रामकथा को ज्ञान-साधना के रूप में निरूपित किया है। उनकी ज्ञान-कथा राम की सगुण-कथा के सहारे चलती है जिससे वह जगह-जगह निर्गुणत्व को सगुणत्व में तब्दील करके अपनी रोचकता और प्रभावोत्पादकता को बराबर बनाये रखती है। एक तरह से सगुण-कथा ज्ञान-कथा के अन्तरालों को भरने का भी कार्य करती है।

दशरथ, उनकी तीनों रानियों और पुत्रों की प्रतीतकात्मक व्याख्या करते हुए महर्षि जी ने साधना-जगत के रहस्यों को यथार्थ रूप में प्रकट किया है। वे लिखते हैं-**दशरथ दस इन्द्रियों वाला दिल है। इसकी सवारी में रथ यानी दस इन्द्रियाँ रहती है। पाँच कर्म इंद्रियाँ और उनकी मुजस्सम ताकते हवासी घोड़े हैं जो रथों**

**को खींचते रहते हैं और मन (दिल) उन पर सवार होकर सुख और दुःख के रास्ते में आता जाता रहता है और उन पर काबू रखता है। इस दशरथ की तीन रानियाँ-कौशल्या (निवृत्ति), कैकेयी (प्रवृत्ति), सुमित्रा (भक्ति) हैं जिनके साथ यह तरह-तरह के भोग करता रहता है।**

दशरथ को चार संतानें प्राप्त हुईं। ये संताने क्रमशः राम (ज्ञान), भरत (वैराग्य), लक्ष्मण (विवेक) और शत्रुघ्न (विचार) थीं। इनके जन्म पर प्रकाश डालते हुए महर्षि ने लिखा है -'**आवाजे गैब या आसमानी सदा को सुनकर वो (दशरथ) अपने पंचकोसी महल में आया और तीनों रानियों से मिला। कौशल्या (निवृत्ति) से मिलने पर रामचन्द्र पैदा हुए, जो ज्ञान थे। कैकेयी (प्रवृत्ति) से मिलने पर श्री भरत का जहूर हुआ जो वैराग्य थे और सुमित्रा से (भक्ति) मिलने पर श्री लक्ष्मण जी और शत्रुघ्न जी प्रकट हुए जो विवेक और विचार थे। उनका जहूर कुदरती असूल (प्राकृतिक नियम) के मुआफिक हुआ।**

महर्षि जी का मानना है कि मन या दिल का झुकाव जब प्रवृति की ओर होता है तब अतिशय भोगोपरान्त वैराग्य पैदा हो जाता है। दशरथ और कैकेयी (प्रवृत्ति) के सम्बन्ध से भरत (वैराग्य) का जन्म स्वाभाविक है। इसी तरह मन में जब भक्ति (ख्वाहिशी) (इलाही) पैदा हो जाती है तब व्यक्ति में तमीज़ (विवेक) और गौर (विचार) पैदा होता है। इन दोनों प्रवृत्तियों के भोगोपरान्त मन का झुकाव स्वभावतः निवृत्ति की ओर हो जाता है जिसके फलस्वरूप उसे ज्ञान (इल्मे हकीकी) पैदा होता है। महर्षि जी की इस व्याख्या में साधना-जगत का सत्य निहित है लेकिन उन्होंने जिस क्रम से वैराग्य, विवेक, विचार और ज्ञान की उत्पत्ति की व्याख्या की है, उस क्रम से दशरथ की संतानों का जन्म नहीं हुआ है। उनका क्रम है- राम (ज्ञान), भरत (वैराग्य), लक्ष्मण (विवेक) और शत्रुघन (विचार)। अगर राम इल्मे हकीकी हैं और कौशल्या निवृत्ति, तो राम (ज्ञान) के उत्पन्न (ज्ञानोदय) हो जाने के बाद मन का प्रवृत्ति (कैकेयी) की ओर उन्मुख होना कैसे स्वाभाविक माना जाता सकता है ? महर्षि जी की इस व्याख्या पर विचार-विमर्श होना चाहिए।

दशरथ की चारो संतानों के जन्म लेने के बाद अयोध्या में विश्वामित्र का आगमन हुआ। महर्षि जी का कहना है कि यह विश्वामित्र विश्वास-स्वरूप है। 'अब ज्ञान, वैराग्य, विवेक और विचार दिल में आयें तो फिर खुद-ब-खुद विश्वास का गुजर होता है।' यह मनोवैज्ञानिक सत्य भी है और साधनात्मक जीवन का रहस्य भी।

महर्षि जी लिखते हैं-**यकीन और ईमान, अक़ीदा और श्रद्धा ही वो शै है जो इनको पुख्ताकार बनाती है और सच्ची कुब्बते इरादी इष्ट (मिराजे तमन्ना) की तकमील (उपलब्धि) में जबरदस्त जरिया साबित होती है। ये न हो तो सब**

**के सब अधूरे रह जाते हैं। ये विश्वास अपने बारी पर जोर के साथ आता है और फिर लाख जिस्मानी और दिली कमजोरियाँ मुकाबिले पर आयें, इनके सामने कोई ठहर नहीं सकता।**

राम ने ताड़का और मारीच का वध करके विश्वामित्र (विश्वास) के दो दुश्मनों-शक और शुबहे की आदत (ताड़का) और कामना और ख्वाहिश (मारीच) को समाप्त किया और उनके यज्ञ (ध्यान) को पूरा करने में मदद की। जब ताड़का और मारीच के वध पर विश्वामित्र ने खुशी जाहिर की, तब राम ने उनसे कहा- **जब तक ये दोनों दिल के अन्दर बसते हैं, यज्ञ पूरा नहीं होता और कुब्वते इरादी खतरे में रहती है। इसलिए इन दोनों की जड़ पहले काट देनी चाहिए, तब काम बनेगा। ताड़का और मारीच के वध से विश्वामित्र की विश्वास-शक्ति शक और ख्वाहिश से पाक हो गयी और उनका यज्ञ पूरा हो गया।**

इस तरह महर्षि जी ने रामकथा के विभिन्न घटना-प्रसंगों की आध्यात्मिक व्याख्या की है। यहाँ पर सभी व्याख्याओं की मीमांसा संभव नहीं है। उनकी व्याख्या-शैली रोचक और विश्वासप्रद है लेकिन कहीं-कहीं यह व्याख्या रामकथा की स्वाभाविकता की रक्षा नही कर पाती। जैसा कि पहले कहा जा चुका है कि महर्षि जी ने राम की सगुण कथा के सहारे ज्ञान-साधना के रहस्यों और सत्यों को विश्लेषित किया है। उन्होंने केवल उन्हीं प्रसंगों की व्याख्या की है जिनसे दार्शनिक सत्यों की अभिव्यक्ति संभव थी, अन्य प्रसंगों को या तो छोड़ दिया है या उभरते हुए अन्तराल को भरने के लिए उन्हे यथावत् स्वीकार कर लिया है।

महर्षि जो ने यह नहीं स्पष्ट किया है कि विवेक के प्रतीक लक्ष्मण जनक के प्रतिरोष और अहंकार क्यों व्यक्त करते हैं या चित्रकूट में भरत को संदेह की नज़र से क्यों देखते है? इसी तरह शान्तिरूपी सीता को बेफिक्री के बाग (अशोक वाटिका) में अज्ञान रूपी रावण कैसे रखता है ? क्या अज्ञान शान्ति को निश्चिन्तता का कवच प्रदान कर सकता है? इस तरह के तमाम प्रश्न उठते हैं, जिनका समाधान तत्वचिन्तक ही कर सकते हैं। महर्षि जी की यह रामायण तत्त्व चिन्तन ही नहीं करती, तत्त्व-चिन्तन के लिए मार्ग भी प्रशस्त करती है। सुधीजनों, साधकों और चिन्तकों को चाहिए कि वे महर्षिजी के इस काम को आगे बढ़ाये और जो व्याख्याएँ में छूट गयी हैं, उन्हे तो पूरा ही करें, साथ ही महर्षि जी की व्याख्याओं को और परिपूर्ण बनाने का यत्न करें।

❑

# मुस्लिम कवियों का कृष्ण-प्रेम

श्रीकृष्ण के रूप-माधुर्य और लीला प्रधान सरस चरित्र ने सबके मन को मोहा है, वह चाहे हिन्दू हो या मुसलमान या कोई और। उनके रूप में दुर्निवार आकर्षण शक्ति है। सूर की गोपियाँ तो हठात् उनकी ओर खिंची चली गयी, मध्यकाल की मुस्लिम कवियत्री ताज बीबी भी उन पर न्योछावर होकर कह उठीं-

ऐ रे दिलजानी म्हारे दिल की कहानी सुनो
तुवदस्त हूँ बिकानी, बदनामी हूँ सहूँगी मैं
देवपूजा ठानी और निवाज हूँ भुलानी
तजे कलमा कुरान थारे गुनन गहूँगी मैं
साँवला, सलोना, सिरताज सिर कुल्ले दिये
तेरे नेह-दाध में निदाध हो, दहूँगी मैं
नन्द के कुमार, कुर्बान तेरी सूरत पे
हूँ तो मुगलानी हिन्दुआनी हो रहूँगी मैं

यही हालत रसखान की हुई थी जब वे सब मोह-माया, रिश्ता-नाता, प्रेम सम्बन्ध तोड़कर वृन्दावन पहुँचे थे। वृन्दावन में कृष्ण की मूर्ति को देखते ही उनका मन सौन्दर्य सागर में डूब गया। उनकी छवि उनके हृदय और आँखों में समा गयी-

देख्यौ रूप अपार, मोहन सुन्दर स्याम कौ।
वह ब्रजराज कुमार, हिय-जिय नैननि मैं बस्यौ।।

रसखान जैसा कृष्ण भक्त कोई दूसरा हुआ ही नहीं। उनकी कृष्णासक्ति और कृष्ण के प्रति समर्पण अद्भुत है। सभी भक्त भगवान से कुछ मांगते हैं किन्तु रसखान उन पर अपना सर्वस्व न्योछावर करते हैं।

या लकुटी अरु कामरिया पर राज तिहुंपुर को तजि डारौं
आठहु सिद्धि नवो निधि को सुख नन्द की गाय चराइ बिसारौ
रसखानि कबौ इन आँखिन सों ब्रज के बन बाग तड़ाग निहारौ
कोटिक से कलधौत के धाम करील के कुंजन ऊपर वारौ

'**ताज**' और '**रसखान**' की तरह हिन्दी-उर्दू के अनेक ऐसे मुसलमान कवि हैं जिन्होंने कृष्ण के रूप-सौन्दर्य, लीला-माधुर्य पर अपने को न्योछावर किया है। उर्दू में इस तरह के कवियों की संख्या अधिक है जिन्होंने कृष्ण के बाल जीवन, वृन्दावन-विहार, फाग-लीला और गोपी-प्रेम- विरह को केन्द्र में रखकर गजल, नज़्म, कसीदे आदि लिखे हैं। इस तरह के कवियों में **नजीर अकबरावादी, सैय्यद इंशाअल्ला खाँ, इसरत मोहानी, सीमाब अकबराबादी, सागर निजामी, फैयाज ग्वालियरी, नफीस खलीली, बासित बिसवानी, मुहम्मद मकसूद** आदि के नाम विशेष रूप से उल्लेखनीय हैं।

इन शायरों ने कृष्ण से सम्बन्धित अपनी कविताओं में कृष्ण के लोकरंजक व्यक्तित्व को ही अधिक महत्व दिया है। नजीर अकबरावादी उर्दू के ऐसे अकेले शायर हैं जिन्होंने उर्दू कविता के पारम्परिक ढाँचे को तोड़ा-फोड़ा, शायरी को जनसाधारण के जीवन से सम्बद्ध किया और कृष्ण के प्रति अपनी प्रगाढ़ प्रीति तो दिखायी ही, दशहरा, दीवाली, तीज-त्योहार में भी गहरी दिलचस्पी लेते हुए भारत के सांस्कृतिक जीवन की सुन्दर छवि प्रस्तुत की। उनकी '**जन्म कन्हैया जी**', '**कन्हैया का बालपन**', '**रासलीला**', '**बलदेव जी का मेला**', '**रूक्मिणी-हरण लीला**', '**श्रीकृष्ण की बाँसुरी**', '**हार की तारीफ**' आदि कविताएँ उनके कृष्ण-प्रेम का अच्छा परिचय देती हैं। उनकी 'कन्हैया का बालपन' कविता पाठक और श्रोता को झुमा देती है और किसी को भी 'कृष्ण मुरारी की जय' बोलने के लिए मजबूर कर देती है-

प्यारे, सुनो ये दधि के लुटैया का बालपन।
और मधुपुरी नगर के बसैया का बालपन।।
मोहन सरूप नृत्य-करैया का बालपन।
बन-बन के ग्वाल गौएँ चरैया का बालपन।।
ऐसा था बाँसुरी के बजैया का बालपन।
क्या-क्या कहूँ मैं कृष्ण-कन्हैया का बालपन।।
सब मिल के यारो कृष्ण मुरारी की बोलो जय।
गोविन्द छैल कुंजबिहारी की बोलो जय।।
दधि-चोर गोपीनाथ बिहारी की बोलो जय।
तुम भी '**नज़ीर**' कृष्णमुरारी की बोलो जय।।
ऐसा था बाँसुरी के बजैया का बालपन।
क्या-क्या कहूँ मैं कृष्ण-कन्हैया का बालपन।।

गुलाम मुस्तफा खाँ 'यकरंग' ने कृष्ण की रूप-माधुरी और नटखट लीला की आसक्ति भरी अभिव्यक्ति की है-

बाट चलत मोरी रोकत डगरिया, ढीठ लंगर जसुदा को कन्हैया।।
लपट-झपट मोरी गागर फोरी, मसक कई मोरी सारी चुनरिया।।
बरजोरी मोरी बहियाँ मरोरी, लचक गयी मोरी पतरी कमरिया।।
'यकरंग' पिया कहो कैसी करूँ मैं, अबही निपट मोरी बारी उमरिया।।

नफ़ीस खलीली कृष्ण की नीली आँखों पर फिदा हैं। उनकी दृष्टि में कृष्ण की छवि 'दिल को उड़ा लेने वाली' और 'लुभा लेने वाली' है-

कन्हैया की आँखे हिरनी सी नशीली।
कन्हैया की शोखी कली सी रसीली।।
कन्हैया की छवि दिल उड़ा लेने वाली।
कन्हैया की सूरत लुभा लेने वाली।।

उर्दू में ज्यादातर मुसलमान शायरों ने कृष्ण के रूप, लीला, धाम और कुंज-विहार पर ही अपनी दृष्टि केन्द्रित की है किन्तु कई ऐसे भी शायर हैं जिन्होंने नये युग के अनुसार कुछ नयी कल्पनाएँ और भावनाएँ भी व्यक्त की हैं। यहाँ तक कि उनसे प्रेरणाएँ लेकर नये युग को आगे बढ़ने का संदेश भी दिया है और कहा है-

मोहम्मद के कलमें में मोहन की मुरली,
मधुर एक सुर में बजानी पड़ेगी।
ये हिन्दू-मुसलमाँ असल में न दो हैं,
दुई खुदगरज की मिटानी पड़ेगी।।

**यह राष्ट्रीयता और साम्प्रदायिक सद्भाव का स्वर है जो 'मुहम्मद के कलमे' और 'मोहन की मुरली' के स्वर को मिलाना चाहता है। कृष्ण प्रेम और कृष्ण भक्ति से आगे बढ़कर यह राष्ट्रप्रेम और राष्ट्रभक्ति का वह स्वर है हिन्दुस्तान को जिसकी बड़ी जरूरत है।** मुसलमान कृष्ण भक्तों और कवियों के प्रेम, सद्भाव की मीमांसा करते हुए मिर्जा यास **'यागाना'** चंगेजी लखनवी का यह शेर हठत् याद आता है-

किशन का पुजारी हूँ, अली का बन्दा हूँ।
**'यागाना'** शाने खुदा के रहा न गया।।

वास्तव में भक्ति आन्दोलन के तीव्र प्रवाह, कृष्ण चरित्र के माधुर्य और सूफी सन्तों की उदारता ने मुसलमान कवियों के भीतर कृष्ण-प्रेम की ऐसी लहर पैदा की कि वे उनके मधुर व्यक्तित्व में डूब गये। इससे हिन्दू-मुसलमान के बीच का द्वैत भाव ध्वस्त हुआ। इसके मूल में अमीर खुसरो जैसे कवि की भारतीयता है जो

यह घोषित करता है-'**हिन्दी मेरा मौलिक ओ मादा वो वतन**' अर्थात '**भारत मेरी जन्मभूमि, मेरी माता और मेरा देश है**।' इसी स्वर को तीव्र करते हुए तमाम मुसलमान भक्तों ने भी कृष्ण को अपना आराध्य बना लिया। ऐसे भक्तों में रसखान का नाम सर्वोपरि है। संभवतः रसखान जैसे मुस्लिम कृष्ण भक्तों को ही लक्ष्य करके भारतेन्दु हरिश्चन्द्र ने कहा था-'इन मुसलमान हरिजनन पै कोटिन हिन्दू वारियै।'

कहा जा सकता है कि जिस तरह कृष्ण के अतुलित रूप-सौन्दर्य को देखकर गोपियाँ उन पर न्योछावर होने से अपने को रोक न सकी और शील-संकोच, कुल-मर्यादा को छोड़कर वंशी की तान पर विकल होकर वृन्दावन में कृष्ण से जा मिलीं, उसी तरह मुसलमान भक्तों और कवियों ने हर तरह की बंदिशों से मुक्त होकर अपने को कृष्णार्पित कर दिया। नजीर अकबरावादी ने बहुत सही लिखा है-

जबसे शोख के फंदे में फँसे, टूट गये।
जितने थे मजहबी मिल्लत के जहाँ में बंधन।।

कृष्ण के रूप-सौन्दर्य और वंशी-माधुर्य का प्रभाव ही ऐसा है कि वह धर्म-जाति-कुल आदि के बंधनों से छुड़ाकर मनुष्य को प्रेम-समुद्र में डूबो देता है इसलिए यह सवाल तो उठना ही नहीं चाहिए कि कौन-क्यों कृष्ण का दीवाना हो गया, इसके विपरीत यह प्रश्न उठना चाहिए कि उस रूप-राशि से कौन क्यों प्रभावित नहीं हुआ। बेदम वारसी तो लिखते हैं-

जाको चाहें कान्ह एक पल में, नैन मिलाय करैं मतवारी।
जाय देखो वह झूमत आवै का बैरी और का हितकारी।।

अन्त में फैयाज ग्वालियरी के शब्दों में कृष्ण को याद करते हुए कहा जा सकता है-

दुनिया को तूने रहने के काबिल बना दिया।
जिस ज़र्रा पर निगाह पड़ी, दिल बना दिया।।
हर दिल में तेरी याद है, दौराने बरशिगाल।
तू जाने बरशिगाल है, ऐ जाने बरशिगाल।।
दौड़ा न दे रंगों में जो वंशी तेरी लहू।
इक खुश्क-फलसफा थी, वह दुनियाए रंगोबू।।
कायम है तुझसे हस्ती-ए-कश्तीए-आरजू।
ऐ प्रेम के खुदा, बखुदा, ना-खुदा है तू।।

❑

# हिन्दीतर भाषाओं का कृष्णभक्ति साहित्य : एक परिचय

यह सच है कि कृष्णभक्ति का प्रारंभिक विकास दक्षिण में हुआ लेकिन उसका व्यापक और तीव्र आन्दोलन उत्तर भारत में चला क्योंकि कृष्णभक्ति के प्रचार-प्रसार में लगे अधिकांश आचार्यो ने उत्तर भारत को अपनी साधना-स्थली बनाया। उनकी दार्शनिक मान्यताओं को सरस पदों और गीतों के माध्यम से जनता तक पहुँचाने का श्लाध्नीय कार्य हिन्दी कवियों ने किया। यदि बल्लभाचार्य को सूरदास जैसा कवि न मिला हो तो शायद उनका दर्शन इतनी गम्भीरता के साथ जनता के अन्तस्तल में न उतर पाता। कहने का अभिप्राय यह है कि विभिन्न भाषाओं में जो कृष्णभक्ति साहित्य रचा गया है, वह हिन्दी के कृष्णभक्ति-साहित्य से संवेदना, शिल्प और दृष्टि से कुछ भिन्न है। यहाँ पर हिन्दीतर भाषाओं के कृष्णभक्ति साहित्य का सामान्य परिचय दिया जा रहा है जिससे उस साहित्य की कतिपय महत्वपूर्ण विशेषताओं और उपलब्धियों को समझने में मदद मिलेगी।

**तमिल का कृष्ण भक्ति साहित्य :**

वैसे तो अत्यन्त प्राचीन काल से ही तमिल में कृष्ण सम्बन्धी काव्य रचना के छुट-पुट प्रमाण मिलते हैं किन्तु ईसा की पांचवीं-छठीं शताब्दी से आलवार भक्तों की कृष्ण संबंधी भक्ति-रचनाओं से तमिल कृष्णभक्ति की प्रशस्त परम्परा की शुरूआत मानी जा सकती है। बारहों आलवार भक्तों की कुल गीत-संख्या चार हजार से अधिक है। भक्ति भावना से ओत-प्रोत होने के कारण उनके संग्रह के 'नालयिर' अर्थात चार सहस्त्र दिव्य प्रबंध कहते है। इसे वैष्णव सम्प्रदाय में वेदान्त-सार के रूप में प्रतिष्ठा प्राप्त है। आलवार भक्तों में पेयाषवार, पोएगैयाषवार और भूत्ताषवार ने वात्सल्य भाव से कृष्ण की उपासना की है इसलिए इनके गीतों में कृष्ण की बाल लीला का अधिक वर्णन हुआ है। भक्त कवियित्री आण्डाल की कृष्णभक्ति माधुर्य भाव की है इसलिए उनके गीतों में श्रीकृष्ण के प्रति उत्कट प्रेम गोपीभाव के रूप में व्यक्त हुआ है। आलवारों के साहित्य में ज्ञान, कर्म और भक्ति का अपूर्व समन्वय

है। उन्होंने अपने पदों में पुराणों में प्राप्त कृष्ण कथा के साथ-साथ तमिल प्रदेश में प्रचलित कृष्ण संबंधी प्रसंगो का भी समावेश किया है जैसे दधि-पाण्डुन उद्धार, सीमालिकन उद्धार, कुरून्द मरम (नीम वृक्ष) के रूप में खड़े असुर का उद्धार आदि।

आलवारों के बाद आचार्यो ने कृष्णभक्ति संबंधी साम्प्रदायिक साहित्य की रचना की जिससे कृष्णभक्ति का शास्त्रीय स्वरूप तैयार हुआ। बारहवीं शती से उन्नीसवीं शती तक यद्यपि तमिल क्षेत्र में शैव-धर्म की प्रधानता रही लेकिन इस बीच आचार्यो ने 'प्रबन्धम्' के पदों की दार्शनिक व्याख्या करने के साथ-साथ उपनिषद, ब्रह्मसूत्र और भगवद्‌गीता पर भाष्य लिखे और भक्ति कवियों ने कृष्ण भक्ति संबंधी साहित्य की रचना की। कुलेक्काटर, सौम्य नारायण, वरदराजन, अलमर, वैकटाचलपति, श्रीरंगनाथन आदि नामों से प्रसिद्ध भगवान विष्णु के सम्बन्ध में अनेक कृतियों का प्रणयन हुआ। अनन्दादि, शतकम्, कलम्बकम्, पदिकम, उला, तुदि आदि विविध काव्यशैलियों में कृष्ण लीलाओं का वर्णन करके रचनाकारों ने भक्ति साहित्य की श्रीवृद्धि की। इस काल खण्ड की प्रमुख रचनाओं में विल्लिभारतम् (विल्लिपुत्तूरार आलवार), भारतम नल्लापि कुवेलोपाख्यानम् (देवराज), अश्वमेघ पुराणम् (शरवण पेरूमाल), अश्वमेधयोग अम्माने (अरूणाचल भद्वर) आदि उल्लेखनीय हैं।

बीसवीं शती से तमिल साहित्य में आधुनिक काल की शुरूआत होती है। इस समय से आधुनिक चेतना प्रधान साहित्य की परम्परा बल पकड़ती है किन्तु मध्ययुंगीन भक्ति काल की चेतना भी साहित्यकारों को अनुप्राणित किये रहती है। सुब्रहमरूण्यम भारती, शुद्धानन्द भारती, कृष्णदासन, अत्तुक्काह वेंकट कृष्ण जैसे कवियों ने कृष्णभक्ति प्रधान साहित्य की रचना करके इस धारा को जीवित रखा है। इतना अवश्य है कि आधुनिक काल में कृष्णभक्ति राष्ट्रप्रेम की प्रधान प्रेरणा-शक्ति और राष्ट्रीय जागरण की संदेशवाहिका बन गई है और कृष्ण राष्ट्रदेवता के रूप में प्रतिष्ठित हो गये हैं। सुब्रह्मण्यम भारती की देशभक्ति ने इस भवधारा को अधिक समृद्ध किया है।

**तेलुगु का कृष्णभक्ति साहित्य :**

ग्यारहवीं शताब्दी के आरंभ तक शठकोप, नाथमुनि, यमुनाचार्य जैसे भावसिद्ध भक्तों के द्वारा वैष्णव धर्म की पताका समूचे आन्ध्र प्रदेश में फहराने लगी थी। ग्यारहवीं शती ने ही 'नन्तमा' ने 'महाभारत' का तेलुगु अनुवाद तैयार करने की परम्परा शुरू करके कृष्णभक्ति साहित्य के सृजन की ओर लोगों का ध्यान आकृष्ट

कर लिया था। बाद में 14वीं शताब्दी 'तिक्कना' और 'एरीप्रेगहा' ने इस कार्य को पूरा किया। इसी समय 'गोनबुद्धारे हिड' ने 'रंगनाथ रामायण' और भास्कर ने 'भास्कर रामायण' की रचना की। इस तरह चौदहवीं शताब्दी से तेलुगु ने कृष्णभक्ति साहित्य रचना की प्रशस्त परम्परा शुरू हुई। **बामेर पोतन्ना, ताल्लपाल अन्नमाचारी, ताल्लपाक पैर तिरूमलयाचार्य, चिन्तलपूहि, एँल्लनार्युह, तेनाली रामकृष्ण, वंदि तिम्मना, श्री कृष्णदेवारायलु** जैसे अनेक वैष्णव भक्तों ने कृष्ण के जीवन एवं लीला से संबंधित काव्य-ग्रंथो की रचना की। सोलहवीं शताब्दी में वैष्णव-देवालयों में नृत्य-गान की परम्परा के प्रचलन से आन्ध्र जनता की सांस्कृतिक चेतना प्रौढ़ तो हुई लेकिन इसी ने देवदासी प्रथा को जन्म दिया जिससे देव मंदिर भोग विलास के केन्द्र बन गये और भक्ति धारा में श्रृंगारिकता का जल प्रवाहित होने लगा लेकिन तपोनिष्ठ भक्तों के कारण यह जलधारा वेग न पकड़ सकी। 17वीं-18वीं शताब्दी में हिन्दी के रीतिकालीन साहित्य की तरह तेलुगु में भी राधाकृष्ण को सामान्य नायक-नायिका मानकर श्रृंगारी साहित्य की रचना हुई।

तेलुगू कृष्ण भक्तों ने विष्णु के नृसिंग, वामन आदि अवतारों को भी कृष्ण से अभिन्न मानकर समन्वित चेतना वाली भक्ति-पद्धति अपनायी। इसके अतिरिक्त उन्होंने कृष्ण के उत्तरकालीन चरित्र का विशद निरूपण किया। इसके परिणामस्वरूप कृष्ण की ब्रजलीला और मुथुरा लीला के साथ ही उनकी द्वारका लीला को प्रधानता भी मिली जिसमें गीतिका प्रधान कृष्णभक्ति काव्य परम्परा में उत्कृष्ट प्रबंधकाव्यों की रचना का द्वार खुल गया। तेलुगु के कृष्ण भक्त कवियों ने उत्कृष्ट प्रबंध काव्यों की रचना करके कृष्णभक्ति साहित्य में प्रबंध काव्यों के अभाव की पूर्ति की।

### मलयालम का कृष्ण भक्ति-साहित्य :

मलयालम क्षेत्र में कृष्ण भक्ति का प्रचार-प्रसार कुलशेखर आलवार की प्रेरणा और प्रभाव के फलस्वरूप हुआ लेकिन मलयालम में कृष्णभक्ति काव्य की समृद्ध सृजन-परम्परा 14 वीं शताब्दी से आरंभ हुई। सन् 1350 से 1450 ई. के बीच मध्य केरल के निरणमयक नामक स्थान में तीन ऐसे विद्वान पैदा हुए जो पहुँचे हुए सिद्ध महात्मा तो थे ही, अच्छे साहित्य सर्जक भी थे ये तीनों है- **माधव पणिक्कर, राम पणिक्कर और शंकर पणिक्कर।** माधव पणिक्कर ने मलयालम में 'भगवत्गीता' का अनुवाद किया, शंकर पणिक्कर ने 'भारत माला' नाम से भागवत के दशम स्कन्ध और महाभारत का संक्षेप में वर्णन किया और राम पणिकर ने रामायण और भागवत की रचना क्रमशः कण्णपूरा-रामायण और 'कण्णश्श-भागवत' नाम से की।

मलयालम में 'पाट्टु शैवी' की महान रचना है 'कृष्ण गाथा' जो पंद्रहवीं शताब्दी में चेकशेरी नंपूतिरी द्वारा रची गयी। चेकशेरी मलयालम के सूरदास माने जाते हैं। पंद्रहवीं शताब्दी में मलयालम में चम्पू काव्य शैली का विकास हुआ, इसके उल्लेखनीय रचनाकारों में 'मषमंगलम्' और लील कंठन नंपूरी का नाम लिया जा सकता है। पंद्रहवीं शताब्दी में 'गजेन्द्र मोक्षं' कृष्णावतारं, 'पूतनामोथं' 'बुचेलवृत्तं' जैसे अनेक चंपूकाव्य लिखे गये जिनकी कथावस्तु कृष्ण कथा से संबंधित है। 'पूंतानं जंपूतिरि' की 'ज्ञानप्पान' 'श्रीकृर्ष्णामृतं' और 'संतान-गोपालम्' मलयालम कृष्णभक्ति की उत्कृष्ट रचनाएँ है। मलयालम में पाट्ट, किलिप्पाट्ट, पणि प्रवाल जैसी काव्यशैलियों के साथ-साथ कथकलि या कथा शैली का भी विकास हुआ। यह दृश्यकाव्य का कला-रूप है। इस शैली में (सत्रहवीं शताब्दी में) कोट्टपत्त तंपुरान ने बकवध, कालकेय वध जैसे काव्य ग्रंथों की रचना की। कथकली की तरह मलयालम की एक और प्रमुख काव्य शैली है- ओट्टनतुल्लल। इस शैली के अच्छे कवि है- कुंचन नंप्यार। अट्ठारहवीं शताब्दी के मध्य से 19वीं शती तक मलयालम् में श्रृंगारी कृष्ण काव्य की प्रधानता रही। इस तरह की काव्यधारा को 'वेणमणिप्रस्थान' कहा गया और इससे जुड़े कवियों को 'वेण्मणि' कहा गया। इस धारा के कवियों में पूतोट्टन अच्छन नंपूतिरी, कोट्टप्पडिक्कल, पूंतीमट्ट नंपूरी, वैण्मणी महन नंपूनिरिपाठ के नाम उल्लेखनीय है।

बीसवीं शताब्दी से मलयालम कविता में भी आधुनिक चेतना का विकास हुआ। इस अवधि में मलयालम की कृष्णभक्ति काव्य धारा में नयी सामाजिकराजनीतिक चेतना का समावेश हुआ और कृष्ण कथा को युग-संदर्भो के अनुकूल नयी अर्थवत्ता प्रदान की गयी।

### कन्नड़ का कृष्ण भक्ति साहित्य :

कन्नड़ में कृष्णभक्ति साहित्य की रचना-परम्परा बारहवीं शती (सन् 1180) के उत्तरार्द्ध में विद्यमान रूद्रभट्ट के 'जगन्नाथ विजय' से मानी जाती है। उल्लेखनीय है कि कर्नाटक में तेरहवीं से अट्ठारहवीं शती के बीच मध्याचार्य द्वारा प्रतिपादित द्वैतवाद से प्रेरित हरिदास-भक्तों की परम्परा विकसित हुई। इस परम्परा में दो प्रकार के भक्त हुए- उच्च वर्ग के भक्त, जिन्हें 'व्यासकूट' कहा गया और निम्न वर्ग के भक्त, जिन्हें 'दास कूट' कहा गया। इन हरिदासों ने गोपी-लीला का वर्णन किया किन्तु न तो राधा को महत्व दिया और न श्रृंगारी चेष्टाओं के निरूपण में रूचि दिखाई। कर्नाटक के हरिदासों की परम्परा में विजयदास और गोपालदास का नाम महत्वपूर्ण है। इन्होंने सरस शैली में कृष्ण भक्ति प्रधान पदों की रचना की।

कन्नड़ भक्ति साहित्य की श्रीवृद्धि करने वालों में वादिराज, प्रसन्नवेंकट राय, श्रीव्यास तत्वज्ञ, श्रीव्यास विहप, नारायण नया, वेणु गोपाल विट्ठल, वरद गोपाल विट्ठल, महीपति दास, गिरियम्मा, मोहनदास, श्रीनिवास दास, चिक्कुपाध्याय, चिक्कु देवराज और नारायणदास, गिरियम्मा, के नाम उल्लेखनीय हैं जिन्होंने श्रीकृष्ण की लीलाओं के वर्णन के साथ-साथ उनके भक्त वत्सल रूप का भी अच्छा चित्रण किया है।

### मराठी का कृष्ण भक्ति साहित्य :

मराठी में कृष्णभक्ति धारा का आरंभ 'महानुभाव पंथ' के प्रवर्तक महात्मा चक्रधर (1194-1274 ई.) से हुआ। उनसे पूर्व महाराष्ट्र में नाथ पंथ की योगधारा का प्रभाव था। चक्रधर कृष्णभक्त थे और छुआछूत नहीं मानते थे। उनके पंथ में कृष्ण के राजनीतिक एवं शूरवीर रूप को अधिक महत्व दिया गया है। बाद में मराठी कृष्णभक्ति 'वारकरी सम्प्रदाय' में विशेष रूप से विकसित हुई। इसी सम्प्रदाय में नामदेव, एकनाथ, तुकाराम जैसे कवियों ने श्रीकृष्ण की लीलाओं का वर्णन करके मराठी कृष्ण भक्ति काव्य धारा को गति प्रदान की। एकनाथ ने भागवत पुराण पर कृष्ण कथा लिखी जिसे 'नाथ भागवत' कहा जाता है। उनका 'रूक्मिणी स्वयंवर' एक श्रेष्ठ प्रबंध काव्य है। एकनाथ की परम्परा के मुख्य कवि दासोपंत, त्रयम्बकराण, शिवकल्याण और रमाबल्लभदास है। शिवकल्याण ने 'नित्यानंदेक्य दीपिका' और 'रासपंचाध्यायी' में कृष्ण चरित्र का वर्णन किया है।

वामन पण्डित, मोरोपन्त, कृष्णदमार्णव, श्रीधर, अमृतराय, शिवकल्याण, रमाबल्लभ दास और देवनाथ मराठी कृष्णभक्ति धारा के श्रेष्ठ भक्त कवि हैं। कृष्णदमार्णव का 'हरिवरख' एक विशाल ग्रंथ है जिसमें श्रीकृष्ण का चरित्र लिखा गया है। श्रीधर ने 'हरि विजय' जैसे ग्रंथों के माध्यम से महाराष्ट्र के लोकजीवन में कृष्णभक्ति की जो धारा प्रवाहित की, वह अन्यतम है।

मराठी में कृष्ण, गोप, गोपी, यमुना-विहार, बाल लीला आदि से संबंधित तमाम ऐसी रचनाएँ लिखी गई हैं जिन्होंने महाराष्ट्र के जीवन में कृष्णभक्ति का अद्भुत संचार किया है। मराठी में कृष्ण की मुरली पर अच्छे गीतों की रचना हुई है जिसे 'वीणा काव्य' के रूप में जाना जाता है। यह मराठी वाङ्मय का श्रेष्ठ अंश है।

### गुजराती का कृष्ण भक्ति साहित्य :

प्राप्य साक्ष्यों के आधार पर गुंजरात में कृष्णभक्ति का विकास तेरहवीं शताब्दी के उत्तरार्द्ध से माना जा सकता है। गुजरात के कृष्ण भक्त कवियों में नरसी

मेहता (1410-1480) का अन्यतम स्थान है। उन्होंने 'चातुरी पचीसी' में राधा-कृष्ण चरित्र का क्रमबद्ध निरूपण किया है। उनके बाद जनार्दन ने 'उषा हरण' (1492 ई.) काव्य की रचना की। भीम, भालण, माहंण आदि कवियों ने भी कृष्ण विषयक रचनाएँ लिखीं। भालण को छोड़कर अन्य कवियों ने द्वारका के श्री रणछोड़जी को ही संबोधित करते हुए काव्य रचना की है। भालण की आस्था गोपाल कृष्ण में रही है। भीम ने 'हरि बोहम लीला' केशवराम कायस्थ ने 'कृष्ण क्रीड़ा काव्य' सोलहवीं शती के एक दूसरे कवि भीम ने 'रसिक गीता' गोपालदास ने 'बल्लभाख्यान' लिखकर मध्ययुगीन गुजराती कृष्ण भक्ति साहित्य को समृद्ध किया।

उत्तर मध्ययुगीन कृष्ण भक्त कवियों में दयाराम का नाम विशेष रूप से उल्लेखनीय है। उन्होंने 150 ग्रंथों की रचना करके इस भक्ति धारा को समृद्ध किया। इन्होंने ही गुजराती कृष्णभक्ति काव्य में उन्मुक्त श्रृंगार की सरिता प्रवाहित की। दयाराम के अतिरिक्त द्वारकादास, द्वारका भगत, धनराज, धनदास, नरभेराम, नरमणि, अविनाशानंद, जैसे असंख्य भक्तों ने अपनी रचनाओं से गुजराती कृष्ण भक्ति काव्य को समृद्ध किया।

**बंगला का कृष्ण भक्ति साहित्य :**

कृष्णभक्ति से सम्बद्ध बंगला का प्रथम ग्रंथ है- गुनराज खाँ कृत 'श्री कृष्ण विजय'। इसमें भागवत के अनुसार कृष्ण चरित वर्णित है। बीच-बीच की कथा हरिवंश पुराण-प्रेरित है। चण्डीदास दूसरे महत्वपूर्ण कवि हैं जिनकी पदावली के अलावा 'श्रीकृष्ण कीर्तन' एक महत्वपूर्ण रचना है। इसमें कृष्ण-बलराम के अवतार ग्रहण करने से लेकर कृष्ण के मथुरागमन तक की कथा चित्रित करके राधा-कृष्ण के मिलन-विरह का मार्मिक वर्णन किया गया सोलहवीं शताब्दी में आदिरसात्मक कृष्णलीला गान 'रमालि' या 'धमालि' नाम से प्रसिद्ध था। 'श्रीकृष्ण कीर्तन' इस दृष्टि से 'धमालि' के समकक्ष की रचना है जिसे 'पांचाली काव्य' कहा जाता है। सोलहवीं शताब्दी के ही एक दूसरे कवि 'चण्डीदास' ने 'श्रीमदचरणारविन्द मधुव्रत' लिखा है जिसमें श्रीकृष्ण की माधुर्य लीला सरस शैली में निरूपित की गई है। बंगाल में चैतन्य महाप्रभु को 'कृष्ण' के अवतार के रूप में (गोरांग महाप्रभु) प्रतिष्ठा मिलने के कारण उनके जीवन पर आधारित अनेक रचनाओं का प्रणयन हुआ। इस दृष्टि रो **कृष्णदारा** की **'चैतन्यभागवत'** और **'चैतन्य चरितामृत'** कृतियाँ उल्लेखनीय हैं। मुरारी गुप्त गैर स्वरूप दामोदर ने चैतन्य के जीवन पर नाटकों की भी रचना की। **लोचन दास** की **'चैतन्य मंगल,'** **चूड़ामणि दास** की **'गोरांग विजय'**, **वृन्दावन दास**

की **'चैतन्यभागवत'**, **जयानन्द** की **'चैतन्य मंगल'** जैसी रचनाएँ चैतन्य के जीवन से भी संबंधित है और कृष्ण भक्ति से भी।

बंगला में श्रीकृष्ण की भक्ति से संबंधित पद शैली में सरस गीतों की रचना हुई है जिसे 'वैष्णव गीत कविता' कहा जाता है। इसे **'वैष्णव पदावली'** और **'महाजन पदावली'** भी कहते है। बंगाली वैष्णव गीति-कवियों ने अपना आदर्श विद्यापति की गीति शैली को ही बनाया था। वैष्णवी पदावली सर्वत्र कृष्ण लीलामय नहीं है। चैतन्य को कृष्ण अवतार के रूप में स्वीकारने के बाद पर्याप्त मात्रा में उनके संबंधित भक्ति पूर्ण पूर्ण पद रचित हुए।

बंगला की राधा-कृष्ण पदावली का प्रधान स्वर विरह है। इसके साथ उसमें वात्सल्य और मिलन के भी भाव सन्निहित है। 'पद कल्पद्रुम' में अनेक पदकर्ताओं के पद संग्रहीत हैं जिनमें नरहरिदास, गोविन्द घोष, माधव घोष एवं वासुदेव की विशेष ख्याति 'गौर-लीला' विषयक पदकर्ताओं के रूप में हैं।

बंगाल के कृष्ण भक्ति साहित्य को समृद्ध करने वाले अन्य भक्त कवियों में **ज्ञानदास, घनश्यामदास कविराज, ईशान (प्रथम) ईशान नागर, किशोरदास (द्वितीय)** आदि क नाम उल्लेखनीय हैं।

**असमी का कृष्ण भक्ति साहित्य :**

असमी कृष्ण भक्ति साहित्य के केन्द्रीय व्यक्तित्व **शंकर देव** (1449-1568 ई.) हैं। उन्होंने **'भागवत पुराण'**, **'रूक्मिणी हृदय'**, **कुरुक्षेत्र, रासलीला, कंस वध** आदि ग्रंथों की रचना करके असमी कृष्ण भक्ति काव्य की नींव रखी। इस काव्य परम्परा को विकसित करने का श्रेय **माधवदेव, दामोदर देव, हरिदेव, वंशी गोपालदेव, अनंत, कंदली, राम्सरस्वती, गोपाल चरण, अनिरूद्ध कायस्थ, भागवत मिश्र, केशव कायस्थ, विष्णु भारती, रत्नाकर मिश्र** आदि को है।

सामान्य रूप से असमिया वैष्णव-काव्य को दो वर्गों में बाँटा जा सकता है- (1) वध काव्य (2) परिणय काव्य।

वध काव्यों में साधारणतया राक्षसों के वध तथा परिणय-काव्यों में विशेष रूप से अपहरण एवं परिणय सम्बन्धी कथाएँ आती हैं किन्तु विषय-वैभिन्नय के बावजूद इन सबका उद्‌देश्य कृष्णभक्ति की महत्ता प्रतिपादित करना है। असमिया कृष्ण भक्ति काव्य की रचना 'वरगीतों' के रूप में हुई है। यह श्रीकृष्ण के लीला-माधुर्य को गीतिशैली में निरूपित करने की एक शैली है। 'वरगीतों' में भाव

की तरलता, सान्द्रता और मनोरम शैली के दर्शन होते हैं। **डॉ. सुनीति कुमार चटर्जी** के अनुसार **मैथिली और बंगला गीतों में हमें जो राग और ताल मिलते हैं, वही असम के भक्ति गीतों और अन्य प्रकार के गीतों (वरगीतों) में पाये जाते हैं।** इससे यह पता चलता है कि श्रीकृष्ण का माधुर्य भाव प्रधान चरित्र भारत के जिस भी कोने में काव्य का विषय बना, वह गीत संगीत की सरसता और लयात्मकता से परिपूर्ण होकर लोकरंजनकारी हो गया।

अन्य हिन्दीतर क्षेत्रों के समान ही पंजाब, कश्मीर, उड़ीसा आदि क्षेत्रों में भी कृष्णभक्ति का प्रचार-प्रसार रहा और वहाँ भी स्थान विशेष की विशेषताओं के अनुसार कृष्णभक्ति प्रधान सरस काव्यों की रचना हुई।

❑